AF617768

LA SEMILLA DE LA INSTITUCIÓN LIBRE DE ENSEÑANZA: LOS PRIMEROS ALUMNOS (1876-1884)

ÁNGEL SERAFÍN PORTO UCHA
RAQUEL VÁZQUEZ RAMIL

2024

ÁNGEL SERAFÍN PORTO UCHA
RAQUEL VÁZQUEZ RAMIL

LA SEMILLA DE LA INSTITUCIÓN LIBRE DE ENSEÑANZA: LOS PRIMEROS ALUMNOS (1876-1884)

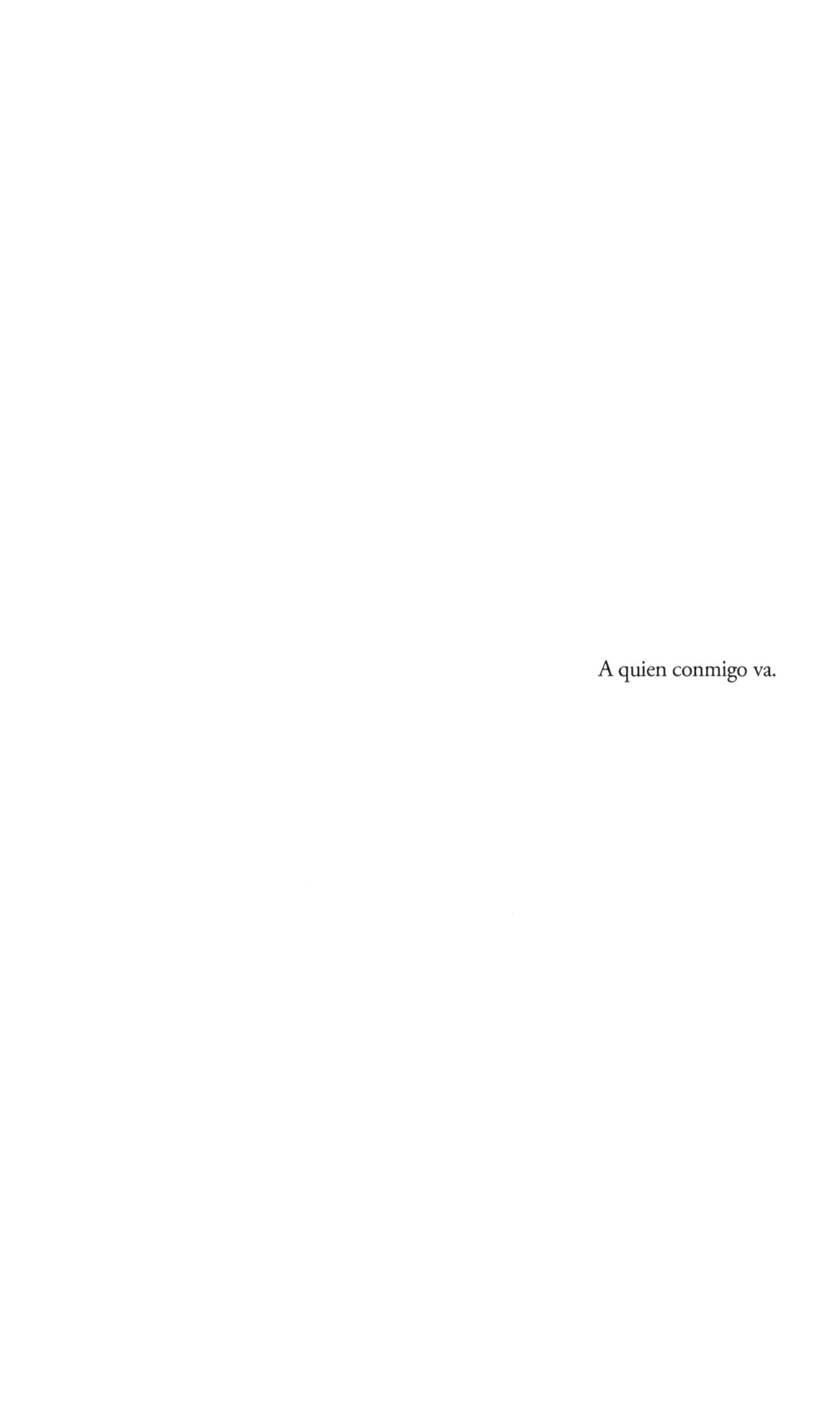
A quien conmigo va.

!.ª edición: Santiago de Compostela, 2024

Diseño de cubierta: Tórculo Comunicación Gráfica
Impresión y encuadernación: Tórculo Comunicación Gráfica

Impreso en España · *Printed in Spain*

Depósito legal: C 1837-2024
ISBN: 978-84-129402-7-5

ÍNDICE

CAPÍTULO 4. Estudios superiores científicos y otros cursos y conferencias

CAPÍTULO 5. La instrucción primaria en la ILE y la 1ª y 2ª enseñanza por secciones

PRÓLOGO
LA ILE REVISITADA, CON OTRA MIRADA

¿Se puede ofrecer al lector de la tercera década del siglo XXI, que esté interesado en el mejor conocimiento de la Institución Libre de Enseñanza (ILE), alguna novedad diferencial, dentro del magma de libros, artículos científicos, opúsculos, resúmenes de conferencias que conforman el rico banco de monografías y producciones sobre uno de los temas más abordados por la literatura científica de la historia de la educación, la cultura, la filosofía, la política españolas de la España contemporánea?

Hemos de asumir que la ILE, posicionada en su origen en el círculo de influencia del krausismo, transitando a través de sus profesores y simpatizantes por el liberalismo progresista, y en algunos casos ya adentrados en el siglo XX próximos al socialismo, resultó convertirse en un espacio de encuentro intelectual de personalidades y movimientos altamente representativos de la España de aquellos años comprendidos entre 1876 y 1939. Se nos debe permitir la osadía de afirmar que la historia contemporánea de España, por supuesto la historia de la educación en particular, no puede comprenderse sin conocer y asimilar la aportación de la ILE. Además, es muy posible que, superando la nebulosa de la prohibición y persecución sufrida por la ILE durante el nacionalcatolicismo de la dictadura franquista, las reformas educativas y la vida cultural de la España que camina con paso firme a partir de 1975 enlazan con y se inspiran en gran medida en aquel proyecto reformista y regenerador de España que proponían y defendían los hombres y mujeres de la ILE.

La dimensión poliédrica de la mirada que proponen los institucionistas a la sociedad española del momento, desde ángulos muy diversos, como la filosofía, la pedagogía, el derecho, la sociología, la literatura, la enseñanza de las lenguas, los métodos didácticos, la política, la lectura europea de toda acción social, cultural y educativa, convierten a la ILE en el marco idóneo para la imprescindible interpretación holística del mundo por parte de sus alumnos, socios y simpatizantes. Por mencionar solamente a dos de sus grandes representantes, Francisco Giner de los Ríos y Manuel

Bartolomé Cossío, la historia contemporánea de España no sería comprensible, sobre todo leída desde las ideas de progreso. Basta recorrer el listado de una auténtica pléyade de intelectuales españoles de todos los campos del saber, en especial desde las humanidades y las ciencias sociales, que han mantenido vínculos con la ILE.

Ahora bien, es probable que la rica amplitud y complejidad de la oferta krausoinstitucionista, que toca tantos palos y elementos de la vida pública e intelectual, se proyecte en un catalizador reconocido en esta corriente de pensamiento español tan reveladora y novedosa desde el último tercio del siglo XIX hasta nuestros días, y con especial énfasis en la denominada Edad de Plata. Nos referimos a la educación, a la apuesta por situar la pedagogía en el centro de operaciones regeneradoras que postulan los hombres y mujeres de la Institución Libre de Enseñanza.

De ahí que nos parezca oportuno mencionar al elemento pedagógico en particular, como una de sus principales señas de identidad, y de proyección sobre el entorno próximo, en el tiempo y en el espacio. No es éste el momento de abordar con detalle sus numerosas y significativas aportaciones novedosas en el campo de la pedagogía y la didáctica, a partir de una concepción humanista e integral de la educación, que combina sus tres dimensiones clásicas (intelectual, física y de la belleza/espiritual), siguiendo la pauta pedagógica propuesta por los clásicos de la filosofía y la educación (verdad, bondad y belleza).

Al respecto, baste solamente enumerar aquí algunos de los temas claves de su acción pedagógica, que representan en su momento novedades señaladas: excursiones escolares para visitar ciudades próximas a Madrid, para descubrir la Sierra de Guadarrama y otros paisajes naturales; salidas didácticas de profesores con los alumnos para visitar monumentos artísticos y museos, en particular el Museo del Prado; defensa teórica y experimentación práctica de la educación activa en el aula, desde la incorporación del laboratorio a las actividades plásticas; implantación del nuevo rol del profesor, no autoritario y promotor de la participación de los alumnos en el proceso de enseñanza y aprendizaje; aspiración a construir de manera articulada el concepto de la escuela unificada, rompiendo el esquematismo segregador de la primera y segunda enseñanza heredado de la escuela tradicional; promoción entre sus alumnos de la enseñanza de las lenguas extranjeras, como expresión de una ciencia y una sociedad abiertas al mundo, principalmente a Europa, cuando dominaba en España una cultura distante de lo europeo y extranjero; impulso luchador hacia la implantación de la coeducación de niños y niñas en el aula, a pesar de tener que afrontar campañas de injurias y afrentas procedentes de sectores conservadores y ultramontanos; defensa práctica de la presencia en la escuela del incipiente ecologismo y pacifismo; apuesta por la neutralidad religiosa en la escuela defendiendo la pluralidad de confesiones religiosas y caminando hacia una concepción laica de la vida y de la sociedad; impulso a la revalorización del folklore y la incorporación de la etnografía como elemento de importancia en la formación cultural de la persona; incorporación del deporte a la actividad formativa de los alumnos, siendo destacable la importación desde Inglaterra de deportes individuales (como el tenis, el esquí), de grupo (como el fútbol), y la recuperación de deportes y juegos tradicionales, practicados en comunidades rurales, y todos ellos incorporados de forma práctica al quehacer pedagógico cotidiano de los alumnos de la ILE; la apuesta por introducir en el aula escolar el papel educativo del arte (actividades plásticas y musicales); o mencionemos dentro de este listado inconcluso de aportaciones y novedades la defensa y propuesta de un modelo alternativo de universidad diferente al napoleónico y funcionarial imperante, además de elitista, que debiera combinar las tres misiones de la universidad formativa y docente, investigadora y proyectada hacia las demandas de la sociedad mediante la denominada extensión universitaria.

Este amplio y complejo programa educativo regenerador tiene su epicentro institucional en la sede de la ILE en Madrid, donde también reside don Francisco Giner de los Ríos, entonces situada a las afueras de la capital, y que sirve de punto de encuentro de muchos intelectuales progresistas de toda España. Desde la sede ubicada en lo que hoy es calle Martínez Campos se van a proyectar otras iniciativas desgranadas por buena parte de la geografía española, en Sierra Pambley en León, en Sabadell, Salamanca, y todas aquellas inspiradas en lo que pedagógicamente ocurre en Madrid. De ahí va a ir aflorando de manera difusa por toda España, entre profesores de todos los niveles de enseñanza, un auténtico movimiento de simpatía personal e intelectual hacia la propuesta pedagógica e intelectual de la ILE. Y lo que todavía será aún más influyente en la sociedad española, la progresiva incorporación de muchas de sus propuestas pedagógicas en la administración educativa española, especialmente observables ya en el siglo XX y en la reforma educativa de la Segunda República (Museo Pedagógico, JAE, Escuela de Estudios Superiores del Magisterio, Instituto Escuela, Oficina Técnica de Construcciones Escolares, Misiones Pedagógicas, entre las principales).

Pero destaquemos de nuevo que el epicentro del movimiento pedagógico institucionista lo encontramos en la sede de Madrid, espacio físico e intelectual que acoge a un grupo selecto de alumnos, que es el objeto principal del libro que sus autores nos han honrado presentar.

La sede de la ILE de Madrid fue concebida por Giner, en su creación en 1876, como universidad alternativa frente a la inanición y corruptelas de la oficial del momento. Debido a que resultó inviable como tal universidad, por diferentes motivos, el proyecto inicial sufrió una importante transformación, dando entrada en su oferta a estudios muy diferentes, incluidos los de primera y segunda enseñanza, pero sin excluir estudios superiores científicos preparatorios, ciclos de conferencias, clases de lenguas extranjeras. De tal manera que, en sus primeros años de vida, los que componen el periodo 1876 a 1884, van a formar parte del centro como alumnos, nada menos que un total de 1112 personas jóvenes, cifra pacientemente reunida con rigor por los autores de este libro. Ahí se incluyen todos los que han constatado en las informaciones que ofrece el Boletín de la Institución Libre de Enseñanza de esas mismas fechas.

Esta es la principal aportación del trabajo que han escrito nuestros compañeros y amigos Ángel Serafín Porto Ucha y Raquel Vázquez Ramil, bajo el pertinente título de "**La semilla de la ILE: Los primeros alumnos (1876-1884)". ** Nunca hasta el presente, a pesar de las muchas e importantes monografías escritas sobre la ILE, se había logrado presentar al lector y al investigador el listado completo de sus primeros alumnos, que se van a convertir con certeza en la semilla fecunda de tantos logros pedagógicos posteriores, y que todos los muchos interesados en la comprensión de la ILE vamos a agradecer como fuente de información contrastada para otros futuros trabajos de investigación.

Claro está que el libro que tenemos entre manos no es fruto de la casualidad, sino del trabajo riguroso de dos investigadores de larga y reconocida trayectoria en la comunidad científica de los historiadores de la educación. Los autores han demostrado, a lo largo de años, la seriedad y fecundidad de sus estudios sobre la Institución Libre de Enseñanza (entre otros capítulos de temática histórico educativa). De ahí que el presente libro sea de entrada legitimado y apoyado por la garantía de lo que conocemos de otras publicaciones suyas aparecidas con anterioridad a la presente. Por ello no tenemos ningún reparo en recomendar su lectura y manejo porque de ese fantástico listado de los primeros alumnos de la ILE, con nombre y apellidos completos, y ordenados alfabéticamente, y de su pertinente y explicativa ubicación de procedencia, se van a derivar fecundas aportaciones posteriores. Por todo esto, no dudamos en recomendar su manejo y servirse de su lectura a quienes deseen rastrear e interpretar trayectorias culturales y pedagógicas de la España del último cuarto del siglo XIX y primera mitad del XX. Les va a resultar de gran utilidad.

Así, para finalizar este breve exordio, solo nos queda agradecer a los autores su generoso, excelente, original y lúcido esfuerzo investigador, al tiempo que les felicitamos de la manera más elocuente y sincera por el resultado obtenido. Este trabajo sobre el asunto abordado, los primeros alumnos de la ILE, resultaba necesario, pero bien elaborado, como es el caso. De esta manera queda enriquecida y mejorada la ya importante literatura científica existente relativa a algún aspecto de la ILE. De ahí la idoneidad de revisitarla desde otra vertiente, con otra mirada, novedosa, por cierto, como es el caso.

José María Hernández Díaz
CU Historia de la Educación
Universidad de Salamanca

INTRODUCCIÓN

Interés y motivación por el tema

Nuestro interés y motivación por los temas relacionados con la Institución Libre de Enseñanza (ILE) es lejano en el tiempo, surge ya durante la década de 1980, cuando ambos realizamos nuestras respectivas tesis doctorales, la de Ángel Serafín Porto Ucha incidiendo en las relaciones de Galicia con la ILE, y la de Raquel Vázquez Ramil sobre la ILE y la educación de la mujer, a través de la Residencia de Señoritas de Madrid y la figura de su directora, María de Maeztu.

A lo largo de todo este tiempo hemos ido encontrando lagunas, como es el caso de la necesidad de clarificar cuántos y quiénes fueron los alumnos y alumnas que acudieron a las aulas de la Institución Libre de Enseñanza desde su apertura.

Objetivos

Junto con la reflexión sobre los tipos de estudios que se siguieron en la Institución Libre de Enseñanza en sus comienzos, la finalidad principal de este trabajo es visibilizar al alumnado de la ILE en sus primeros ocho años de funcionamiento; es decir, ofrecer la relación nominal de todos y cada uno de los alumnos que pisaron las aulas de la Institución entre 1876 y 1884, ya que hay bastante confusión sobre este particular, a veces, de forma interesada. La razón de elegir ese tramo temporal viene determinada por la información que nos ofrece el *Boletín de la Institución Libre de Enseñanza*, que en sus tomos VII (1883) y VIII (1884) incluye la relación de los matriculados durante estos ocho primeros cursos escolares.

Sabido es que la ILE nació con una clara intención de enseñanza universitaria; de ahí la necesidad de concretar todas las estrategias complementarias orientadas a este fin (estudios diversos, lenguas "vivas", conferencias, lecturas, etc.) Junto a la inicial finalidad universitaria, cabe destacar la introducción de la segunda enseñanza desde los comienzos, y, algo después, de la primaria, dentro del ideario de un sistema cíclico, en el que no hubiese rupturas traumáticas entre la educación inicial y los niveles siguientes, como ocurría en ese momento y seguiría ocurriendo a nivel oficial durante mucho tiempo.

Estado de la cuestión

No partimos de la nada. Desde el momento en que fueron apareciendo las primeras publicaciones sobre la Institución Libre de Enseñanza, tanto en España como aun antes en el extranjero, la referencia a los primeros alumnos que pisaron las aulas de la Institución era inevitable. Los trabajos de Cacho Viu, Gómez Molleda, Turin, Jiménez Landi y un largo etcétera abundan en esta temática y configuraron un corpus importantísimo de conocimiento. Las celebraciones, encuentros científicos, artículos en revistas de la especialidad, etc., fueron a menudo ocasión para aportar nueva información. En un trabajo anterior nuestro, *En el Centenario del Instituto-Escuela. Obra educativa de los Institucionistas* (2019), ya hacíamos referencia a algunos aspectos generales y de contexto. Pero la problemática de los primeros cursos hace necesaria, a nuestro modesto entender, la insistencia en ese particular.

Metodología de trabajo

Por lo que respecta al aspecto metodológico, manteniendo la línea seguida en nuestras investigaciones anteriores, este trabajo se ha realizado combinando criterios descriptivos y explicativos. Sin abandonar la interpretación y el análisis crítico, seguimos siendo fieles a la afirmación documentada. Como venimos señalando, nuestra principal fuente de información es el *Boletín de la Institución Libre de Enseñanza* (el BILE), del que hemos vertido la relación nominal de alumnos por enseñanzas cursadas, estudios, cursos breves, conferencias, etc., en estos primeros años, en los que la Institución tenía un claro objetivo inicial de enseñanza universitaria, junto con la segunda enseñanza desde el principio (1876) y la introducción de la primaria en 1878, con exclusión de la de párvulos, que se inicia decididamente a partir de 1885.

Fuentes primarias de documentación y bibliografía

Nuestra fuente primaria de documentación ha sido, pues, la consulta del BILE localizado en distintas instituciones en todos estos años. A ese respecto, cabe señalar que otros investigadores (Cacho Viu, Jiménez-Landi, Turin, etc.) también se han acercado a esta problemática, principalmente en el análisis cuantitativo, destacando, al mismo tiempo, a algunos alumnos significados, que luego tuvieron proyección en la propia Institución.

Como fuente primaria de documentación, hemos consultado, pues, una vez más, el inagotable *Boletín de la Institución Libre de Enseñanza*. Aprovechando la labor docente de Ángel S. Porto en la Facultad de Ciencias de la Educación de la Universidad de Santiago de Compostela, frecuentó en su tiempo libre las dependencias del Consejo Superior de Investigaciones Científicas, en su ubicación de rúa de San Roque, 2 (Santiago de Compostela), denominado hoy Instituto de Estudios Gallegos Padre Sarmiento[1].

Respecto a la bibliografía consultada, hemos partido, principalmente, de trabajos anteriores en nuestras investigaciones. Debemos señalar, además, que la consulta de los clásicos en esta temática la entendemos imprescindible[2]. Incluimos asimismo otros títulos meritorios más actuales, que complementan información, muchas veces producto de nuestra presencia en distintos encuentros de investigadores.

Dificultades

En principio, hemos tenido una cierta dificultad para la consulta del BILE, en una labor paciente que ocupó largas horas, aprovechando momentos libres de otros compromisos docentes y de gestión. Al carecer de proyectos de investigación subsidiados, hemos sido los dos autores que firmamos el libro, los que hemos llevado la carga de todo el trabajo, sin personal auxiliar de apoyo. Cabe preguntarse si esa falta de financiación es un mérito o un demérito y si nuestro apego al tema originario de investigación es sensato o suicida; mucho se ha dicho sobre la inflación de publicaciones y

---

1 Anteriormente, el Instituto "Padre Sarmiento" de Estudios Gallegos estuvo ubicado en la biblioteca del Colegio Fonseca, hoy sede del Rectorado de la Universidad de Santiago, donde consultamos el BILE durante la realización de nuestras respectivas tesis doctorales relacionadas con la ILE. En los años 80 del siglo pasado la consulta documental, hemerográfica e incluso bibliográfica se realizaba en archivos, bibliotecas e instituciones de distinto signo. Requería mucho tiempo y esfuerzo, pero compensaba el contacto directo con el documento y la necesidad de reflexionar mientras se leía el papel, a veces borroso, para tomar notas a mano. Nuestras consultas se completaron con meses en la sala de investigadores de la Biblioteca Nacional, en la Hemeroteca Municipal de Madrid, y en la Fundación Ortega y Gasset, también de Madrid. Hoy revisamos en la pantalla del ordenador lo leído en la juventud, pero el bagaje inicial permanece, lo mismo que nuestro compromiso de casi cuarenta años con la investigación sobre la ILE.

2 Clásicos y aún imprescindibles en el análisis de la ILE son los libros de Vicente Cacho Víu, *La Institución Libre de Enseñanza. 1. Orígenes y etapa universitaria (1860-1881),* reeditado en 2010 por Octavio Ruíz Manjón con el título *La Institución Libre de Enseñanza.* La obra de Dolores Gómez Molleda, *Los reformadores en la España contemporánea* (1966); la de Ivonne Turin *La educación y la escuela en España de 1874 a 1901* (1967), o los cuatro tomos de Jiménez Landi sobre *La Institución Libre de Enseñanza y su ambiente.* En esta época de investigaciones efímeras, hay libros que nunca mueren,

la consecución de méritos "baremables" cuantitativamente en una carrera académica en la que no siempre triunfan los más brillantes, sino los más hábiles, como han señalado muchos autores, entre ellos Tudela y Aznar, cuando nos hablan de "publicar o morir" como divisa, que a veces se convierte en "publicar y morir" en el bochorno (2013).

La labor se ha facilitado, cuando ya el trabajo estaba muy adelantado, por la digitalización de esta interesantísima revista-boletín[3], aspecto este que veníamos reclamando de la Administración desde hace mucho tiempo.

No es fácil concretar el número exacto de alumnos que acudieron a las aulas de la Institución en los primeros tiempos. De algunos alumnos no quedó registro, al anotarse por papeletas, como era común en ciertos cursos universitarios que ofrecía el profesorado libre (los *privatdozenten*), que dependía de las cantidades aportadas por los alumnos, en bastantes universidades europeas de entonces, como fue el caso de Krause y muchos de los seguidores del krausismo.

El trabajo queda abierto, pues, a nuevas aportaciones. Esperemos que las haya, si bien las líneas de investigación actuales priman orientaciones mucho más inmediatistas.

Estructura

Además del prólogo y la introducción, el trabajo está organizado en cinco capítulos. El primer capítulo, de carácter introductorio sobre la temática, tal como puede contemplarse en el índice, está referido al nacimiento de la Institución Libre de Enseñanza, con algunos datos, necesariamente sintéticos sobre el krausismo y su implantación en España a través de Julián Sanz del Río, las "cuestiones universitarias" que dieron origen a la ILE, los primeros pasos para la creación de la Institución, los miembros fundadores y los Estatutos.

El capítulo segundo, también de contexto del tema principal, se ocupa de las enseñanzas y el carácter de la escuela en la ILE: currículum; principios de intervención y actividad pedagógica; laicismo y neutralidad; coeducación: enseñanza cíclica; métodos de trabajo; consideración del espacio escolar; cultura popular en el currículum; exámenes y evaluación, alumnado y profesorado.

A partir de aquí, y de acuerdo con las enseñanzas que se impartían en la Institución Libre, distribuimos el resto del contenido del libro en tres capítulos:

---

3 Actualmente el *Boletín de la Institución Libre de Enseñanza* (el *BILE*) está digitalizado, y es accesible *on line* en la Hemeroteca Digital del MCU.

Capítulo tercero, referido al alumnado que cursó estudios generales de segunda enseñanza entre 1876 y 1882: análisis cuantitativo; planes; métodos y metodologías didácticas; profesorado; enseñanzas, y relación nominal de alumnos.

Capítulo cuarto, referido a estudios superiores científicos y otros cursos y conferencias: clases de lenguas; estudios preparatorios para las Facultades de Derecho y Filosofía y Letras, Medicina y Farmacia; Escuela de Derecho; Doctorado en Derecho; estudios superiores especiales; curso breve sobre teoría de las acciones, y otros cursos breves, conferencias y lecturas.

Capítulo quinto, sobre la enseñanza primaria (1878-1882), y la primera y segunda enseñanza por secciones (1882-1884), con datos cuantitativos y relación nominal.

Incorporamos a continuación unas breves conclusiones, también a modo de síntesis del trabajo realizado.

En los Anexos, incluimos la base de datos de los alumnos matriculados en los primeros ocho cursos académicos de la ILE, por orden alfabético. Hemos contabilizado un total de 1.112 alumnos, que debemos entender como cifra aproximada[4]. La fuente primaria principal de consulta fue, como hemos señalado, el *Boletín de la Institución Libre de Enseñanza*, que en los tomos VII y VIII (1883 y 1884) ofrece esa información.

Agradecimientos

Una parte importante de este trabajo se ha realizado durante el período de Ángel S. Porto Ucha como *profesor ad honorem*, en cuyo proyecto figuraba la necesaria presencia en el Instituto de Ciencias de la Educación de la Universidad de Santiago de Compostela, entre el personal científico. Durante la primera época (2014-2018) le acompañó para las tareas allí realizadas la profesora Raquel Vázquez Ramil, que, ya en la Universidad de Valladolid, disfrutó más tarde de alguna estancia de investigación en ese mismo centro. Queremos agradecer a la dirección del ICE la acogida y amabilidad para el desarrollo de todas las actividades allí realizadas; agradecimiento extensivo al personal de administración y servicios y a los becarios en formación. En la cafetería y comedor de la Residencia Universitaria "Fonseca", próxima al ICE, hemos encontrado en su director y personal, una atención y trato exquisitos.

---

[4] Además de las referidas ausencias, puede suceder que alguno de los mencionados aparezca repetido, ya que con frecuencia los nombres propios figuran solo en sus iniciales, lo que puede dar lugar a equívoco.

A todas las instituciones a las que hemos acudido, por su colaboración y apoyo.

A Georgina, siempre pendiente de nosotros.

Al profesor don José María Hernández Díaz, catedrático de Historia de la Educación de la Universidad de Salamanca, que ha iluminado este libro con su amplio conocimiento sobre la Institución Libre de Enseñanza. Con él compartimos numerosas sesiones de jornadas y congresos en la Universidad salmantina. Es para nosotros, como para todos los investigadores en Historia de la Educación, modelo a seguir por su honradez académica y su impecable labor.

Finalmente, como en otras ocasiones, a la editorial Andavira, por publicar y difundir nuestro trabajo. En especial, a su editora, Lucila Ventoso, ejemplo de profesionalidad y compromiso.

CAPÍTULO 1
EL NACIMIENTO DE LA INSTITUCIÓN LIBRE DE ENSEÑANZA

La Institución Libre de Enseñanza fue fundada en Madrid en 1876, en torno a Francisco Giner de los Ríos y otras personalidades de distinta procedencia ideológica, pero "animadas por los mismos principios renovadores"[5]. Como fondo y sustrato destaca el krausismo, introducido en España por Julián Sanz del Río, y las "cuestiones universitarias", que dieron origen a la separación del profesorado como sanción por defender la libertad de cátedra. La Institución Libre de Enseñanza (ILE, como es conocida por sus siglas), nació como alternativa a una Universidad española decadente.

En los más de 60 años de existencia de la ILE, entendida no sólo como centro docente sino como realidad educativa, cultural y social más amplia, pueden considerarse tres períodos, como señaló en su día Tuñón de Lara[6]. El primero, que es básicamente el que vamos a considerar en este trabajo, de apertura liberal, finaliza en 1881[7]. Viene a coincidir con la labor de Albareda en el Ministerio de Fomento y la vuelta a sus cátedras de los profesores sancionados[8].

---

5 Herminio Barreiro Rodríguez (1985). Institución Libre de Enseñanza. En Agustín Escolano Benito (Coord.). *Historia de la Educación II.* Diccionario de Ciencias de la Educación. Madrid: Anaya, pp. 189-191.

6 Véase Manuel Tuñón de Lara (1977). *Medio siglo de cultura española (1885-1936).* Madrid: Tecnos, pp. 44-45.

7 Prolongamos el estudio hasta 1884, porque hasta ese año los alumnos que pasaron por la Institución -objeto específico de nuestra investigación- quedaron recogidos nominalmente en el *Boletín de la Institución Libre de Enseñanza.*

8 Un segundo período ocupa hasta 1907, con la creación de la JAE (Junta para Ampliación de Estudios e Investigaciones Científicas). El tercero se prolongó hasta la llegada de la guerra civil, en 1936.

1.1. Unas breves notas en torno a Krause

En 1781 nace en Eisenberg, una pequeña ciudad turingia perteneciente entonces al Ducado de Alterburg (Sajonia), Krause, bautizado con el nombre de Carl Christian Friedrich. En Jena recibió clases desde 1797, de Fichte y Schelling. Hizo el doctorado en matemáticas y preparó luego la denominada "habilitación", permaneciendo como profesor entre 1801 y 1805.

Por problemas surgidos en Jena, se trasladó primero a Rudolstadt y luego a Dresde, en busca del arte como complemento de la formación científica. *Ciencia* y *Arte* constituían para él los dos grandes campos en los que la humanidad desarrolla su actividad. Y en la formación en equilibrio de cada uno de estos campos se consigue la *armonía*. Estos temas fueron tratados sistemáticamente por Krause en su *Ideal de la Humanidad* (1811), una teoría masónica de la sociedad[9], que encontrará arraigo en España, como señala Álvarez Lázaro (2005). Durante este tiempo intentó conseguir cátedras en Dorpat y Heidelberg.

Desde 1813, Krause sigue su peregrinación de Dresde a Tharandt y Berlín, entonces capital de Prusia, ocupándose de amplios campos del saber: Lengua, Geografía, Matemáticas, etc. Krause fue el *alma mater* de la fundación de la Sociedad Berlinesa para la Lengua Alemana. En 1814 muere Fichte en Berlín, y Krause opta a su plaza en la Universidad. Un nuevo fracaso. Se piensa en Herbart de Königsberg, pero al final es nombrado Schleiermacher. En 1822 se traslada a Gotinga. Enrique M. Ureña hace referencia al grupo de universitarios que se unieron fielmente a Krause en la Universidad Georgia-Augusta, germen del krausismo:

> *Leonhardi (...) que luego sería el más celoso apóstol del krausofröbelismo (...) Ahrens, Dübner, Dürrefeld, Von Hagen, Moller, Peters, Riehn, Schliephake y Georg Schumacher constituían junto a él el corazón del grupo, al que también pertenecían otros como Beaulieu, Deppe, Adolf y Louis Frankenberg, Frege, Heermann, Lichtenberg, Carl Meyer, Plath, Pontikes, Purgold, Regel, Reuter, Schoof, Fritz Schumacher, Snell y algunos más (...) Ahrens, Peters y Schliephake, junto con Leonhardi, permanecerían durante toda su vida activos krausistas*[10].

El "discípulo amado" era Schumacher. Surgen dificultades. El yerno de Krause, Leonhardi se instala primero en Múnich y se dirige después a Hannover. En 1831 Krause es expulsado de Gotinga, cuando se disponía a

---

[9] Véase Enrique M. Ureña (1991). *Krause, Educador de la Humanidad. Una biografía.* Madrid: Unión Editorial.

[10] *Op. cit*, pp. 425-26.

solicitar una cátedra honorífica. El rey de Baviera le perdona la expulsión, pero no se le concede la ansiada cátedra. Krause murió en 1832 en Múnich y fue enterrado en una tumba "tan pobre como lo fue la vida externa del fundador del krausismo", en el viejo cementerio del sur. Su discípulo Heinrich Ahrens se trasladaría a la Universidad Libre de Bruselas para enseñar Derecho.

Debemos señalar que Krause aplicó principalmente su pensamiento fundamental metafísico a la ética y a la filosofía del Derecho. Destacó la importancia de las asociaciones de "finalidad universal", como la familia o la nación, frente a las consideradas limitadas, como la Iglesia o el Estado. Estos aspectos fueron importantes en su aceptación y su introducción en nuestro país, no sin dificultades, por un sector de la intelectualidad española[11].

1.2. El viaje de Sanz del Río a Alemania

Aparte de la existencia de un "prekrausismo", hablar del krausismo en nuestro país es referirse necesariamente a la figura de Julián Sanz del Río, que nació en Torrearévalo (Soria) en 1814[12]. Huérfano de padre desde los diez años, bajo la tutela de su tío, el canónigo don Fermín, pasó al seminario de San Pelagio de Granada para estudiar la carrera de Derecho, continuando el estudio del Derecho Canónico en Granada. De vuelta a Granada, se doctoró en 1836. En Madrid cursó estudios jurídicos, doctorándose igualmente en 1840. El contacto con las disciplinas jurídicas llevó a Sanz del Río a un primer conocimiento de la filosofía krausista, a través de las obras de Heinrich Ahrens, *Curso de Derecho Natural*, y de Falck, *Enciclopedia jurídica*, traducidas respectivamente por Ruperto Navarro Zamorano y José Álvarez de Zafra, como analiza Orden Jiménez (2001). Ahrens fue uno de los grandes difusores del pensamiento de Krause, que llegó a Portugal y a Iberoamérica a través de distintos pensadores. Continuador de su cátedra y de la filosofía krausista sería también Guillaume Tiberghien, discípulo de Ahrens.

En 1843 Sanz del Río fue nombrado catedrático interino de Historia de la Filosofía por el ministro Gómez de la Serna, con la obligación de

---

11 Véase Ángel Serafín Porto Ucha (2011). La Institución Libre de Enseñanza. Un movimiento de renovación pedagógica. En Olegario Negrín Fajardo (Coordinador). *Historia de la Educación Española*. Madrid: UNED, pp. 383-427.

12 Durante la estancia de Raquel Vázquez Ramil como profesora en la Facultad de Educación en Soria, hemos visitado la pequeña localidad, situada en la evocadora y casi despoblada comarca de Almarza, con motivo de los actos organizados alrededor del personaje, en los que participó la coautora de este trabajo.

permanecer dos años pensionado en Alemania para desarrollar el conocimiento de la disciplina. En su viaje a tierras germanas pasó por París y por Bruselas, donde se encontró con Ahrens, y se encaminó luego a Heidelberg, donde estaban Röder, Leonhardi, Schliephake, Gervinus y Weber, seguidores del krausismo.

El viaje de Sanz del Rìo quedó parcialmente frustrado en 1844 al morir su tío don Fermín. Regresa a España y durante nada menos que nueve años, alegando insuficiente preparación, se retira a Illescas, donde contrae matrimonio y se vincula con el entorno hasta el punto de que en ciertos ámbitos se le conoce como "el pensador de Illescas" (Albares 2012). Una vez al mes, iba a Madrid, donde contactaba con un grupo de amigos. Se está produciendo la siembra del movimiento krausista. Dice Jiménez-Landi que los oyentes de don Julián eran Manuel Ruiz de Quevedo, Dionisio Gómez, Eduardo Chao, Manuel Ascensión, Francisco Cayoso, Luis de Entrambasaguas y los viejos amigos Álvarez de Zafra y Navarro Zamorano[13].

En 1854 ocupa por fin la cátedra de Historia de la Filosofía, iniciando un período en el que se dedica fundamentalmente a la exposición del sistema de Krause. La primera afirmación pública solemne de la filosofía krausista tuvo lugar en la apertura del curso 1857-58, donde lee la lección inaugural, con la consiguiente reacción del neotomista Ortí Lara. Entre otros trabajos del autor, a mediados de 1860 aparece su *Ideal de la Humanidad para la vida*, a partir de los trabajos de Krause.

Durante la década de 1860 a 1870 tendrá lugar el período de mayor empuje del krausismo español, gracias a la labor de Julián Sanz del Río. Sus discípulos pueden clasificarse en dos grupos. Los primeros estaban ya en la universidad o llegaron a ella poco después de que Sanz del Río ocupara la cátedra en 1854. Entre ellos hay que destacar a Francisco Fernández González, Francisco de Paula Canalejas, Federico de Castro, Valeriano Fernández Ferraz, Vicente Romero Girón y Miguel Carmona. En el segundo grupo estarían aquellos que en 1864 habían dejado la universidad. Algunos entran en contacto con Sanz del Río una vez terminada la formación universitaria, como sucede con Giner. Ellos fundarán la ILE: Nicolás Salmerón, Gumersindo de Azcárate, Labra, Juan Uña y Segismundo Moret[14].

---

13 Véase Antonio Jiménez-Landi (1996). *La Institución Libre de Enseñanza.* Madrid: Universidad Complutense, t. I, p. 512.

14 Ángel Serafín Porto Ucha (1986). *La Institución Libre de Enseñanza en Galicia.* Sada – A Coruña: Ediciós do Castro, pp. 31 y ss. Pueden consultarse, entre otros a Juan López-Morillas (1980). *El krausismo español.* Madrid: Fondo de Cultura Española, 2ª edición, corregida y aumentada.

No vamos a analizar las características del krausismo en España, ya ampliamente estudiado. Espíritu de armonía, defensa de la libertad, culto a la ciencia, afirmación de la razón, moralismo, pedagogía y religiosidad pueden considerarse, según Elías Díaz en el Estudio preliminar a la *Minuta de un Testamento* de Gumersindo de Azcárate, como las notas generales que corresponden a esa actitud intelectual propia del krausismo español, actitud definida esencialmente por la defensa de la libertad. Cristianismo liberal, en lo religioso, creencia en el poder transformador de la razón, en lo filosófico; organicismo, en lo social; liberalismo progresivo, en lo político, e insobornable fondo ético, que busca la reforma y el cambio social, en lo moral, son las notas señaladas por Abellán[15].

Los seguidores del krausismo proclaman un cambio social sin violencia, gradual, pacífico, con la consiguiente reforma social, que van a defender los seguidores de la ILE. Son los reformadores de la España contemporánea, que, con una visión penetrante y analítica, abordó en su día Dolores Gómez Molleda[16].

El 26 de septiembre de 1865, el *Ideal de la Humanidad para la vida*, de Sanz del Río, fue incluido en el Índice de libros prohibidos. Este hecho marca el progresivo desvío del movimiento krausista respecto al magisterio eclesiástico, si no ya su abierta y total separación. El hecho hay que situarlo en el contexto de la encíclica *Quanta cura*, de Pío IX, y la publicación del *Syllabus*, una lista de ochenta proposiciones erróneas, que habían sido ya condenadas por el citado pontífice entre 1846 y 1864. En España, los obispos inician la publicación de los documentos pontificios, que aparecen en la *Gaceta*, el 7 de marzo de 1865. La promulgación de ambos documentos acabará produciendo el cisma de los católicos liberales. El Concilio Vaticano I (1869) terminó con las posibilidades de concordia. Por otra parte, la Constitución *Pastor Æternus*, promulgada por el papa Pío IX el 18 de julio de 1870, tras su elaboración y aprobación por el Concilio Ecuménico Vaticano I, donde se define el dogma de la infalibilidad del Papa, dividió a los católicos liberales en dos grupos: los que se sometieron al Papa y los que rompieron con Roma. Junto con no pocos literatos, políticos y hombres de ciencia, cabe contar a la mayoría krausista.

---

15 Véase José Luis Abellán y Luis Martínez Gómez (1977). *El pensamiento español de Séneca a Zubiri*. Madrid: UNED, p. 320.

16 Mª Dolores Gómez Molleda (1981). *Los reformadores de la España contemporánea*. Madrid: C.S.I.C. (1ª edición, Imprenta Sáez, 1966), pp. 301-303.

1.3. Los conflictos en la Universidad española

La conocida como "Primera Cuestión Universitaria", que dio lugar a la calificada por Pérez Galdós "*usque in aeternum* Noche de San Daniel", se inicia en 1865, después de los primeros pasos en 1864 con la carta del Obispo de Tarazona dirigida a la Reina, y la respuesta del poder político con la R. O. de 27 de octubre de 1864, en relación con el juramento prestado por los profesores con respecto a la defensa de la fe, la fidelidad a la Reina y la obediencia a la Constitución[17], durante el gobierno moderado del general Narváez. El 20 de marzo se ordena la formación de expediente a Castelar. Como consecuencia de la profunda impresión causada en el país por los sucesos acaecidos, es destituido dicho gobierno, subiendo al poder otro de la Unión Liberal, presidido por el general O´Donnell. La segunda fase se inicia con la vuelta de Narváez en 1866, con Manuel de Orovio como ministro de Fomento. Orovio publica una Circular, a raíz de la campaña neocatólica sobre los "textos vivos", liderada por Navarro Villoslada y Ortí y Lara (Rodríguez Coarasa, 1998: 44), ordenando a los catedráticos de Universidad el respeto al dogma en sus enseñanzas. Las críticas al Trono se suceden durante los primeros meses de 1867. El Gobierno pone en marcha una campaña de adhesión a la Monarquía. El Rector de la Universidad de Madrid envía un escrito a todos los catedráticos, solicitando la adhesión. La abstención de 57 origina el conflicto. En enero de 1868 ya estaban firmadas las órdenes de separación de Sanz del Río y Salmerón; quedaba pendiente la de Fernando de Castro. Giner envía un escrito de protesta y es inmediatamente suspendido de empleo y sueldo. En septiembre de 1868, con el pronunciamiento de la escuadra en Cádiz y la victoria de Alcolea, termina el reinado de Isabel II, dando paso al Sexenio Revolucionario. Por un Decreto de 21 de octubre de 1868, se estableció la más absoluta libertad de cátedra respecto a doctrina, libros de texto, y métodos de enseñanza. Esta libertad quedó confirmada al año siguiente en la Constitución de 1869. Luego vendría el corto reinado de Amadeo de Saboya y la brevísima Primera República en 1873.

Después del Sexenio Democrático (1868-1874), en 1875 se restaura la Monarquía de los Borbones en la persona de Alfonso XII, hijo de Isabel II. En medio del clima de reacción moderada vuelve Manuel de Orovio al frente del Ministerio de Fomento. Un Decreto de 26 de febrero de 1875 provoca la denominada "Segunda Cuestión Universitaria". Orovio cursa

---

17 Manuel de Puelles Benítez (1979). Introducción. *Historia de la Educación en España. Textos y Documentos*. Madrid: MEC, t. II, p. 37.

una circular a los Rectores de Universidad con varias recomendaciones respecto al dogma católico y el acatamiento a la Monarquía (Lima Torrado 2002). Las primeras protestas surgen en Santiago de Compostela, con Augusto González de Linares y Laureano Calderón y Arana, ambos discípulos de Giner, y, por lo tanto, seguidores del krausismo, que dirigen al Rector, don Antonio Casares, comunicaciones de protesta. Son expedientados[18]. Las noticias de lo que estaba sucediendo en Santiago de Compostela llegaron rápidamente a la Universidad de Madrid. Según Jiménez-Landi, perdieron sus cátedras diecisiete profesores y presentaron protestas ante el Gobierno, veintitrés[19].

1.4. Las consecuencias de la "Segunda Cuestión Universitaria". El destierro

Con motivo de la "Segunda Cuestión Universitaria" y de los expedientes a que fueron sometidos los profesores que protestaron en 1875, Giner fue confinado en Cádiz, en el Castillo de Santa Catalina; Azcárate emprendió el camino del destierro hacia Mérida y luego Cáceres; González de Linares y Laureano Calderón, que habían dado origen a la protesta universitaria en la Universidad de Santiago, fueron privados de libertad en el Castillo de San Antón, en A Coruña; Manuel Varela de la Iglesia, del Instituto de A Coruña, era desterrado a Gijón; Nicolás Salmerón salió para Lugo el 6 de abril; en atención a ser con anterioridad Presidente de la Primera República, gozó de una cierta deferencia, tanto en el traslado como en su estancia en tierras lucenses[20]. Es curiosa la observación de Juan Uña, en carta a Giner, de 9 de abril: "A usted, hombre alegre y bullicioso, le envían a la tierra de María Santísima, que es su tierra; a Nicolás, hombre sesudo, a Galicia, país de la meditación y de la humedad"[21]. Sin embargo, la ciudad no debía de tener mucho aliciente para el ilustre y obligado visitante, que manifestaba así sus impresiones: "La estación hace agradable este clima.

---

18 Se dispone de amplia información sobre este suceso. Véase, por ejemplo, Ángel Serafín Porto Ucha (1998). Sobre krausismo e institucionismo. A Universidade de Santiago, Galicia e os comezos da Institución Libre de Enseñanza. *Sarmiento*. Anuario Galego de Historia da Educación, 2, pp. 7-38.

19 Véase Antonio Jiménez-Landi (1959). Don Francisco Giner de los Ríos y la Institución Libre de Enseñanza. *Revista Hispánica Moderna*, 1-2, pp. 13-14.

20 Allí sentó raíces. Uno de sus hijos contraería más tarde matrimonio con Ramona Lombardero San Miguel (véase José Antonio Durán. Nuevas e inesperadas revelaciones acerca de la presencia de Nicolás Salmerón en Galicia. *La Voz de Galicia*, 29-XI-1987).

21 Pablo de Azcárate (1967). *La Cuestión Universitaria. Epistolario de F. Giner de los Ríos, Gumersindo de Azcárate y Nicolás Salmerón. Introducción, notas e índices*. Madrid: Tecnos, p. 163.

Algo de ese sol aquí y de esta lluvia ahí y sería excelente. País montañoso, mucho verde: pastos, centeno, legumbres, algunos castaños y robles comienzan a echar hojas, las márgenes del Miño que nunca son las de esos ríos, son, sin embargo, lo más ameno. La población inculta, aquí no hay con quién hablar"[22].

1.5. Los primeros pasos en la creación de la Institución Libre de Enseñanza

Desde Lugo, el 4 de mayo Nicolás Salmerón escribe a Giner: "(...) bien necesitamos pensar en el porvenir si esto se prolonga (...). Por cualquier modo ocúpese V. en redactar las bases de la Fundación de los Estudios libres y podemos ganar tiempo"[23]. Documentalmente esta carta constituye el embrión de la futura Institución. Después vendrían los intentos de creación de una Universidad libre en Gibraltar, pero al final, se elige Madrid.

Estamos en 1876. Los profesores expedientados ya habían vuelto de su destierro, aunque no se incorporan al trabajo anterior. Ese mismo año se promulga una nueva Constitución. Además de la tolerancia de cultos proclamada en el art. 11: "Nadie será molestado en el territorio español por sus opiniones religiosas ni por el ejercicio de su respectivo culto, salvo el debido respeto a la moral cristiana"; el artículo siguiente -ampliamente debatido en su segundo párrafo por liberales, ultramontanos y conservadores- abría una puerta, por la que se crea la ILE: "Cada cual es libre de elegir su profesión y aprenderla como mejor le parezca. Todo español podrá fundar y sostener establecimientos de instrucción o de educación con arreglo a las leyes". La ILE era la mejor respuesta a la política de Orovio.

Hubo que constituir una sociedad. Respecto a los accionistas de la ILE, debemos señalar que la mayoría eran personas que gozaban de un cierto desahogo económico. Quedó determinado que se consideraría socio de la Institución a todo aquel que suscribiera por lo menos una acción, por un importe de 250 pesetas. Se trataba de un sector muy amplio que procedía de campos diversos, en general de personas descontentas con el conservadurismo de Cánovas. Junto al numeroso grupo de simpatizantes krausistas,

---

22 A estas cuestiones nos hemos referido en anteriores trabajos. Véase Ángel Serafín Porto Ucha (2005). *La Institución Libre de Enseñanza y la renovación pedagógica en Galicia*. Sada – A Coruña: Ediciós do Castro, p. 80. Véase, igualmente, Ángel Serafín Porto Ucha (1986). *La Institución Libre de Enseñanza en Galicia*. Sada – A Coruña: Ediciós do Castro, pp. 75-77.

23 Azcárate, pp. 83-84.

había republicanos, banqueros, militares, positivistas que rivalizaban intelectualmente con los krausistas, etc.[24]

Aunque al final la ILE caminó por otros derroteros, todavía el 24 de mayo de 1876, como preparación para la inmediata Junta General de Accionistas, se publicó en *El Imparcial* la noticia de que estaba a punto de crearse una Universidad Libre. La nota aparecida en primera página hacía una rotunda defensa de la libertad de ciencia. La firmaba Laureano Figuerola Ballester, abogado y político progresista de destacada trayectoria, que había apoyado la Revolución de 1868 y que, como ministro de Hacienda, impuso la peseta como moneda oficial (1868) y defendió la política librecambista para recuperar, en parte, las exhaustas arcas españolas de las postrimerías del reinado de Isabel II (Costas 2003).

Señala Cacho Viu que en la estructuración de la Institución Libre de Enseñanza se optó por un "nombre provisional e impreciso de los primeros momentos", que así quedó para siempre. El autor explica en nota que, sin embargo, había una razón legal para mantener de momento el nombre de "Institución". El mismo día que se autorizaron sus Estatutos, el 16 de agosto de 1876, una R. O. dispuso "que los establecimientos libres de enseñanza no puedan usar las denominaciones de Instituto y Universidad". Añade Cacho: "Este texto legal fue la primera reacción del gobierno de Cánovas ante el anuncio de que los profesores separados iban a abrir una Universidad libre" [25].

1.6. Los contactos con Inglaterra

El 29 de octubre de 1876 nacía en Madrid la Institución Libre de Enseñanza. Su primer rector, Laureano Figuerola, leía el discurso de apertura[26]. Tuvo su primer local en la calle Esparteros, después en la calle de las Infantas y ya definitivamente, en el paseo del Obelisco, más tarde, paseo del General Martínez Campos[27]. Si bien la ILE hubo de renunciar a su proyecto edificatorio más ambicioso, desde los inicios se preocupó por el entorno

---

[24] Véase Teresa Rodríguez de Lecea (1980). La Escuela de la Institución. *Historia, 16*, 49, p. 69.

[25] Vicente Cacho Viu (1962). *La Institución Libre de Enseñanza. I. Orígenes y etapa universitaria (1860-1881)*. Madrid: Rialp, p. 409.

[26] Laureano Figuerola (1877). Discurso leído en la sesión inaugural de la Institución Libre de Enseñanza el 29 de octubre de 1876. *BILE*, I. (1877), pp. 61-63.

[27] En el Primer Congreso Nacional Pedagógico de 1882, intervino Francisco Giner y se refirió al proyecto del nuevo edificio para la Institución Libre en el Paseo de la Castellana, a cargo del arquitecto de la Institución D. Carlos Velasco. La fachada principal del proyecto figura en *La Ilustración Cantábrica*, Tomo IV.

educativo, singularmente por la escuela y su mobiliario, como demuestra Francisco Javier Rodríguez Méndez (2007).

La ILE se presentó en su nacimiento como una alternativa a la universidad estatal, aunque esa experiencia terminaría en fracaso. Ya en sus orígenes se barajó la idea de fundar una universidad libre en Gibraltar. En Cádiz, al igual que en Lugo, durante el destierro de Salmerón, comenzó a germinar lo que más tarde sería la Institución Libre. La idea de crear unos estudios libres parte de estas coordenadas. Los "Datos biográficos" de Giner, publicados a raíz de su muerte en 1915, relatan el hecho de que, una vez preso Giner en el Castillo de Santa Catalina de Cádiz, "fue a verle allí el cónsul de Inglaterra, ofreciéndole su apoyo y el de la opinión inglesa, apoyo que rechazó Giner, diciendo que el Gobierno español sabría lo que hacía, y que, sin duda, habría obrado y resolvería justamente". Se señala que *The Times* había dado a este asunto toda la importancia que merecía; que después de algún tiempo en que tuvo por cárcel la ciudad de Cádiz, y donde creó sus firmes amistades con los Macpherson, los Arcimís y Alejandro San Martín, se le hicieron a Giner propuestas para la creación de una Universidad Libre en Gibraltar. Parece ser que la propuesta de la Universidad Libre en Gibraltar partió del cónsul británico en Cádiz, Thomas Felloves Reade. Sin embargo, Jiménez-Landi, en su obra sobre los orígenes de la ILE, dice que quizá este señor no fuese más que el enlace entre Giner y D'Astí, el verdaderamente interesado y el que se había trasladado a Gibraltar[28]. Pero al final el proyecto fracasó, al ser expulsado a instancias del cónsul español su supuesto patrocinador y por falta de convicción de los comprometidos en la causa, debido a los peligros derivados de la ubicación de esta universidad libre en suelo inglés.

1.7. Miembros fundadores de la ILE

Giner y sus colaboradores en la empresa de fundar la nueva entidad docente habían celebrado varias reuniones en casa de don Manuel Ruiz de Quevedo, discípulo predilecto de Fernando de Castro y presidente de la madrileña Asociación para la Enseñanza de la Mujer, para discutir el contenido de la Institución y la forma legal a la que tendría que sujetarse.

Aunque los hombres que contribuyeron a dar vida a la Institución Libre de Enseñanza eran frecuentemente políticos distinguidos, no todos llevaban nombres tan conocidos. Hay algunos, entre los que estuvieron constantemente al servicio de la Institución, cuyos nombres se repiten a

[28] Antonio Jiménez-Landi, *Op. cit*, t. I., p. 334.

menudo en las páginas del Boletín de la Institución, donde firman múltiples artículos.

La lista de miembros fundadores de la ILE, cuya enumeración comprende algunos de los nombres de las posturas liberales y progresistas hacia 1876, es la siguiente: Laureano Figuerola, Segismundo Moret, Eugenio Montero Ríos, Nicolás Salmerón, Gumersindo de Azcárate, Francisco Giner de los Ríos, Hermenegildo Giner de los Ríos, Augusto González de Linares, Eduardo Soler, Laureano Calderón, Salvador Calderón, Juan A. García Labiano, Jacinto Mesía y Joaquín Costa[29]. Habían firmado previamente las bases de la Institución, el 10 de marzo de 1876, los profesores siguientes: Montero Ríos, Salmerón, Moret, Azcárate, González de Linares, Francisco Giner, Laureano Figuerola -que se encontraba en Alemania- y los auxiliares García Labiano y Jacinto Mesía.

1.8. Los Estatutos: Juntas Directiva y Facultativa

La primera Junta General de Accionistas de la Institución se celebró el 31 de mayo de 1876, en la sede de la Academia de Jurisprudencia y Legislación, junto al Ateneo. La convocatoria se había anunciado a través del periódico *El Imparcial* y la firmaba Figuerola. En esa primera reunión, que presidía por su edad don Laureano Figuerola, se leyeron y aprobaron provisionalmente los Estatutos de la Institución Libre de Enseñanza, y se votó la primera Junta Directiva y Facultativa[30].

La R. O. de 16 de agosto de 1876 autoriza los Estatutos de la ILE, los cuales son aprobados definitivamente por la Junta General de Accionistas el 30 de mayo de 1877, siendo primer presidente Laureano Figuerola.

Los Estatutos se dividen en dos partes. La primera, titulada "De la Asociación", abarca un total de catorce artículos. La segunda, titulada "De la Institución", comprende desde el capítulo quince al veintiuno. En ellos se condensa el futuro organizativo de la ILE[31].

Tras aprobarse provisionalmente los Estatutos, se procedió a la elección de la Junta Directiva. Aunque el diputado republicano don José Sorní propuso que la constituyesen los iniciadores de la iniciativa, Francisco Giner demostró que existía una cierta incompatibilidad, acordándose que la mesa hiciera la propuesta, siendo elegidos por indicación del presidente

---

29 Turín, *Op. cit.*, p. 186.

30 Acta de la Primera Junta General de Accionistas. *BILE,* I (1877), 25-31.

31 Pueden consultarse los Estatutos en el *Boletín de la Institución Libre de Enseñanza,* tomo I, número 11, de 2 de octubre de 1877, pp. 41-43.

y por unanimidad: Justo Pelayo Cuesta, Eduardo Gasset, Eduardo Chao, Federico Rubio, Juan Anglada y José de Olózaga. Este último renunció por enfermedad, siendo sustituido por Manuel Ruiz de Quevedo.

Se nombró también una Junta Facultativa, cuyo núcleo lo constituían los firmantes del proyecto, "y que se completó después con otras personas que estos juzgaron deber llamar a su seno"[32]. A continuación, los individuos que componían la Junta Facultativa organizadora se retiraron para designar a sus tres representantes, que, en unión de los seis anteriores, debían formar la Directiva de la Institución Libre de Enseñanza, según mandaba el artículo 6º de los Estatutos. Después de unos instantes, Montero Ríos anunció que Figuerola, Azcárate y González Linares habían sido los elegidos. González Linares, alegando incompatibilidad con sus ocupaciones, presentó la renuncia que fue aceptada el 4 de noviembre de 1876. Entró a sustituirle, de acuerdo con el Art. 7º de los Estatutos, Hermenegildo Giner, que venía desempeñando interinamente el cargo desde el 1 de agosto.

La Junta Directiva, elegida por los socios accionistas, tenía una gestión casi puramente financiera y se reunía anualmente. Por su parte, la Junta Facultativa, formada por todos los profesores, tanto los permanentes -nombrados por tiempo indefinido- como los temporales, decidía los asuntos científicos y pedagógicos, nombraba nuevo profesorado y designaba rector, vicerrector, secretario y vicesecretario de la Institución, cargos renovables anualmente y más honoríficos que administrativos.

El primer Rector de la ILE sería Laureano Figuerola (curso 1876-77), al que sucedió el año siguiente Eugenio Montero Ríos y luego Justo Pelayo Cuesta. Rafael María de Labra, entre otros, desempeñaría este cargo durante 34 años.

1.9. La génesis del Boletín de la ILE

Afirma Turin[33] que "un excelente medio de estudiar las relaciones intelectuales de la Institución es espigar en el Boletín de la Institución Libre de Enseñanza". El Boletín es una especie de vínculo entre todos los que simpatizan con la Institución, los cuales, a través de dicha publicación, acceden a las preocupaciones pedagógicas que tienen lugar en España y fuera de ella.

---

32 Memoria leída en la Junta General de Accionistas el 20 de mayo de 1877 por el secretario de la Institución, Profesor D. H. Giner. *BILE*, I (1877), p. 21.

33 Y. Turín, *Op. cit.*, p. 220.

En la segunda parte de los Estatutos de la Institución Libre de Enseñanza, concretamente en el art. 16, se enumeran las actividades complementarias de la Institución: conferencias, biblioteca, gabinetes, uso del laboratorio, concursos literarios y premios, etc. Precisamente, en el apartado quinto se establece la necesidad de un Boletín.

El art. 15 de los Estatutos sirve de introducción a todos los Boletines, queriendo indicar los principios ideológicos en que se asienta la publicación; es la consigna que orienta la misión del Boletín:

> *La Institución Libre de Enseñanza es completamente ajena a todo espíritu e interés de comunión religiosa, escuela filosófica o partido político; proclamando tan sólo el principio de la libertad e inviolabilidad del conocimiento y de la consiguiente independencia de su indagación y exposición respecto de cualquier otra autoridad que la de la propia conciencia del profesor, único responsable de sus doctrinas.*

El primer número se publica el 7 de marzo de 1877; cuatro páginas, tamaño 18 x 25 cm. de letra pequeña y clara, a dos columnas. En el número 21, de fecha 31 de diciembre de 1877, se advierte que, a partir del número siguiente, se introducirán en el Boletín ciertas mejoras, a saber:

> *1ª. Constará de ocho páginas como las actuales, en vez de cuatro.*
>
> *2ª. Saldrá a la luz dos veces al mes.*
>
> *3ª. Contendrá artículos científicos, otros de trabajos e investigaciones, originales de indicación crítica de los libros más importantes que se publiquen, y resúmenes de todos los cursos semanales que quepan en los límites del periódico.*
>
> *4ª. Los socios de la Institución seguirán recibiendo por ahora gratis el Boletín; pero se abre una suscripción para el público en general, la cual costará: Por un año (dentro o fuera de Madrid), a contar desde enero inclusive de 1878 anticipando el precio, 4 pesetas.*

El primer director del Boletín, don Francisco Giner, hace un breve resumen de su contenido a finales de 1878:

> *1º. Trabajos originales de los Profesores de la Institución sobre las diversas ciencias, ora experimentales, ora teóricas.*
>
> *2º. Crítica de los libros e investigaciones más importantes que sobre asuntos científicos ven la luz dentro y fuera de España.*
>
> *3º. Extractos de las lecciones del mayor número posible de cursos superiores de la Institución, y especialmente de aquellos que no se explican en ningún otro centro oficial, ni privado.*
>
> *4º. Catálogos de los gabinetes y bibliotecas de la Institución, especialmente en la parte que presentan mayor interés científico, tales como colecciones geológicas de comarcas españolas, preparaciones y fotografías microscópicas, etc.*

> *5º. Las noticias concernientes a las conferencias públicas (que ven la luz por separado en folletos), movimiento de la Institución y anuncios varios.*

En 1883 recibe el Boletín un nuevo impulso, y es ampliado hasta un total de 32 columnas, lo que significa dieciséis páginas en tirada quincenal. A este efecto, la Junta Directiva de la Institución resolvió en sesión de 12 de enero, aumentar a 10 pesetas anuales el precio de la suscripción para el público, imponiendo una cuota de 5 pesetas a los accionistas "que deseen seguir recibiendo esta publicación y contribuir a que se logre el noble y desinteresado propósito que le guía"[34].

En el año 1893 adquiere definitivamente el formato que tendrá hasta su clausura en 1936: 32 páginas y periodicidad mensual.

Como hemos señalado, el primer director del Boletín fue Francisco Giner de los Ríos (1877-1881), al que le siguieron Joaquín Costa (1881-1884), José de Caso (1884-1890), Francisco Giner de nuevo (1890-1904), Ricardo Rubio (1904-1910), Adolfo González Posada (1910-1917), otra vez Ricardo Rubio (1917-1934) y José Ontañón (1934-36). En 1936 fue nombrado director Ángel do Rego, cargo al que no pudo acceder, a causa de la guerra civil[35].

---

[34] Ampliación del Boletín. Nota a los señores accionistas de la Institución y suscriptores del Boletín. *BILE*, VII (1883), p. 16. Por lo que se desprende de la referida nota, la suscripción anterior estaba en 7,50 pesetas.

[35] Vid. Ángel Serafín Porto Ucha (2011). La Institución Libre de Enseñanza. Un movimiento de renovación pedagógica. En Olegario Negrín Fajardo (Coord.). *Historia de la Educación Española.* Op. cit., pp. 398.

CAPÍTULO 2
LAS ENSEÑANZAS Y EL SENTIDO DE LA ESCUELA EN LA ILE

Dedicamos este capítulo de carácter más general a las enseñanzas durante estos primeros años y al sentido de la escuela en la ILE, aspecto este menos tratado en la investigación pedagógica sobre la Institución Libre de Enseñanza.

2.1. Las enseñanzas

Los Estatutos de la ILE precisan entre los artículos 15 y 21 las distintas enseñanzas a las que se destina la Institución Libre. Esta quiere ser, primero, un centro de estudios de cultura general, básicamente, de enseñanza secundaria, y profesional. Pero pronto se dan cuenta los impulsores de que los alumnos carecen de una sólida instrucción primaria: a partir de 1878 se crea en la Institución una sección de instrucción primaria. Y a partir de 1884, se amplía a los párvulos.

Al igual que antes había sucedido con el Colegio Internacional de Salmerón, la ILE programaba otro tipo de enseñanzas no sujetas a ningún patrón académico, dirigidas a difundir las nuevas conquistas de la cultura general entre un público más amplio (Cacho Viu, 1962: 424). Todo este conjunto de actividades estaba relacionado principalmente con el proyecto de una universidad libre, que se diluye a partir de 1878.

Se imparten, así, además, una serie de enseñanzas complementarias. Para ello, la Institución inauguró en el curso 1876-77, junto a los estudios correspondientes a segunda enseñanza, los siguientes estudios, cursos y conferencias:

a) Clases de lenguas
b) Estudios preparatorios para las Facultades de Derecho y Filosofía y Letras, Medicina y Farmacia
c) Escuela de Derecho
d) Doctorado en Derecho

e) Estudios superiores y especiales
f) Curso breve sobre Teoría de las acciones
g) Otros cursos breves, conferencias y lecturas

2.2. Principios de intervención y actividad pedagógica

Los principios pedagógicos y didácticos por los que se rigió la Institución Libre de Enseñanza se mantuvieron a lo largo de sus sesenta años de existencia. Una síntesis de su propuesta la encontramos ya en un "Prospecto para el curso de 1885-86", que inserta el *Boletín de la Institución Libre de Enseñanza*[36]:

1. Los alumnos no estudian asignaturas aisladas, sino que se dividen por secciones, conforme al grado de su desarrollo, y lo menos numerosas posibles, para que el maestro pueda comunicar diariamente con todos sus discípulos y hacerles tomar parte activa en el trabajo.
2. Por lo que se refiere al programa, la enseñanza es cíclica. No existe la absoluta separación usual entre la educación de párvulos, la primaria y la secundaria, sino que estos tres grados constituyen uno solo: el de la educación general. Los diversos estudios marchan paralelamente: el niño aprende las mismas cosas en la primera sección que en la última; sólo que comenzando por las líneas y puntos capitales en cada materia y afirmándolos y desdoblándolos progresivamente.
3. Los programas oficiales de segunda enseñanza extendidos por la Institución a la primaria, se completan con elementos de derecho, sociología, teoría e historia de las bellas artes, dibujo, música, carpintería, juegos y ejercicios corporales, ampliándose a veces con el modelado, la jardinería y la gimnasia según los medios de que se dispone.
4. La enseñanza es puramente individual y familiar, el maestro está siempre en íntima relación con el alumno, el cual permanece cada día en la Institución el mayor tiempo posible, para que la acción educadora sea continua.
5. Los principios de Fröbel, sobre que tan rápidamente se reorganiza en todas las naciones la educación de la primera infancia, cree la Institución, de acuerdo con las tendencias de aquel pedagogo, que pueden y deben extenderse a todos los grados, poniendo al discípulo

[36] *BILE*, IX (1885), p. 285. Véase Ángel Serafín Porto Ucha (2011). La Institución Libre de Enseñanza. Un movimiento de renovación pedagógica. En Olegario Negrín Fajardo (Coordinador). *Historia de la Educación Española*. Madrid: UNED, pp. 398-405.

en contacto con la realidad; dejándolo siempre que sea posible en medio de la naturaleza; haciéndole observar todas las cosas directamente (intuición); procurando que no pierda su alegría en el trabajo.

6. Las excursiones escolares, que se llevan a cabo por la Institución, en mayor escala que en ninguna otra escuela de Europa y en condiciones maravillosamente económicas, son principalmente arqueológicas, geográficas, geológicas, agrícolas, botánicas e industriales. Cursos completos hay, como los de historia de la pintura, escultura y artes decorativas que se dan exclusivamente en los museos, cuyas colecciones se aprovechan también en los demás estudios. Muchos alumnos han visitado ya las principales regiones de España, y algunas de las excursiones de verano han llevado a Portugal y Francia.
7. Los libros de texto se sustituyen por los cuadernos de notas de los alumnos, que revisan los profesores. Con esto se desenvuelve el trabajo personal, único fructuoso. Casi todo el estudio lo hacen en las clases, y para casa se les encomiendan muy pocas tareas, aun en las secciones últimas, y nunca en el concepto usual de preparación de las lecciones.
8. La Institución no se propone tan solo "enseñar" e "instruir", sino a la vez, y muy principalmente, "educar"; su objetivo no se reduce a preparar a los alumnos para ser en su día abogados, médicos, ingenieros, etc.; sino, ante todo, hombres capaces de dirigirse en la vida y de ocupar digna y útilmente el puesto que les esté reservado. Para ello tiene que atender, tanto por lo menos que a la inteligencia de sus discípulos, a sus sentimientos, a su moralidad, hábitos, manera y desarrollo físico, acercándose al espíritu de la educación inglesa, que tiende a formar al hombre vigoroso de cuerpo y alma, culto y varonil. De aquí las frecuentes y largas expediciones por el campo y las montañas, y los juegos de gran movimiento y esfuerzo al aire libre (desde el marro y la pelota al "rounders" y al "paper chase"), dirigidos por los mismos maestros, que siempre toman parte en ellos con los discípulos.
9. Respecto a la disciplina, enseñanza moral y vigilancia, la Institución representa una protesta contra el sistema corruptor de exámenes, de premios y castigos, de espionaje y garantías exteriores. Espera el progreso y la corrección moral de sus alumnos, de la intimidad personal en que el maestro vive con ellos y del influjo que este régimen permite para despertar en sus conciencias el sentimiento del deber y el respeto a sí mismos.

Estas orientaciones aparecen recogidas en un Boletín informativo para el curso 1889-90. Y en su *Prospecto* de 1908[37], la ILE insiste en que se propone, ante todo, *educar*. Para lograrlo, comienza por asentar, como base primordial e ineludible, el principio de la "reverencia máxima que al niño se debe". Pretende despertar el interés de sus alumnos hacia una amplia cultura general, múltiplemente orientada, para cimentar luego en ella, según les sea posible, una educación profesional de acuerdo con sus aptitudes y vocación (...) "pero sobre eso, y antes que todo eso, *hombres*, personas capaces de concebir un ideal".

Se hace hincapié en el trabajo intelectual sobrio e intenso; juego corporal al aire libre, largo y frecuente; intimidad con la naturaleza y con el arte; absoluta protesta, en cuanto a disciplina moral y vigilancia, contra el sistema corruptor de exámenes, de emulación, de premios y castigos, etc.

Aunque la Institución aspira a que sus alumnos puedan servirse "pronto y ampliamente" de los *libros* como fuente capital de cultura, no emplea los llamados "de texto", ni las "lecciones de memoria al uso, sino a razonar con rigor y a resumir con claridad y precisión los resultados".

2.3. Laicismo y neutralidad en el ideario institucionista

Mientras la Institución Libre fue sólo un centro de segunda enseñanza y superior, durante los primeros años, funcionó, esencialmente, como una escuela laica. Pero ese término no gustaba a Giner, que, además, se dio cuenta durante este corto período de tiempo de que la labor que se estaba realizando era todavía superficial. Entonces aprovecha la iniciativa de Figuerola de crear la escuela primaria, que había de inspirarse en una pedagogía, la de la intuición, es decir, la de Pestalozzi, con quien coincide, además, en su sentimiento religioso de la vida y de la Naturaleza, y de donde arranca, a su vez, el propio Fröbel. Y esa educación que don Francisco pone en marcha ya no será laica, sino neutral, en el sentido que la Pedagogía da a ese término, esto es, a la educación de tono religioso, pero sin dogmas. Hay que decir, por otra parte, que la difusión de las doctrinas y métodos de Fröbel tenía un carácter íntimo para los discípulos de Sanz del Río. Los krausistas habían introducido en España la pedagogía froebeliana a través de la cátedra especial abierta en 1873 en la Asociación para la Enseñanza de la Mujer, fundada por Fernando de Castro en 1870 y dirigida por Manuel Ruíz de Quevedo desde 1874 (Vázquez Ramil 2012).

---

[37] De su Prospecto, 1908.*BILE*, XXXII (1908). Los entrecomillados que siguen proceden de este Prospecto. Véase asimismo el Programa de la ILE en el *BILE*, LVIII (1934), pp. 87-94.

2.4. La coeducación

La Institución estima como principio esencial del régimen escolar la *coeducación*, ya que no hay fundamento para prohibir en la escuela la comunidad en que uno y otro sexo viven en la familia y en la sociedad. Juzga la coeducación como uno de los resortes fundamentales para la formación del carácter moral, así como de la pureza de costumbres, "y el más poderoso para acabar con la actual inferioridad positiva de la mujer, inferioridad que no empezará a desaparecer hasta que aquélla se eduque, en cuanto a la cultura general, no sólo *como*, sino *con* el hombre". El problema de la "unión de los sexos en las escuelas" fue debatido en el Primer Congreso Nacional Pedagógico de 1882, celebrado en Madrid, en el que se escucharon voces airadas. Pero los profesores de la ILE se declararon favorables en todos los grados de la enseñanza[38].

Debemos significar, no obstante, que durante los primeros años fueron hombres (como veremos en la relación para las distintos grados y modalidades de enseñanza durante los primeros ocho cursos académicos) los que asistieron a las aulas de la Institución Libre. En 1885, una de las secciones, la de párvulos, está "compuesta de niños y de niñas".

2.5. Enseñanza cíclica

La Institución Libre consiguió una organización escolar en la que los distintos grados de enseñanza estaban interrelacionados. Tal como se señala en el punto 2 del citado *Prospecto para el curso de 1885-86* de la ILE, la enseñanza es "cíclica". Aunque la Institución Libre nació como un centro de educación superior, como una alternativa a una Universidad en decadencia en España, se transformó pronto en un establecimiento de educación secundaria y primaria e incluso de párvulos. En la Institución Libre de Enseñanza, como ha señalado Luzuriaga[39], "no ha existido solución de continuidad desde el *Kindergarten* a los grados superiores de la enseñanza". No había diferencias entre el profesorado de las clases de párvulos y el de los universitarios. Según el programa de la ILE, "enseñanza cíclica" significa que no existe la absoluta separación usual entre la educación de la clase de los párvulos, los de instrucción primaria y los de secundaria,

---

[38] J. M. Prellezo. La Institución Libre de Enseñanza en Madrid (1876-1936). En Buenaventura Delgado Criado (Coordinador) (1994). *Historia de la Educación en España y América.* Madrid: Ediciones S.M./Morata, p. 451.

[39] Lorenzo Luzuriaga (2001). *La escuela única.* Edición de Herminio Barreiro Rodríguez. Madrid: Biblioteca Nueva, p. 121.

que constituyen un solo grado, el de la educación general. El niño aprende las mismas cosas en cada una de las secciones, comenzando por las líneas y puntos esenciales de cada materia, pero profundizando en ellos progresivamente.

2.6. Métodos de trabajo

En su discurso inaugural del curso 1880-81, Giner llega a considerar la intuición como "el único (método) autorizado en todo linaje de enseñanza", no sólo para la infancia[40]. De ahí, la insistencia en las excursiones escolares y el contacto con la realidad, que "exige del discípulo que piense y reflexione por sí, en la medida de sus fuerzas, sin economizarlas con imprudente ahorro; que investigue, que arguya, que cuestione, que dude (...), en fin, y se rinda a la conciencia de su personalidad racional"[41].

Así, la Institución cree que los principios de Pestalozzi y Fröbel, sobre los cuales se va organizando en todas partes la educación de la primera infancia, deben y pueden extenderse a todos los grados, "porque en todos cabe intuición, trabajo personal y creador, procedimiento socrático, método heurístico, animadores y gratos estímulos, individualidad de la acción educadora en el orden intelectual como en todos, continua, real, viva, dentro y fuera de clase"[42].

2.7. El espacio escolar

El tema del espacio ocupa un lugar importante entre los principios pedagógicos de la Institución Libre, la consideración de la escuela no como un sitio en el que a la fuerza se atormenta al niño para enseñarle, sino como el pequeño mundo en que realiza, alegre y satisfecho, las más hermosas obras de su vida. Entre las preocupaciones pedagógicas de Giner se hallaba, pues, el apartado de las construcciones escolares y las condiciones higiénicas de las mismas. Son conocidos los avatares por los que pasó la ILE para conseguir un lugar idóneo en el que desarrollar su actividad. Frente al hacinamiento, la humedad, la falta de luz y ventilación, tan características de

---

40 Francisco Giner de los Ríos (1969). Discurso inaugural del curso 1880-81. En *Ensayos*. Madrid: Alianza Editorial, pp. 102-117.

41 *Ibidem*, p. 105. Tomado de Alfonso Capitán Díaz (1994). *Historia de la Educación en España. II. Pedagogía contemporánea*. Madrid: Dykinson, p. 193.

42 Raquel Vázquez Ramil y Ángel S. Porto Ucha (2022). Las aportaciones metodológicas de la Institución Libre de Enseñanza (1876-1936). En *Modelos de Formación del Profesorado de Primera y Segunda Enseñanza. Doscientos años de experimentación*. Soria: CEASGA-Publishing, pp. 45-51.

la escuela pública de aquel tiempo, en "Grupos escolares" señalaba Giner: "Cuando la abundancia del terreno lo permita, sería lo mejor establecer cada escuela en un pequeño pabellón separado, rodeado por todas partes de aire, de luz y de verdor; este es el supremo ideal de toda escuela, y aun de toda sección, por no decir de toda clase"[43]. Y sus ideas fueron puestas en práctica en las construcciones escolares que la Institución Libre llevó a cabo, enviando, además, instrucciones y croquis para escuelas, gratuitamente, a quienes las solicitasen. Rodríguez Méndez señala el aprecio de Giner por lo sencillo y útil, y su vinculación inicial al arquitecto Carlos Velasco, que realizó el primer proyecto de edificio para la ILE, no construido. Pero Carlos Velasco sí elaboró diseños luego difundidos en otros lugares, como en las escuelas de Navalcarnero, según nos relata el propio Rodríguez Méndez en una reciente comunicación presentada en las XI Jornadas de las Sociedad Española de Patrimonio Histórico Educativo celebradas en Zamora en junio de 2024[44].

Siguiendo a Fröbel, muebles e inmuebles respondían a una lógica: principio filosófico-pedagógico de libertad, humanismo, educación activa, desarrollo natural. Relacionado con el espacio, y para la educación de la infancia en España, fueron los institucionistas, junto con los regeneracionistas y liberales, los que introdujeron el kindergarten. La base froebeliana de la pedagogía institucionista estaba presente en otros centros innovadores de la época, como la Escuela Moderna de Bruselas, vinculada a la derivación del krausismo, o el Instituto Livre de Ensino de Lisboa[45].

Desde el punto de vista de la elección del local, la Institución, "tras de abundantes e infructuosas búsquedas", se instaló primero en el número 9 de la calle Esparteros, que "arrancaba de la calle Mayor para morir en la plazuela de Santa Cruz". El local no era el más adecuado y se preveía que pronto resultaría pequeño. En 1880 se trasladó al número 42 de la calle de los Infantes y, en 1884, al paseo del Obelisco, hoy de Martínez Campos. Este último edificio, primero arrendado, fue adquirido

---

[43] Francisco Giner (1889). Grupos escolares. En *Educación y enseñanza*. Madrid: Imp. de "El Tajo", p. 173.

[44] Francisco Javier Rodríguez Méndez (2024). Las escuelas de Navalcarnero: un prototipo innovador de la Institución Libre de Enseñanza. En: VV.AA. *Modos de entender, pensar y sentir el patrimonio histórico educativo*. Salamanca: Ediciones Universidad de Salamanca.

[45] Ángel Serafín Porto Ucha (2005). *La Institución Libre de Enseñanza y la renovación pedagógica en Galicia*. Sada – A Coruña: Ediciós do Castro, pp. 154-159. El *BILE* incluye en "Noticias", VI (1882), p. 112, información sobre la inauguración en Lisboa a comienzos de 1880 de un Instituto de Enseñanza Libre, con motivo del Centenario del Marqués de Pombal, y en honor al mismo, "cuyas bases son muy semejantes a las que sirvieron para fundar la Institución Libre de Enseñanza en Madrid".

en 1887. En 1909 se añadió el llamado pabellón Macpherson, obra del arquitecto Joaquín Kramer, y en 1917 el pabellón de párvulos, diseñado por Bernardo Giner. A partir de 1940 se hicieron algunas reformas y se instaló en el solar el Colegio Joaquín Sorolla. Durante la Transición, en 1977 se devuelven los bienes de la Institución Libre de Enseñanza a la recién constituida Fundación Giner de los Ríos (Marcos Esturillo 2009). El geólogo gaditano José Macpherson y Hemas (1839-1902) conoció a Giner durante el destierro de éste en Cádiz; aunque en parte autodidacta, es una de las figuras pioneras de la geología española; colaboró con artículos en el *BILE* y dio clases de Geología en la ILE a partir de 1882; a su muerte, en 1902, dejó su valioso legado científico, integrado por una selecta biblioteca, microscopios, material científico, minerales, colecciones de rocas, etc., a Giner y, en su defecto, a Manuel B. Cossío. El legado se depositó en el Museo Pedagógico Nacional hasta la construcción del pabellón al que se dio su nombre en la casa de la ILE; tras la guerra, se perdió en gran parte (Perejón 2009).

Teresa Jiménez-Landi analizó en su obra *Dos pabellones emblemáticos de la Institución Libre de Enseñanza* (2008) la historia y destino de este entorno en el que se desarrolló el proyecto vital y pedagógico de la ILE hasta 1939. Visitamos la casa de la ILE en 1986, con la amable guía de don Julián de Zulueta, cuando se conservaba exteriormente como en los orígenes, aunque en el pabellón Macpherson ya no había instrumental científico; entrar desde el transitado Paseo de Martínez Campos en el lugar silencioso y modesto era como transitar por otro mundo, el de la reflexión y la cultura. Los pajarillos cantaban en los árboles del interior, ajenos a la agitación del Madrid de los ochenta. Con el cambio de siglo, la ILE fue sometida a una reforma que, para muchos, rebasó lo arquitectónico y se convirtió en la negación de un pasado que había hecho de la dignidad su divisa. La Corporación de Antiguos Alumnos se dividió y hubo pronunciamientos en contra, como el del antiguo alumno Luis de Azcárate Diz que rememoraba los juegos de los niños en el jardín (2012)

> *En ese jardín pasamos muchos momentos de nuestra vida, y aunque entonces no nos dábamos cuenta, jugó un papel importante en nuestra formación. Don Francisco y sus colaboradores, sí sabían la importancia que ese medio, el modesto pero amplio jardín tenía en el desarrollo ético y moral de los alumnos.*
>
> *Hoy, nos duele que en los cambios que se proponen en el solar de la Insti, se haga tabla rasa de los valores éticos y morales que defendieron los fundadores, y en lugar de restaurar aquello que fue base de un renacer de España -por desgracia truncado- se destruya lo que debía ser motivo de respeto e inspiración.*

Finalmente, el conjunto fue reformado por los arquitectos Cristina Díaz y Efrén García en 2014, tras diez años de obras. En la actualidad, aparte de servir como sede de la Fundación Giner, ofrece actividades culturales en el salón de actos construido bajo el jardín, que evoca la idea de la naturaleza libre al socaire de las estaciones. Sin duda, es una obra de restauración arquitectónica y de ingeniería llamativa. Ahora, cuando ya han muerto los que habían jugado en los austeros patios y aprendido a tallar madera en los talleres que estimulaban el respeto al trabajo manual, es una obra de catálogo. La Historia no está en el hormigón ni en los paneles de vidrio.

2.8. La cultura popular

Frente al tantas veces calificado de "elitismo cultural", descubrimos en la ILE una vertiente vinculada a la más pura tradición popular, un aspecto particular de la educación artística, por la que se preocupó la Institución Libre[46]. Dice Yvonne Turin:

> *La Institución, por paradójico que ello sea, lanzó con gran éxito en España, a finales del siglo XIX, ese movimiento de investigación y vuelta a las tradiciones. Para los fundadores era eso un modo de expresar su amor por la verdadera realidad española. Gustaba en la Institución recorrer el campo, pero también los pueblos castellanos y andaluces, en busca de alguna vieja plaza, de una bella casa o simplemente de una ventana decorada con el escudo del lugar. Gustaba escuchar las canciones y admirar las costumbres locales*[47].

Esta cuestión, como muy bien ha precisado Fernando Millán[48], "no se plantea, evidentemente, desde la perspectiva institucionista como una cuestión sentimental":

> *Frente a una historia oficial que trata de presentarnos la imagen de un país fuertemente asentado sobre la tradición católica, singularizadamente representada por la Monarquía, y cuyos rasgos más característicos vendrían determinados por la incultura, la ingobernabilidad y la barbarie, la I.L.E. intentará demostrar a través del reencuentro con la cultura popular, que más allá de la imagen prefigurada, existe una historia real de nuestro pueblo; una historia que nos lo presenta desligado de las normas oficiales, ávido por la cultura, laborioso y dotado de un ingenio natural difícilmente comparable*

---

46 *Ibidem*, pp. 159-167. Véase Anxo Serafín Porto Ucha (2017). Limiar. En Rafael Carracedo Crespo, *A requinta da Ulla. Obradoiro Riobó.*Ferrol: Embora.

47 Yvonne Turin (1967). *La educación y la escuela en España de 1874 a 1902.* Madrid: Aguilar, p. 208.

48 Fernando Millán (1983). *La revolución laica: de la Institución Libre de Enseñanza a la Escuela de la República.* Valencia: Fernando Torres-Editor, p. 47. El entrecomillado y el sangrado son del original.

Giner y Cossío fueron el alma de la Institución. Sin embargo, en cuanto para Cossío el arte ocupaba un lugar central, para Giner su interés estaba en las personas; en él destacaba su "curiosidad universal". En este aspecto, desempeñaban un papel importante las excursiones. En 1880 Francisco Giner y Ricardo Rubio viajan por Castilla y León con sus alumnos. Visitan monumentos y otros lugares de encuentro con el mundo del arte[49]. Después, por tierras santanderinas, San Vicente de la Barquera, Cabuérniga y las cuevas de Altamira, que entonces no estaban reconocidas oficialmente. Dos profesores de la ILE, Quiroga y Torres Campos, estudiaron las cuevas y emitieron un informe sobre la antigüedad y valor de las mismas[50].

El Boletín de la Institución fue un poderoso medio de difusión de estas experiencias. Además de recorrer el campo, mediante el método de las excursiones escolares[51], también se visitaban las poblaciones en busca de monumentos históricos y de pequeños detalles del saber popular. Se escuchaban canciones, se tomaban apuntes de ellas, se admiraban las costumbres locales, etc. Los profesores de la ILE se encargaban de compartir esta inclinación con sus alumnos.

El contacto con el entorno y las excursiones adoptan en la ILE un ritual, tienen un "carácter aurático", según Ortega Cantero, que añade: "Existe un rito viajero institucionista. El aprendizaje de la dimensión contemplativa inherente al 'contacto purificador' con la naturaleza y el paisaje, el aprendizaje del reconocimiento de su cualidad aurática y de su valor cultural es en gran medida un aprendizaje ritual" (1987: 126).

Corchete Martínez (2022) va más allá del carácter meramente pedagógico o higiénico-saludable y ve las excursiones institucionistas como

> *verdaderas peregrinaciones seculares: viajes a espacios considerados sagrados, esenciales, originarios o interiores con el objetivo, declarado o implícito, de instituir, primero, solidaridad de grupo; luego, mediante la difusión de su simbología y un aumento de la movilidad, sentidos de comunidad a escala nacional.*

---

49 Véase Natividad Isabel Ortega Morales (2002). *La enseñanza-aprendizaje del arte. Una innovación educativa de la Institución Libre de Enseñanza.* Granada: Grupo Editor Universitario.

50 Véase Noticias. *BILE*, 16 de octubre de 1880.

51 Había tres clases de excursiones: diarias, para estudiar in situ cualquier aspecto de la realidad (un motor, una calle, un museo), de fin de semana, a los lugares próximos a Madrid, y, finalmente, las correspondientes a las vacaciones, de mayor alcance. El tema de las excursiones en la ILE, y otros aspectos de la Institución, viene siendo objeto de investigación por parte de Eugenio Otero Urtaza, centrando sus trabajos especialmente en Manuel B. Cossío, el alumno predilecto de Francisco Giner de los Ríos y continuador de su obra (Otero Urtaza, 1994).

Antonio Machado Álvarez –padre de Manuel y Antonio Machado, educados ambos en las aulas de la Institución– publicó en el BILE varios trabajos sobre arte y folclore, como "Algunas notas características de los cuentos populares" (1882), "Folk-Lore extremeño: cuento de la Palomita" (1883), "Juegos infantiles españoles" (1884), "Terminología del Folk-Lore, por Mr. E, Sidney" (1884), "Terminología del Folk-Lore, por Mr. A. Nutt" (1884), "La sexualidad en las coplas populares" (1884), "La ciencia del Folk-Lore, por Mr. G. L. Gomme" (1885). "Datos para el Folk-Lore del mar; por el Reverendo Walter Gregor" (1885), "Ensayo de juegos y canciones infantiles, de A. Gianandrea" (1885), "Los muscos cantonales y los folk-lóricos" (1885) y "Apuntes para el Folk-Lore de Aravaca" (1886)[52]. El mismo Antonio Machado Álvarez figura como profesor especial en la ILE, en la materia "Ciencia del Folk-Lore"[53].

En el año 2012 Víctor Pliego de Andrés publicó un *Cancionero popular de la Institución Libre de Enseñanza*, en el que se recogen canciones transmitidas de generación en generación, como "Los cuatro muleros", "Boga, boga", "Unha noite no muiño", "Tres morillas" o "Romance del conde Olinos".

2.9. Exámenes y evaluación en la ILE

El tema de la evaluación en el sentir de la ILE hay que situarlo desde la perspectiva más amplia de los binomios educación-instrucción y evaluación-exámenes, a los que ya hacía referencia León Esteban Mateo muchos años atrás[54]. Es conocida la continua preocupación gineriana por la tensión existente entre la educación y la instrucción. Para Giner, el examen es una formalidad vituperable, perturbadora de la actividad. En ningún momento muestra signos atenuantes para su implantación. Nunca podrá reemplazar "la prueba variada y continua que el alumno, colocado en las condiciones normales de su vida diaria dentro de la clase misma, da involuntariamente dentro de sí propio ante el profesor"[55].

Congruente con su pensamiento, si bien en los primeros años de la Institución los alumnos se examinaban oficialmente en el Instituto San Isidro, mediante un criterio de presentación muy restrictivo que garantizaba

---

52 Seguimos a León Esteban Mateo (1978). *Boletín de la Institución Libre de Enseñanza. Nómina bibliográfica (1877-1936).* Valencia: Universidad de Valencia, pp. 203-205.

53 Prospecto para el Curso de 1885-86. *BILE*, VIII (1884). Final del tomo.

54 León Esteban Mateo (1977). La evaluación educativa en sentir de la ILE (Institución Libre de Enseñanza). *Educadores*, 94, pp. 557-567.

55 Francisco Giner de los Ríos (1882). Más contra los exámenes. *BILE*, t. VI, pp. 114-116.

el éxito completo, a partir del curso 1880-81, en que se adoptó la fusión definitiva de la primera y segunda enseñanza, mediante un sistema cíclico de estudios, con abandono de los planes oficiales del bachillerato, Giner se mostró totalmente contrario a esta práctica, lo cual acarreó problemas graves y, por otra parte, un mayor compromiso; los alumnos, o se presentaban por su cuenta, o se acogían al examen final de grado, previsto por los Decretos de 29 de septiembre de 1874 y 27 de octubre de 1875.

2.10. Alumnado y profesorado

Según manifiesta Turin (1967: 218), la ILE empezó en 1876 con 37 alumnos en secundaria; al año siguiente, 1877-1878 eran alrededor de 70 los matriculados en secundaria. A todos estos había que añadir los que cursaban otras enseñanzas, como veremos más adelante[56]. En el curso 1878-1879 se inicia la primaria. En el curso 1879-1880, los estudiantes de secundaria se aproximaban al centenar. En total para primaria y secundaria, en el curso 1880-1881 alcanzan 250[57]. Se aproximaba así a la cifra máxima que la ILE se había fijado. En 1884, el prospecto anuncia el cese de la matrícula.

Vicente Cacho Viu, que estudió en profundidad los primeros años de la Institución, señala[58] que la novedad de la empresa y el prestigio pedagógico de que nacía la ILE atrajeron a sus aulas a un cierto número de estudiantes cuya condición académica no era del todo regular, con situaciones de compromiso para los propios profesores. Entre otras cuestiones, los mismos estatutos concedían a los accionistas, para sí mismos o para las personas que designasen, el derecho de media matrícula, lo que atraía a cierto alumnado matriculado tanto en segunda enseñanza como en el curso preparatorio de estudios superiores. Se acusa, asimismo, el "desorden académico, secuela de los años revolucionarios". Añade el autor: "Bastantes estudiantes que habían sido discípulos de los profesores separados en las aulas oficiales, se inscribieron en la Institución para continuar sus estudios universitarios o para ampliar su formación humanística". Cita nombres de alumnos polifacéticos que están profundamente vinculados al futuro de la Institución: Manuel Bartolomé Cossío, Germán Flórez, Ricardo Rubio, Rafael Torres Campos, Ilirio Guimerá y Juan José Conde Pelayo, Guillermo Cifré de

---

56 Cacho Viu señala que "la Institución reunió en su primer año 255 alumnos, si bien el número de matrículas se elevó hasta 332" (op. cit., p. 426). Coincide con Turin en los matriculados en 2ª enseñanza durante ese primer año.

57 Estos datos son aproximados, por lo que veremos después.

58 Cacho Viu. *Op. cit*, pp. 427-489.

Colonia... vinculados a carreras universitarias. En las clases de Lenguas abundan los alumnos esporádicos, sobre los cuales la Institución "dejaría escasa huella"; otros no volvieron a pisar las aulas del centro, y algunos siguieron más adelante en contacto con la Institución por distintas circunstancias: Leopoldo Soler, que se consagró a las Bellas Artes, bajo la dirección de Riaño; Constantino Rodríguez, de la dinastía de los fundadores de "Mantequerías leonesas", que prestaron a la Institución apoyo económico y conexiones con la Fundación "Sierra Pambley" de León; o Alejandro Rey Colaço, el famoso pianista portugués que acababa de terminar sus estudios en el Conservatorio de Madrid, tan relacionado con Manuel B. Cossío desde los tiempos de estudiante, en compañía de Germán Flórez y Guillermo Cifré[59].

Entre los primeros profesores de la ILE figuran aquellos que habían dado inicio a la experiencia. Luego algunos de sus propios alumnos y demás. En el año VIII del Boletín (Número 172 de 1884) se incluye la relación de profesores que hasta aquella fecha habían impartido clases en la Institución (Cuadro 1)

Cuadro 1
PROFESORES QUE IMPARTIERON
CLASES EN LA INSTITUCIÓN (1876-84)

	Profesores de la ILE (1876-1884)[60]
	Juan Quirós de los Ríos
a	José Ontañón
	Ilirio Guimerá
b	Joaquín Sama
	Ángel Stor
	Alfredo Calderón y Arana
	Antonio Atienza Medrano
	Jacinto Mesía y Álvarez
c	Juan Uña
b	Manuel Bartolomé Cossío
e	Hermenegildo Giner de los Ríos
	Manuel Poley
	Pablo Rózpide
f	José de Caso y Blanco

59 A las "Conexiones con Portugal", hemos dedicado un apartado en Ángel Serafín Porto Ucha (2005). *La Institución Libre de Enseñanza y la renovación pedagógica en Galicia*, op. cit., pp.113-115.

60 Tomado de Año VIII, Número 172, 1884, abril, 15, p. 111. La referencia aclara: "*Profesores.-* Han sido profesores temporales de la *Institución* los señores siguientes, constituyendo la Junta facultativa actual los que llevan letra al margen".

g Germán Flórez Llamas
Guillermo Cifré (antes Coll)
José Valdés Rubio
Manuel Alcázar y González
h Ricardo Rubio
Eduardo Soler
i José Lledó y Fernández
Fernando Buireo y Garrido
Andrés Pellico
Laureano Calderón
Luis Simarro y Lacabra
Vicente de Vera y López
Augusto González de Linares
Edmundo Lozano
j Francisco Quiroga
Casimiro de la Junquera
Salvador Calderón
Laureano Figuerola
k Rafael Torres Campos
l Manuel Fuentes
Gumersindo de Azcárate
m Francisco Giner de los Ríos
n Rafael María de Labra
Manuel Ruiz de Quevedo
Eugenio Montero Ríos
Bienvenido Oliver
Nicolás Salmerón y Alonso
Juan Valera
Justo Pelayo Cuesta
Juan Antonio García Labiano
Manuel Alonso Martínez
Gabriel Rodríguez
Segismundo Moret
Germán Gamazo
Gerardo de la Puente
José Leonard
Pedro Borrajo y Herrera
Salustiano Rodríguez Bermejo
Eulogio Jiménez
Francisco Prieto y Caules
Teodoro Sainz de Rueda
Enrique Ucelay
José Gonzalo de las Casas
Federico Rubio
José de Echegaray
Eduardo Saavedra
José Fernández Jiménez

o Manuel Pedregal
José Carvajal
Francisco Santa Marina
José Rodríguez Mourelo
P Blas Lázaro
q Aureliano de Beruete
r José Macpherson
s Ricardo Velázquez
t José Gogorza
u Aniceto Sela
v Antonio García
x Ángelo García Peña

El Boletín concreta a continuación que "algunos de los anteriores Profesores no llegaron a actuar en las clases que se proponían desempeñar. Otros sólo dieron conferencias sueltas o cursos breves sobre diversas materias".

En esta brillante nómina de setenta y tres colaboradores iniciales de la ILE había profesores de segunda enseñanza, como Juan Quirós de los Ríos, que fundó el Instituto Libre de Baeza, José Ontañón Arias, procedente del Instituto de Jerez de los Caballeros, que en la Institución supervisó la comisión de cuentas y dirigió la caja escolar, o Joaquín Sama Vinagre, que abrió en Huelva la Escuela Libre Profesional. Otros, como ya explicamos en nuestra obra sobre *Mujeres y Educación en la España contemporánea* (2012), en la que analizamos la estrecha relación entre la Asociación para la Enseñanza de la Mujer, impulsada por Fernando de Castro en el Sexenio, y la ILE, pertenecían a la Asociación y a la Escuela de Institutrices, caso de Ilirio Guimerá, el senador abolicionista Rafael Mª de Labra, el periodista y escritor Manuel Ruiz de Quevedo, el geógrafo Rafael Torres Campos, o José Antonio García-Labiano.

Una gran parte de ellos habían sido discípulos de Julián Sanz del Río o de Fernando de Castro, como el propio Giner, el penalista Alfredo Calderón y Arena; Juan Uña Gómez, fundador y editor de la revista *La Enseñanza* y director general de Instrucción Pública en la Primera República; Manuel Poley y Poley, José de Caso Blanco, o José Lledó Fernández, entre otros.

En el terreno científico destacan nombres vinculados a la segunda cuestión universitaria, como Laureano Calderón (hermano de Alfredo), catedrático de Química Orgánica en la Universidad de Santiago, que será sancionado por defender tesis darwinistas junto con el cántabro Augusto González de Linares, catedrático de Ampliación de Historia Natural en la Universidad compostelana. Los profesores sancionados fueron reintegrados en sus puestos por Sagasta en 1881. González de Linares impartió clases de Cristalografía y Morfología natural en la escuela de la Institución; tras recuperar su cátedra, con traslado a la Universidad de Valladolid, se le encomendó la dirección de la Estación Marítima de Zoología y Botánica de Santander, donde llevó a cabo una muy destacada labor práctica, siendo también muy notables sus aportaciones teóricas a la Filosofía de la Naturaleza, como indica Nieto Blanco (2013). Otro Calderón, Salvador, realizó importantes avances en la Geología, al igual de Francisco Quiroga.

Entre los médicos cabe señalar a Luis Simarro Lacabra, primer catedrático de Psicología Experimental en la Universidad Central, neuropsiquiatra y maestro de Ramón y Cajal; y a Federico Rubio Amoedo, que desempeñó diversos cargos en el Ayuntamiento de Madrid.

No podían faltar los abogados y profesores de Derecho, puesto que la profesión de Leyes era la más prestigiosa en el siglo XIX y la que abría las puertas de la administración y la política. Es el caso de Pablo Rózpide, luego diputado y ministro de Estado; de Germán Flórez, Eduardo Soler y Pérez, etc. Y naturalmente, hemos de reseñar a los profesionales del Derecho que sobresalieron en la política con cargos de enorme relevancia, caso de Laureano Figuerola, presidente de la junta directiva del ILE, que había sido ministro de Hacienda y presidente del Senado durante el Sexenio. Un precedente de la ILE es el Colegio Internacional, impulsado por Nicolás Salmerón, breve presidente de la Primera República y catedrático de Metafísica en la Universidad.

Figuras de primer nivel de la política del Sexenio y la Restauración fueron el gallego Eugenio Montero Ríos, rector de la ILE, ministro de Gracia y Justicia y de Fomento, y presidente del Consejo de ministros. El burgalés Manuel Alonso Martínez fue diputado y presidente del Congreso en 1889 y 1890. Segismundo Moret pasó por varios ministerios: Ultramar, Hacienda, Gobernación, Estado y Fomento, y fue además presidente del Consejo de ministros y del Congreso. Y Germán Gamazo y Calvo, cuñado de Antonio Maura, desempeñó también las carteras de Fomento, Hacienda y Ultramar. En este sentido Varela Ortega afirma que la Institución sufrió incomprensiones, pero sobre todo de parte de los clericales, que desconfiaban de un centro que defendía la neutralidad religiosa y en el que había algunos significados masones, como Manuel Alcázar y González o Luis Simarro. Como señala Varela Ortega (2001: 128): "La plana mayor de lo que en 1880 formaría el Partido Liberal estaba en 1876 con los fundadores de la Institución Libre. Tres de los principales dirigentes (Moret, Montero

Ríos y Canalejas) que, a partir de 1902, sucedieron a Sagasta en la jefatura del Partido, eran institucionistas".

Junto a estas figuras destacadas, estaban los vinculados a Francisco Giner, como su hermano Hermenegildo, secretario de la ILE entre 1876 y 1881, y profesor de Psicología, Lógica y Ética en los institutos de Burgos, Guadalajara, Alicante y Barcelona, donde se establecerá y llevará a cabo una notable labor como escritor y traductor, y será diputado en las filas del Partido Republicano. O los entonces jóvenes Ricardo Rubio Álvarez de Linera, luego secretario del Museo Pedagógico Nacional y coordinador de las bibliotecas circulantes; y naturalmente Manuel Bartolomé Cossío, que pasó de ser alumno de la Institución inicial a vincularse en el proyecto totalmente a partir de 1877, con sólo 20 años. Ricardo Rubio[61] y Cossío, con sus respectivas familias vivirán con Giner en la casa de la Institución del Paseo del Obelisco, creando en realidad una sola familia. Como señala Núñez Florencio (2020) la ILE "en la práctica carecía de un verdadero carácter institucional y se asemejaba más a una gran familia en la que lo importante eran los lazos afectivos o sentimentales", lo cual tenía ventajas aparentes, pero ocultaba también ciertas debilidades.

Tras la muerte de Francisco Giner, en 1915, la ILE siguió adelante siendo su cabeza visible Manuel B. Cossío, pero la ausencia de Giner siempre estuvo presente, como se constata en las páginas del *BILE.* Cossío representaba la esencia gineriano-institucionista, pero tras su muerte, en 1935, podemos preguntarnos que hubiera sido de la ILE. La brutal ruptura de la guerra no nos permite saber si de la primigenia raíz krausista seguirían brotando ramas de libertad en épocas más convulsas.

Además de los profesores habituales, había un selecto grupo de profesores honorarios. Según la base 6ª del art. 19 del apartado II, "De la Institución" de los Estatutos, se establecía la concesión del título de Profesores honorarios a los extranjeros que hubiesen prestado servicios eminentes a la ciencia. El BILE incluye en 1884[62] los siguientes Profesores Honorarios de la ILE (Cuadro 2).

---

61 Ricardo Rubio se casó con Isabel Sama, hermana de Joaquín Sama. Y Manuel B. Cossío contrajo matrimonio con Carmen López-Cortón Viqueira, natural de San Fiz de Vixoi (Bergondo, A Coruña), en cuya casa solariega veraneó Giner varios veranos (Porto Ucha 1985). Se ha señalado en algunas ocasiones el carácter endogámico de la iniciativa institucionista.

62 Profesores Honorarios. *BILE,* VIII (1884), p. 192. Obsérvese que varios de ellos pertenecían al grupo krausista. Véase en el Cap. 4, la observación de Jiménez-Landi sobre el particular.

Cuadro 2
PROFESORES HONORARIOS DE LA ILE (1884)

- J.Tyndall, de Londres
- C. D. A. Roeder, de Heidelberg
- C. Darwin, de Londres
- G. Tiberghien, de Bruselas
- J. d'Andrade Corvo, de Lisboa
- Conde Terenzio Mamiani, de Roma
- J. Russell Lowell, de Boston
- R. Dozy, de Leyden
- M. Berthelot, de París
- E. Hübner, de Berlín
- A. Sluys, de Bruselas
- Ad. Coelho, de Lisboa

El primer profesor honorario de la ILE será el científico irlandés John Tyndall (1820-1893), que destacó en el estudio de los coloides y al que se considera padre de la microbiología junto a Pasteur. Además de la faceta científica, Tyndall mostró interés por la educación popular y por el contacto con la naturaleza a través del montañismo, y al efecto mantuvo una interesante correspondencia con Giner. Como señala Villar Piñón (2014: 36):

> *La elección de Tyndall como emblemático primer profesor honorario de la ILE podría obedecer, no sólo a la necesidad de sumar apoyos al nuevo proyecto educativo, al amparo de su prestigio científico internacional, sino especialmente al simbolismo de una figura icónica del librepensamiento, en coherencia con las accidentadas circunstancias que rodearon la génesis fundacional de la Institución.*

Karl David August Roeder (1806-1879) era discípulo de Krause; profesor de Derecho Penal en la Universidad de Heidelberg, su obra *Las doctrinas fundamentales sobre el delito y la pena en sus interiores contradicciones: ensayo crítico preparatorio para la renovación del derecho penal*, fue traducida del alemán al español por Francisco Giner y publicada en 1876, el mismo año de creación de la ILE, por la Librería de Victoriano Suárez en Madrid.

Muy significativo es el nombramiento de Charles Darwin (1809-1882) como profesor honorario de la ILE, puesto que su pensamiento está, en cierto modo, en el origen de la propia Institución. Como ya se ha dicho, la segunda cuestión universitaria estalló cuando dos jóvenes profesores de la Universidad de Santiago de Compostela, Augusto González de Linares y Laureano Calderón, defendieron el darwinismo en las aulas, provocando un notable escándalo en la ciudad compostelana, dominada por el clero, según indica Alonso Montero (1982). González de Linares explicó los principios de selección natural de Darwin en Santiago en 1872, adelantándose a la traducción de las obras más difundidas del naturalista inglés al español[63]. Sin embargo, la difusión de los postulados científicos de Darwin sufrió retraso en España por el escaso desarrollo de los estudios paleontológicos, si bien destacó la labor de naturalistas como Salvador Calderón, Antonio Machado y Núñez, Odón de Buen, etc. No será hasta el siglo XX, cuando se crea el Museo Nacional de Ciencias Naturales, dirigido por Ignacio Bolívar, cuando el darwinismo alcance difusión (Pelayo López 2009).

El belga Guillaume Tiberghien (1819-1901) fue discípulo de Ahrens, a su vez discípulo de Krause. Profesor en la Universidad Libre de Bruselas, su obra fue conocida y divulgada en España, sobre todo a través de las adaptaciones y traducciones de Hermenegildo Giner.

El portugués João d'Andrade Corvo (1824-1890), naturalista, escritor y político, fue ministro de Obras Públicas en 1865 y cónsul de Portugal en Madrid a principios del Sexenio (1869-70). Entre sus obras destaca el romance histórico *Um Ano na Corte* (1850-51) y numerosas piezas teatrales que alcanzaron gran popularidad.

El conde Terenzio Mamiani della Rovere (1799-1885), partidario de la Unificación italiana, participó en los levantamientos de Bolonia de 1830 y hubo de exiliarse hasta 1846. Diputado y ministro de Educación (1860) durante el gobierno de Cavour. En Génova fundó la Academia de Filosofía en 1849 y en 1855 fue nombrado profesor de Historia de la Filosofía en la Universidad de Turín. Publicó textos de filosofía y varios libros de poemas.

El escritor y editor bostoniano James Russell Lowell (1819-1891) desarrolló una amplia carrera como poeta afín al grupo de los *Fireside Poets* y como editor de publicaciones como el periódico abolicionista *The Pennsylvania Freeman*. Graduado en Leyes en la Universidad de Harvard, fue profesor de Lenguas modernas en su alma mater. El presidente Hayes lo nombró embajador de Estados Unidos en España en 1877[64], llegando a formar parte de la Real Academia Española. En 1880 fue trasladado a la embajada de Estados Unidos en Inglaterra, donde tomó contacto con

---

63 *El origen del hombre y selección natural según el sexo* (1871) se publicó en español en 1876, traducido por Joaquín Mª Bartrina, y *Sobre el origen de las especies por medio de la selección natural* (1850) en 1877, en traducción de Enrique Godínez, que mantuvo correspondencia con el propio Darwin.

64 En 1899 se publicaron póstumamente sus *Impressions from Spain*, escritas durante su estancia como embajador en España.

Henry James y con Leslie Stephen, padre de Virginia Woolf y se ganó la simpatía de la reina Victoria. Russell Lowell mantuvo contacto muy estrecho con Hermenegildo Giner; ambos se propusieron traducir al español un opúsculo de Darwin que no llegó a ver la luz.

El historiador neerlandés Reinhart Dozy (1820-1883) fue profesor de Historia y rector de la Universidad de Leiden. Orientalista, se especializó en los asentamientos musulmanes en Occidente y publicó obras que, en su momento, tuvieron difusión, como *Investigaciones sobre la historia política y literaria de España durante la Edad Media* (1849) e *Historia de los musulmanes de España hasta la conquista de Andalucía por los almorávides* (1861). Dozy mantuvo contacto con los arabistas españoles, singularmente con Pascual Gayangos, vinculado a la ILE a través de su yerno Juan Facundo Riaño, con Eduardo Saavedra y con Francisco Codera Zaidín.

El químico francés Marcellin Berthelot (1827-1907) destacó en la síntesis de la química orgánica, llegando a ser catedrático de Farmacia en La Sorbona y en el Colegio de Francia. Se le considera uno de los descubridores de la termoquímica. En su vertiente política fue ministro de Instrucción Pública en 1886 y de Asuntos Exteriores en 1895. Cuando Laureano Calderón fue despojado de su cátedra en Santiago, a raíz de la segunda cuestión universitaria, tras recuperar la libertad se trasladó a París y colaboró con Berthelot en sus estudios de termoquímica.

El historiador y arqueólogo alemán Emil Hübner (1834-1901) fue profesor de Filología Clásica en la Universidad de Berlín. Comisionado por el gobierno prusiano para la edición del *Corpus Inscriptionum Latinarum*, a partir de 1860 pasó largas temporadas en España, estableciendo relación con historiadores como Eduardo Saavedra, Juan de Dios de la Rada y Delgado o Manuel Gómez Moreno y con el anticuario Aureliano Fernández-Guerra. Hübner colaboró de forma activa con la Real Academia de la Historia y en la creación del Museo Arqueológico Nacional. Sus contactos con intelectuales españoles fueron abundantes y fructíferos; figura muy respetada por historiadores como Pascual Gayangos o Juan Facundo Riaño, su monumental *Corpus Inscriptionum Latinarum*, que escribió con sólo 26 años, sigue siendo válido casi un siglo después (Abascal Palazón).

El pedagogo belga Alexis Sluys (1849-1936) fue director de la escuela modelo de la *Ligue de l'Enseignement* de Bruselas (1879), de la École Normale des Intituteurs de l'État (1880-84) y de la École Normale des Intituteurs de *la Ville de Bruxelles* (1889-1909). Su método pedagógico, de reputación internacional, descansaba sobre tres pilares: la educación intelectual según el método intuitivo-activo, la educación manual y la educación física

(Laurent, 2015). Formó parte del consejo de la Liga belga de Enseñanza. Destacado miembro de la francmasonería y prolífico autor de artículos y libros, mantuvo contacto con los fundadores de la Institución, a los que en cierto modo sirvió de inspiración, y publicó varios artículos en el *BILE*, de cuyo contenido y trascendencia dan cuenta Cáceres Muñoz y Martín Sánchez. Cossío visitó en varias ocasiones a Sluys en Bruselas, y el pedagogo belga asistió, a instancias de Cossío y Giner, al Congreso Pedagógico Hispano-Portugués-Americano celebrado en Madrid en 1892; posteriormente, visitará la Residencia de Estudiantes en 1922 (Otero Urtaza 2010). La Escuela Modelo dirigida por Sluys en Bruselas fue ejemplo para la escuela de la Institución[65], y la obra del belga de claro interés para los profesionales de la educación españoles, que a partir de 1907, cuando se crea la Junta para Ampliación de Estudios, tendrán en Bélgica uno de los destinos predilectos, precisamente por la atracción de Sluys[66].

El portugués Francisco Adolfo Coelho (1847-1919), de formación en parte autodidacta, destacó como lingüista y como pedagogo. Impulsó y dirigió la Escuela Primaria Superior de Rodrigues Sampaio y fue profesor de la Escuela Normal Superior de Lisboa. Entre sus obras destacan *A Língua Portuguesa* (1868) y *A Questão do Ensino* (1872).

La nómina inicial de doce profesores honorarios de la ILE es abrumadora: dos eran británicos, dos alemanes, dos belgas y dos portugueses, a los que se añaden un italiano, un holandés, un francés y un estadounidense. En cuanto a profesiones, en algún caso la definición es complicada porque se abarca más de una ocupación o disciplina; aún así contamos con tres notables científicos, dos historiadores, dos pedagogos, y representantes del mundo de la Filosofía, el Derecho, la Literatura y la Política. La mirada de la ILE al exterior, en busca de modelos, es clara; también lo es, a la inversa, el apoyo recibido del exterior por parte de figuras tan destacadas (y en ese momento polémicas) como Charles Darwin, o Roeder y Tiberghien, discípulos de Krause.

---

65 En 1887 Adolfo Posada, vinculado a la ILE y profesor de Derecho en la Universidad de Oviedo, publicó el folleto *Sluys y la Escuela Modelo de Bruselas,* en la Imprenta de la Revista de Asturias.

66 También fue de gran interés para los pensionados la obra de Ovide Décroly, como observamos en una aportación nuestra sobre los cursillos del método Décroly en la Residencia de Señoritas de Madrid (2019).

Ricardo Rubio, Francisco Giner
y Manuel B. Cossío

Francisco Giner de los Ríos, retrato
de Sorolla (1908)

Sede de la Institución Libre de Enseñanza. Paseo de Martínez Campos 14
(Madrid)

Los hermanos Antonio y José Machado Ruiz con la esposa e hijas de José y con doña Ana Ruiz, madre de ambos

Retrato de Charles Darwin por John Collier

Los hermanos Antonio y Manuel Machado Ruiz

Gumersindo de Azcárate (1840-1907)

Luis Simarro Lacabra al microscopio. Retrato de Luis Sorolla

Segismundo Moret y Quintana

Antonio Maura y Montaner

Eugenio Montero Ríos

Retrato de Germán Gamazo. Museo del Prado

Guillem Cifré de Colonia y su familia en Pollensa

BOLETIN
DE LA INSTITUCION LIBRE DE ENSEÑANZA.

La INSTITUCION LIBRE DE ENSEÑANZA es completamente ajena á todo espíritu é interés de comunion religiosa, escuela filosófica ó partido político; proclamando tan sólo el principio de la libertad é inviolabilidad de la ciencia, y de la consiguiente independencia de su indagacion y exposicion respecto de cualquiera otra autoridad que la de la propia conciencia del Profesor, único responsable de sus doctrinas. — (Art. 15 de los *Estatutos*.)

Este BOLETIN es órgano oficial de la *Institucion*, y al propio tiempo, revista científica, literaria, pedagógica y de cultura general. Es la más barata de las revistas españolas, y aspira á ser la más variada y que en ménos espacio suministre mayor suma de conocimientos.—Suscricion por un año: para el público, 10 pesetas: para los accionistas, 5.—Extranjero y América, 20.—Número suelto, 0,50.

Correspondencia, á la Sria. de la *Institucion*, Infantas, 42.

AÑO VIII. MADRID 31 DE MAYO DE 1884. NÚM. 175.

SUMARIO: El Tiempo, por *M. G. Tiberghien*.—El sujeto, la persona y el Estado en el derecho, por *D. F. Giner*.—Folk-Lore: Juegos infantiles españoles, por *D. A. Machado y Álvarez*.—La última estadística de primera enseñanza, por *D. R. Rubio*.—Á propósito de una leccion de física, por *D. G. Florez*.—Bibliografía: «Pedro Sanchez,» novela de J. M. de Pereda, por *D. J. Vida*.—Seccion oficial: Noticias.—Biblioteca: libros recibidos.—Cuadros de ingresos y gastos.

EL TIEMPO.

DISERTACION FILOSÓFICA,

por M. G. Tiberghien,

Profesor honorario de la Institucion.

Traduccion de D. H. Giner.

(Continuacion.) (1)

III.

NOCION METAFÍSICA DEL TIEMPO.

Despues de haber estudiado el tiempo en sus relaciones con el yo y con el mundo, nos queda aún que considerarle en sus relaciones con Dios. Este es el nudo de todas las dificultades producidas por el problema del tiempo.

Si el tiempo es bajo ciertos respectos un atributo de Dios, claro es que debe ser infinito, porque Dios es infinito en todos sus atributos. La infinitud del tiempo se deducirá entónces lógicamente de la naturaleza de Dios, y la deduccion corresponderá á la intuicion que tenemos de un tiempo sin principio ni fin.

Pero, si el tiempo es á la vez un atributo del yo, del mundo y de Dios, ¿qué diferencia hay, pues, entre Dios y los séres finitos? ¿Dios no es eterno? ¿Y lo eterno puede estar sometido á las vicisitudes del tiempo, y obligado á desarrollarse en las diversas partes de la duracion? Además, los séres finitos ¿no tienen un fin? Y si lo tienen, ¿pueden llenar con sus actos el tiempo infinito? Y si no ocupan el tiempo todo, ¿no tienen ellos un vacío en Dios? ¿A qué se reducen entónces la plenitud y la perfeccion divinas? Por el contrario, si el tiempo no es un atributo de Dios, ¿cómo puede ser Dios la actividad infinita, la perpetua vida, la providencia incesante de todas las criaturas que están ligadas por los vínculos del tiempo? ¿Cómo puede conocer el pasado y el porvenir, si el tiempo es extraño á su naturaleza? ¿Ha sido creado el tiempo? ¿Cómo? ¿Cuándo?

Estas son las grandes espinas de que está erizada la cuestion del tiempo.

Notemos desde luégo que ningun sistema filosófico ni teológico ha podido arrancarlas hasta aquí. Los orientales ahondaban con entusiasmo en el infinito, pero ignoraban los procedimientos de la ciencia.

Los griegos, al contrario, veían la perfeccion en lo infinito, bajo el aspecto del ideal; casi no conocian á Dios como sér infinito, y al infinito no le concedian sino una existencia virtual. Para el creador de la metafísica, Dios, el sér perfecto, es un acto puro y eterno, sin mezcla alguna de materia ó virtualidad. Con el cristianismo, la concepcion de Dios como sér único, infinito, absoluto, ilumina la conciencia, y la teología se convierte en antorcha de la vida. *In Deo sumus, vivimus et movemur,* dice San Pablo. *Ex Ipso et per Ipsum et in Ipso sunt omnia.* Pero faltaba la nocion del tiempo, y la cosmología estaba todavía en la infancia.

Nadie sospechaba el valor de la Naturaleza. San Agustin estima que Dios ha creado el tiempo con el mundo, y que el mundo no ocupa sino una parte determinada del espacio durante una parte determinada del tiempo. Santo Tomás vuelve á Aristóteles. Para el Ángel de las Escuelas, como para el Estagirita, Dios es un acto puro y eterno, sin cambio y sin sucesion; el tiempo no concierne más que á las criaturas. Desde el Renacimiento, la cosmología cambia de aspecto, gracias á Copérnico. Descartes concibe el mundo como infinito en el espacio, pero no aborda la cuestion del tiempo. Clarke es el primero que, tomando la defensa de Newton contra Leibnitz, hace del tiempo y del espacio atributos divi-

(1) Véase el número 173 del BOLETIN.

Boletín de la Institución Libre de Enseñanza (1883)

Pazo de San Fiz de Vixoi (Bergondo), 3 de enero de 2019.
Foto de los autores.

Julian Besteiro, alumno de la ILE

Índice fotográfico

Ricardo Rubio, Francisco Giner y Manuel B. Cossío
Fuente: https://i0.wp.com/www.rutaspangea.com/wp-content/uploads/2014/01/Institucion-Libre-de-Ense%C3%B1anza-Madrid-20.jpg?ssl=1

Francisco Giner de los Ríos, pintado por Luis Sorolla (1908)
Fuente: https://es.wikipedia.org/wiki/Francisco_Giner_de_los_R%C3%ADos#/media/Archivo:Francisco_Giner_por_Sorolla_en_1908.jpg

Casa de la Institución Libre de Enseñanza. Paseo de Martínez Campos 14 (Madrid)
Fuente: https://www.abc.es/espana/madrid/abci-edificio-para-ensenanza-siglo-201904210113_noticia.html

Los hermanos Antonio y José Machado Ruiz con la esposa e hijas de José y con doña Ana Ruiz, madre de ambos
Fuente: https://elpais.com/cultura/2024-07-11/cipriana-ana-o-matea-historia-del-matriarcado-que-forjo-a-la-familia-machado.html

Los hermanos Antonio y Manuel Machado Ruiz.
Fuente:https://www.eldiario.es/sevilla/exposicion-desmontar-definitivamente-leyenda-mala-relacion-antonio-manuel-machado_1_11723293.html

Retrato de Charles Darwin por John Collier (1883)
Fuente: https://www.meisterdrucke.es/impresion-art%C3%ADstica/John-Collier/257429/Retrato-de-Charles-Darwin-%281809-1882%29-1883.html

Gumersindo de Azcárate (1840-1917)
Fuente: https://es.wikipedia.org/wiki/Gumersindo_de_Azc%C3%A1rate#/media/Archivo:Gumersindo_de_Azc%C3%A1rate.jpg

Retrato de Segismundo Moret y Quintana, por Madrazo (1885). Museo del Prado
Fuente: https://www.museodelprado.es/coleccion/obra-de-arte/segismundo-moret-y-quintana/2034e867-dda4-4466-aa38-37114c54d3a3

Retrato de Luis Simarro Lacabra al microscopio, por Sorolla (1897)
Fuente:https://es.wikipedia.org/wiki/Luis_Simarro#/media/Archivo:Portrait_of_Dr_Simarro_at_the_microscope.JPG

Retrato de Eugenio Montero Ríos, obra de Martín Marqués (1922)
Fuente: https://museovirtual.usc.gal/es/bienes/eugenio-montero-rios

Retrato de Germán Gamazo, por Francisco de Maura (1889-90). Museo del Prado.
https://es.wikipedia.org/wiki/Germ%C3%A1n_Gamazo#/media/Archivo:Germ%C3%A1n_Gamazo.jpg

Antonio Maura y Montaner
Fuente: https://dbe.rah.es/biografias/12392/antonio-maura-y-montaner

Guillem Cifré de Colonia y su familia en una playa de Pollensa
Fuente: https://www.diariodemallorca.es/part-forana/2009/04/26/cifre-colonya-santo-laico-4213155.html

Julián Besteiro, alumno de la ILE
Fuente: http://www.iescasasviejas.net/1.web/histo/julianb.htm

Pazo de San Fiz de Vixoi, Bergondo (A Coruña), de la familia de Carmen López-Cortón, esposa de Manuel B. Cossío, donde veraneó Giner varios veranos.
Fuente: Foto de los autores, 4 de enero de 2019.

CAPÍTULO 3
ESTUDIOS GENERALES DE SEGUNDA ENSEÑANZA (1876-1882)

Los Estatutos de la Institución Libre de Enseñanza, autorizados por R. O. de 16 de agosto de 1876 y aprobados definitivamente en la Junta General de accionistas el día 30 de mayo de 1877, señalan en el art. 16, que la Institución establecerá, según lo permitan las circunstancias y los medios de que pueda disponer:

1º. Estudios de cultura general (o de segunda enseñanza) y profesionales, con los efectos académicos que les concedan las leyes del Estado.

A ese respecto, hemos atendido al desarrollo de la primera parte de este enunciado, referido a la puesta en marcha de los estudios de 2ª enseñanza.

3.1. Análisis cuantitativo, planes, métodos y metodologías didácticas

Hemos integrado en este apartado a los alumnos comprendidos entre los cursos 1876-77 a 1881-82; es decir, los seis primeros cursos académicos, ya que a partir del curso 1882-83 tiene lugar el agrupamiento vertical por secciones, con la primera y segunda enseñanza unidas.

El número total de matriculados en los estudios generales de 2ª enseñanza para el curso 1876-77 fue de 37, que al año siguiente llegó a 70[67]. En la Tabla 1 puede observarse la evolución a lo largo de estos seis primeros cursos académicos.

---

[67] Cacho Viu, *Op. cit*, 1962, pp. 426 y 435, respectivamente.

Tabla 1
INSTITUCIÓN LIBRE DE ENSEÑANZA
ESTUDIOS GENERALES DE SEGUNDA ENSEÑANZA
ALUMNADO. ANÁLISIS CUANTITATIVO[68]
1876-1882

1876-77	1877-78	1878-79	1879-80	1880-81	1881-82
37	70	74	99	79	81

Elaboración propia. FUENTE: *BILE*, VII (1883) y VIII (1884)

Respecto a los planes y métodos, se sigue el modelo de los centros oficiales, de acuerdo con lo establecido en 1874 para dar validez a los estudios realizados en los centros privados. La reforma de 1874 había respetado el nuevo plan de Bachillerato, sin la presencia del latín, establecido en 1868. Sabido es que los estudios generales de segunda enseñanza de la ILE se incorporaron al Instituto San Isidro de Madrid, donde los profesores de la Institución formaban parte de los tribunales, cuyo derecho se ejercía desde 1859; aunque abolido por R. D. de 14 de mayo de 1875, se mantenía en la práctica. Los alumnos podían optar por uno u otro plan. Cacho Viu (1962: 423) nos recuerda ese momento en el que los alumnos que acudieron a exámenes en el Instituto y no cosecharon un solo suspenso, como reflejan los resultados que figuran en el *BILE*, 1 (1877), p. 24.

Es verdad que la mayoría del profesorado que imparte docencia en la ILE había ejercido antes en el Colegio Internacional o en algún instituto, y compartía la inquietud renovadora que el krausismo venía fomentando desde años atrás. En la *Memoria* de 1879 se señala que la Institución se limita de momento a introducir algunas modificaciones en el plan oficial de las enseñanzas, pero "confiando después a la iniciativa de cada profesor las que estimase conducentes dentro de su clase"[69].

Como puede observarse por la Tabla 1, el número de alumnos de segunda enseñanza siguió en ascenso durante estos primeros años. Las clases no eran muy numerosas, nunca pasaron de los veinte alumnos, lo que

---

68 Para los cursos 1878-79 a 1880-81 nos hemos inclinado por incluir los señalados por Vicente Cacho Viu, *Op. cit.*, p. 474. Cacho Viu utilizó como fuente, además de los datos que figuran en los Boletines de 1883 (VII) y 1884 (VIII), los contenidos en las memorias anuales y prospectos de los respectivos cursos. En nuestra contabilización, el número es algo mayor en los cursos centrales (Vid. Relación nominal en Cuadro 4).

69 Memoria leída en Junta general de accionistas el 30 de mayo de 1879. *BILE*, III (1879), p. 180.

favorecía el contacto personal con los profesores. Dado que se constató la falta de hábitos de estudio en el alumnado y la imperfecta preparación para afrontar los estudios de 2ª enseñanza, desde el punto de vista metodológico, se introdujeron clases de carácter complementario, de refuerzo, con ejercicio de Estudio y/o Ampliación de Instrucción Primaria[70], cierto número de horas semanales, bajo la vigilancia y cuidado de sus profesores, clases de repaso y demás.

3.2. El profesorado

El alumnado de 2ª enseñanza contó con la presencia de buenos profesores, si se compara con lo que sucedía en muchos de los institutos. Entre ellos, los expedientados a consecuencia de la Segunda Cuestión Universitaria[71]: Augusto González de Linares (Santiago) y Eduardo Soler (Valencia), catedráticos de Universidad; Hermenegildo Giner (Osuna), Salvador Calderón (Las Palmas) y Fernando Buireo (Instituto de Ponferrada, excedente), catedráticos de Instituto; José de Caso (no expedientado) y Jacinto Messía (Las Palmas), ex profesores auxiliares de la Universidad de Madrid; Francisco Quiroga (no expedientado, futuro catedrático de Ciencias, alumno predilecto de Macpherson); Alfredo Calderón (de familia expedientada) y José Ontañón (siempre vinculado a la ILE), licenciados en Derecho y Letras, respectivamente; José Lledó, bachiller en Ciencias, (profesor del Colegio Internacional, con Salmerón); Luis Simarro (participaría más tarde como médico en las Colonias Escolares de la Corporación) y Andrés Pellico, ingeniero de minas, "el más fugaz en la Institución de todos los profesores indicados", según Cacho (op. cit., p. 436), si bien constatamos la presencia de la familia Pellico entre las aportaciones de material de gabinete en los comienzos. A ellos habría que añadir como auxiliares algunos de los alumnos del primer curso. Para el curso 1876-77, Jiménez-Landi[72] incluye las siguientes asignaturas, periodicidad y profesorado (Cuadro 3):

---

70 Se observará posteriormente en el capítulo dedicado a la primera enseñanza, en que alumnos de 2ª enseñanza vuelven a recibir refuerzo en la primera, etc.

71 Véase la relación de los 17 profesores que perdieron sus cátedras, en Ángel Serafín Porto Ucha (1986). *La Institución Libre de Enseñanza en Galicia.* A Coruña: Ediciós do Castro, p. 87.

72 Antonio Jiménez-Landi (1996). *La Institución Libre de Enseñanza y su ambiente.* Tomo II, Período parauniversitario, p. 121.

Cuadro 3
INSTITUCIÓN LIBRE DE ENSEÑANZA
CURSO 1876-77. ESTUDIOS GENERALES DE SEGUNDA ENSEÑANZA
PROFESORADO Y ASIGNATURAS

Asignatura	Periodicidad	Profesores	Auxiliares repetidores
Latín y Castellano, 1° C.	Diaria	Ldo. don José Ontañón	Br. don Ilirio Guimerá
Latín y Castellano, 2° C.	Diaria	Dr. don Juan Quirós de los Ríos	Br. don Ilirio Guimerá
Retórica y Poética	Diaria	Dr. don Hermenegildo Giner	Br. don José Presilla
Geografía	Alterna	Dr. don José de Caso	Ldo. don Guillermo Cifré
Historia Universal	Diaria	Ldo. don Alfredo Calderón	Ldo. don Manuel B. Cossío
Historia de España	Alterna	Ldo. don Manuel Poley	Ldo. don Pablo Rozpide
Psicología	Alterna	Dr. don José de Caso	Ldo. don Manuel Alcázar
Lógica y Ética	Alterna	Dr. don Hermenegildo Giner	Br. don Ricardo Rubio
Matemáticas, 1° C.	Diaria	Br. don José Lledó	Br. don Juan J. Conde
Matemáticas, 2° C.	Diaria	Ingeniero don Fernando Buireo	Br. don Juan J. Conde
Física	Alterna	Dr. don Luis Simarro	Dr. don Vicente Vera
Química	Alterna	Dr. don Francisco Quiroga	Dr. don Juan C. Guillén
Botánica	Dos semanales	Dr. don Augusto González de L.	Ldo. don Miguel de San Miguel
Mineralogía	Dos semanales	Dr. don Augusto González de L.	
Zoología	Dos semanales	Dr. don Salvador Calderón	
Fisiología e Higiene	Dos semanales	Dr. don Salvador Calderón	
Agricultura elemental	Dos semanales	Dr. don Salvador Calderón	
Clase de estudio	Diaria	Ldo. don José Ontañón	
Ampliación de Inst. Prim.	Diaria	Br. de Germán Flórez	

FUENTE: Tomado de Jiménez-Landi, 1996, p. 121.

Desde el punto de vista de los medios materiales, la nueva Institución se instaló en un piso principal del número 9 de la calle de Esparteros, mientras la secretaría se estableció en la calle del Desengaño 29. Nos recuerda Jiménez-Landi[73] que el mobiliario primero del que se dispuso procedía del Colegio Internacional, fundado por Nicolás Salmerón. A él pertenecían los instrumentos de laboratorio y buena parte del material escolar, incluso los pupitres. Hubo también aportaciones de particulares, colecciones de material diverso, ayudas de editores y libreros, gracias a las cuales la Institución inició su andadura. Completaba el material científico una buena biblioteca, bien seleccionada, de la que nos da cuenta el primer número de BILE en su sección de "Noticias", con distintos donantes de las obras catalogadas.

Los derechos de matrícula para los Estudios generales de 2ª enseñanza en el curso 1877-78 (Jiménez-Landi, 1996: 120) eran de cinco pesetas al mes, por cada asignatura hasta cuatro, inclusive. De cinco asignaturas en adelante pagaban por todas ellas 25 ptas. Los socios y quienes se beneficiasen de sus derechos abonaban la mitad. Según el calendario académico aprobado el 14 de enero de 1877, las clases comenzarían el 15 de octubre, para concluir el 15 de junio.

3.2. Enseñanzas por asignaturas

El BILE[74] precisa las asignaturas cursadas por los alumnos "cuya lista apareció en el número anterior"[75]:

Primer curso de latín y castellano
Segundo curso de ídem ídem
Retórica y Poética
Geografía
Historia universal
Historia de España
Psicología, Lógica y Ética
Aritmética y Álgebra
Geometría y Trigonometría
Física y Química

---

[73] Antonio Jiménez-Landi (1996). *La Institución Libre de Enseñanza y su ambiente*, op. cit., pp. 114 y ss.

[74] Sección Oficial. *BILE*, VII (1883), p. 368.

[75] Se refería a los alumnos que habían cursado estudios generales de segunda enseñanza en el curso 1876-77. Puede compararse con el Cuadro anterior 3, en el que, además de la periodicidad, profesores y auxiliares repetidores, alguna asignatura figura desdoblada en sus contenidos.

Historia natural
Fisiología e Higiene
Agricultura elemental

3.4. Relación nominal de alumnos. Síntesis biográfica

En el Cuadro 4 ofrecemos la relación nominal por orden alfabético de los alumnos que cursaron 2ª enseñanza en la ILE en los primeros seis cursos.

Cuadro 4
INSTITUCIÓN LIBRE DE ENSEÑANZA
ESTUDIOS GENERALES DE SEGUNDA ENSEÑANZA
ALUMNADO. RELACIÓN NOMINAL (1876-1882)

Alumnado	Cursos	Estudios	Homb/Muj.
Aguilar Cardenal, José	1877-79	2ª Enseñanza	Hombre
Aguirre Díaz, Julián	1878-80	2ª Enseñanza	Hombre
Aizpuru Mondéjar, José	1877-78	2ª Enseñanza	Hombre
Alaria Serrano, Luis	1876-77	2ª Enseñanza	Hombre
Alonso Magadán, Luis	1879-80	2ª Enseñanza	Hombre
Álvarez Ortiz, Luis	1877-80	2ª Enseñanza	Hombre
Álvarez Torrijos, Antonio	1881-82	2ª Enseñanza	Hombre
Arellano Cruz, Jorge	1879-82	2ª Enseñanza	Hombre
Argüello, Ángel	1877-78	2ª Enseñanza	Hombre
Ariza Echarreta, R.	1881-82	2ª Enseñanza	Hombre
Arrobas Viseas, Agustín	1879-82	2ª Enseñanza	Hombre
Aura Boronat, Emilio	1876-78	2ª Enseñanza	Hombre
Aura Boronat, Romualdo	1878-79	2ª Enseñanza	Hombre
Baus Capra, Adolfo	1880-81	2ª Enseñanza	Hombre
Baus Capra, Manuel	1880-81	2ª Enseñanza	Hombre
Bedoya Zambrana, G.	1876-79	2ª Enseñanza	Hombre
Benito Fernández, Manuel	1879-81	2ª Enseñanza	Hombre
Bernardo Bonilla, Juan	1879-80	2ª Enseñanza	Hombre
Besteiro Fernández, Julián	1879-82	2ª Enseñanza	Hombre
Blanco Bachiller, Luis	1879-80	2ª Enseñanza	Hombre
Blanco Santa Coloma, R.	1879-80	2ª Enseñanza	Hombre
Blanco Suárez, Pedro	1879-82	2ª Enseñanza	Hombre
Bobea García, Antonio	1879-80	2ª Enseñanza	Hombre

Alumnado	Cursos	Estudios	Homb/Muj.
Bona Cortezo, F. Javier	1878-81	2ª Enseñanza	Hombre
Bona Cortezo, Francisco	1880-81	2ª Enseñanza	Hombre
Bona Vecino, Enrique	1881-82	2ª Enseñanza	Hombre
Borrell Vidal, José	1880-82	2ª Enseñanza	Hombre
Bueno García, León	1880-81	2ª Enseñanza	Hombre
Burrell, José	1876-77	2ª Enseñanza	Hombre
Cabrera Rizo, Emilio	1880-82	2ª Enseñanza	Hombre
Calzada Calvo, Antonio	1877-78	2ª Enseñanza	Hombre
Camps Valera, Juan	1881-82	2ª Enseñanza	Hombre
Cano Fernández, José	1880-81	2ª Enseñanza	Hombre
Capblonch Botger, M.	1878-79	2ª Enseñanza	Hombre
Carnicer Illa, Enrique	1879-81	2ª Enseñanza	Hombre
Carnicer Illa, Fernando	1879-81	2ª Enseñanza	Hombre
Casas Flors, Eduardo, M.	1878-79	2ª Enseñanza	Hombre
Casson Agustina, Carlos	1879-80	2ª Enseñanza	Hombre
Castañeira González, E.	1880-82	2ª Enseñanza	Hombre
Castro González, J.	1881-82	2ª Enseñanza	Hombre
Cebada Ruiz, José	1879-81	2ª Enseñanza	Hombre
Celaya Rodríguez, Fermín	1879-82	2ª Enseñanza	Hombre
Cerrolaza, Dupuy, M.	1877-78	2ª Enseñanza	Hombre
Chamorro, Dionisio	1878-79	2ª Enseñanza	Hombre
Chamorro, Frutos	1878-79	2ª Enseñanza	Hombre
Chamorro, Pedro Joaquín	1878-79	2ª Enseñanza	Hombre
Chamorro, Pedro José	1878-79	2ª Enseñanza	Hombre
Chaura Maré, Ricardo	1880-81	2ª Enseñanza	Hombre
Chenel Ribeiro, Francisco	1876-79	2ª Enseñanza	Hombre
Cirajas, Laureano	1877-78	2ª Enseñanza	Hombre
Copeiro del Villar, Joaquín	1880-81	2ª Enseñanza	Hombre
Cordero Bello, Darío	1881-82	2ª Enseñanza	Hombre
Corral Fernández, F.	1877-78	2ª Enseñanza	Hombre
Corredor Arana, Ricardo	1877-78	2ª Enseñanza	Hombre
Cruz Romero, Mateo	1876-78, 80-82	2ª Enseñanza	Hombre
Cuaranta, Luis	1876-82	2ª Enseñanza	Hombre
Cuervo Flórez, Martín	1878-82	2ª Enseñanza	Hombre
Cueto Martínez, Joaquín	1878-79	2ª Enseñanza	Hombre

Alumnado	Cursos	Estudios	Homb/Muj.
Díaz Zuazua, Ignacio	1880-81	2ª Enseñanza	Hombre
Dále Céliz, Carlos	1878-82	2ª Enseñanza	Hombre
Decrett Ruiz, Joaquín	1877-78	2ª Enseñanza	Hombre
Deleito Butragueño, M.	1880-81	2ª Enseñanza	Hombre
Deleito Míguez, Joaquín	1878-82	2ª Enseñanza	Hombre
Díaz Blanco, Rafael	1880-82	2ª Enseñanza	Hombre
Díaz Otero, Emilio	1877-82	2ª Enseñanza	Hombre
Díaz Seco, Manuel	1877-81	2ª Enseñanza	Hombre
Dietrich, Eugenio	1878-79	2ª Enseñanza	Hombre
Domínguez Garrido, E.	1878-79, 80-81	2ª Enseñanza	Hombre
Domínguez Meunier, M.	1879-80	2ª Enseñanza	Hombre
Dubois, Eduardo	1879-80	2ª Enseñanza	Hombre
Escoriaza Fabro, Manuel	1880-82	2ª Enseñanza	Hombre
Escosura Escosura, D.	1878-79, 80-82	2ª Enseñanza	Hombre
España Gargollo, Carlos	1877-79, 80-81	2ª Enseñanza	Hombre
Faure García, Luis	1880-81	2ª Enseñanza	Hombre
Feijoo Rubio, Pedro	1881-82	2ª Enseñanza	Hombre
Ferrer Medrano, Carlos	1881-82	2ª Enseñanza	Hombre
Fernández Arrea, Alfredo	1880-82	2ª Enseñanza	Hombre
Fernández Pacheco, Juan	1877-78	2ª Enseñanza	Hombre
Fernández-Cuevas y R., P.	1878-79	2ª Enseñanza	Hombre
Flórez Paz, Leopoldo	1877-78	2ª Enseñanza	Hombre
Font del Corral, Juan	1879-81	2ª Enseñanza	Hombre
Font del Corral, Julio	1877-79, 80-81	2ª Enseñanza	Hombre
Font del Corral, Santos	1879-80	2ª Enseñanza	Hombre
Fortuny Vila, José	1878-79	2ª Enseñanza	Hombre
Fos Rodima, Vicente	1879-80	2ª Enseñanza	Hombre
Freire de Andrade, José	1880-81	2ª Enseñanza	Hombre
Fuente Mondéjar, M.	1879-80	2ª Enseñanza	Hombre
Gallegos Mondéjar, E.	1880-82	2ª Enseñanza	Hombre
Garagarza, José Miguel	1878-79	2ª Enseñanza	Hombre
Garay Rouwart, Jose M.	1880-82	2ª Enseñanza	Hombre
García Béjar, Rafael	1878-79	2ª Enseñanza	Hombre
García de Calle, José	1877-78	2ª Enseñanza	Hombre
García de Socasa, C.	1881-82	2ª Enseñanza	Hombre

Alumnado	Cursos	Estudios	Homb/Muj.
García del Real, Antonio	1879-81	2ª Enseñanza	Hombre
García del Real, Eduardo	1881-82	2ª Enseñanza	Hombre
García del Real, Tomás	1881-82	2ª Enseñanza	Hombre
García Fernández, S.	1877-79	2ª Enseñanza	Hombre
García Iñíguez Vélez, J.	1880-81	2ª Enseñanza	Hombre
García Labagge, Luis T.	1877-79	2ª Enseñanza	Hombre
García-Martino Ruiz, P.	1880-81	2ª Enseñanza	Hombre
García Odiando, Juan	1879-81	2ª Enseñanza	Hombre
García Rendueles, Rufo	1876-77	2ª Enseñanza	Hombre
García Socasa, Juan	1879-81	2ª Enseñanza	Hombre
García Vela, José	1878-79	2ª Enseñanza	Hombre
García-Pego, Fermín	1879-82	2ª Enseñanza	Hombre
Garcinuño González, Policarpo	1877-79	2ª Enseñanza	Hombre
Garnica, Ramón	1877-78	2ª Enseñanza	Hombre
Garzón Cebrián, Julián	1878-80	2ª Enseñanza	Hombre
Gayangos Bulnes, José de	1879-82	2ª Enseñanza	Hombre
Germán Esteban, M.	1877-80	2ª Enseñanza	Hombre
Giménez Bedoya, Alfredo	1877-78	2ª Enseñanza	Hombre
Giménez Catalán, Manuel	1877-81	2ª Enseñanza	Hombre
Giménez Landi, Pedro	1880-81	2ª Enseñanza	Hombre
Ginart, Manuel	1877-78	2ª Enseñanza	Hombre
Giner Argüelles, Carlos	1880-81	2ª Enseñanza	Hombre
Giner Fuentes, Carlos	1878-82	2ª Enseñanza	Hombre
Gomá del Pino, Florencio	1878-82	2ª Enseñanza	Hombre
Gómez Aragón, Alfonso	1880-82	2ª Enseñanza	Hombre
Gómez de la Granja, R.	1878-80	2ª Enseñanza	Hombre
Gómez Fernández, M.	1880-81	2ª Enseñanza	Hombre
Gómez Mata, Manuel	1880-82	2ª Enseñanza	Hombre
Gómez Suárez, Emilio	1877-80	2ª Enseñanza	Hombre
Góngora Romero, M.	1880-81	2ª Enseñanza	Hombre
González Entrerios, C.	1880-81	2ª Enseñanza	Hombre
González Núñez, Eduardo	1879-80	2ª Enseñanza	Hombre
Gordo Rivera, Antonio	1880-81	2ª Enseñanza	Hombre
Gordon, Pablo	1879-81	2ª Enseñanza	Hombre
Guerrero Torija, Ramón	1876-80	2ª Enseñanza	Hombre

Alumnado	Cursos	Estudios	Homb/Muj.
Guirao, Luis Felipe	1876-77	2ª Enseñanza	Hombre
Gutiérrez Chaume, Alfredo	1877-78, 79-80	2ª Enseñanza	Hombre
Gutiérrez Chaume, F.	1878-80	2ª Enseñanza	Hombre
Gutiérrez Gamero, E.	1881-82	2ª Enseñanza	Hombre
Heras Juliá, Manuel de las	1878-80	2ª Enseñanza	Hombre
Hermida Villelgas, L.	1879-80	2ª Enseñanza	Hombre
Hermoso de Palacios, M.	1878-79	2ª Enseñanza	Hombre
Hernández Álvarez, M.	1878-80	2ª Enseñanza	Hombre
Hernández Antón, R.	1880-81	2ª Enseñanza	Hombre
Hernández Cardona, C.	1880-81	2ª Enseñanza	Hombre
Hernández Cardona, R.	1879-82	2ª Enseñanza	Hombre
Hernández Fernández, E.	1879-80	2ª Enseñanza	Hombre
Hernández Lázaro, E.	1878-79	2ª Enseñanza	Hombre
Hernández Naya, Manuel	1878-79	2ª Enseñanza	Hombre
Herrández Reyero, M.	1880-81	2ª Enseñanza	Hombre
Herrando Álvarez, Félix	1879-81	2ª Enseñanza	Hombre
Hidalgo Alonso, S.	1877-78	2ª Enseñanza	Hombre
Ibach, Ernesto	1879-80	2ª Enseñanza	Hombre
Iborra Pérez, Manuel	1877-78, 81-82	2ª Enseñanza	Hombre
Irigoyen Urtiaga, Enrique	1877-78	2ª Enseñanza	Hombre
Isla Catina, Antonio	1879-80	2ª Enseñanza	Hombre
Iturriaga, Eduardo	1879-80	2ª Enseñanza	Hombre
Jiménez Aragón, Enrique	1881-82	2ª Enseñanza	Hombre
Lamas Palot, Enrique	1878-79	2ª Enseñanza	Hombre
Jiménez Landi, Pedro	1881-82	2ª Enseñanza	Hombre
Lamo Giménez, Carlos	1881-82	2ª Enseñanza	Hombre
Lancha García, Julio	1877-78, 79-80	2ª Enseñanza	Hombre
Lanzarot Navarro, Eugenio	1877-78	2ª Enseñanza	Hombre
Larondo Prieto, G.	1878-79	2ª Enseñanza	Hombre
Lasarte Orejón, Carlos	1877-82	2ª Enseñanza	Hombre
Lasarte Orejón, Manuel	1878-82	2ª Enseñanza	Hombre
Ligero de la Mata, R.	1878-79	2ª Enseñanza	Hombre
Ligero, Felipe	1877-82	2ª Enseñanza	Hombre
Llamazares, Alejandro R.	1878-79	2ª Enseñanza	Hombre
Llanos González, Rafael	1878-79	2ª Enseñanza	Hombre

Alumnado	Cursos	Estudios	Homb/Muj.
Llanos Margolles, Ángel de	1879-80	2ª Enseñanza	Hombre
Lobo Sánchez, Gregorio	1879-82	2ª Enseñanza	Hombre
López Alonso, Rafael	1878-79	2ª Enseñanza	Hombre
López Blanco, Mario	1879-80	2ª Enseñanza	Hombre
López Coterilla, Vicente	1878-82	2ª Enseñanza	Hombre
López Figueredo, Rodolfo	1878-82	2ª Enseñanza	Hombre
Loredo Prados, Román	1879-82	2ª Enseñanza	Hombre
Lorenzo Arias, Andrés	1876-79, 80-82	2ª Enseñanza	Hombre
Lorenzo Arias, Pedro	1877-79, 80-82	2ª Enseñanza	Hombre
Madrid Moreno, José	1877-80	2ª Enseñanza	Hombre
Magallón, Ricardo	1876-77	2ª Enseñanza	Hombre
Maher Meca, Manuel	1878-79	2ª Enseñanza	Hombre
Manera Sorá, Miguel	1879-80	2ª Enseñanza	Hombre
Manzano Vila, Augusto	1877-78	2ª Enseñanza	Hombre
Mariátegui Garay, J. M.	1879-80	2ª Enseñanza	Hombre
Mariátegui Garay, José	1877-79	2ª Enseñanza	Hombre
Mariátegui Garay, M.	1878-82	2ª Enseñanza	Hombre
Marín Almécija, José	1877-78	2ª Enseñanza	Hombre
Marín Almécija, Ramón	1877-79	2ª Enseñanza	Hombre
Marina Díaz, Bruno	1879-80	2ª Enseñanza	Hombre
Mármol, Fabián del	1877-78	2ª Enseñanza	Hombre
Martí Jackuart, Emilio	1881-82	2ª Enseñanza	Hombre
Martí Vilar, Salvador	1881-82	2ª Enseñanza	Hombre
Martín Campos, Luis	1879-80	2ª Enseñanza	Hombre
Martín Campos, Manuel	1879-80	2ª Enseñanza	Hombre
Martín Pereira, Domingo	1878-79, 80-82	2ª Enseñanza	Hombre
Martínez Chacón, E.	1881-82	2ª Enseñanza	Hombre
Martínez Díaz, Domingo	1879-80	2ª Enseñanza	Hombre
Martínez Diego, Manuel	1881-82	2ª Enseñanza	Hombre
Martínez Fornos, Carlos	1878-80	2ª Enseñanza	Hombre
Martínez Garay, Enrique	1878-79	2ª Enseñanza	Hombre
Martínez Labernia, V.	1880-82	2ª Enseñanza	Hombre
Martínez López, Tomás	1878-79	2ª Enseñanza	Hombre
Martínez Vaca, Raimundo	1879-82	2ª Enseñanza	Hombre
Martínez, Tomás	1878-79	2ª Enseñanza	Hombre

Alumnado	Cursos	Estudios	Homb/Muj.
Marzán Gutiérrez, José	1878-79	2ª Enseñanza	Hombre
Mas López, Rafael	1878-80	2ª Enseñanza	Hombre
Masa Serrano, Pascual	1881-82	2ª Enseñanza	Hombre
Masferrer Grove, Luis	1878-79	2ª Enseñanza	Hombre
Mayorga García, A.	1878-79	2ª Enseñanza	Hombre
Medina Acedo, Rafael	1878-79	2ª Enseñanza	Hombre
Mendoza, Juan José	1878-80	2ª Enseñanza	Hombre
Menéndez García, F.	1876-79	2ª Enseñanza	Hombre
Merino Fuster, Francisco	1876-79	2ª Enseñanza	Hombre
Mesía Álvarez, Santiago	1876-77	2ª Enseñanza	Hombre
Mihura Noriega, Carlos	1879-80	2ª Enseñanza	Hombre
Mir Palmer, Francisco	1880-82	2ª Enseñanza	Hombre
Miramón Cisneros, V.	1878-80	2ª Enseñanza	Hombre
Montalvo Maeso, Manuel	1877-79	2ª Enseñanza	Hombre
Montejo Rico, Tomás	1877-78	2ª Enseñanza	Hombre
Montero Esteban, Félix	1877-79	2ª Enseñanza	Hombre
Montero Villegas, Avelino	1879-80	2ª Enseñanza	Hombre
Montesino Espartero, L.	1877-78, 79-80, 81-82	2ª Enseñanza	Hombre
Morales Duro, Enrique	1877-78, 79-80	2ª Enseñanza	Hombre
Moreno Jerez, Luis	1879-80	2ª Enseñanza	Hombre
Moreno Pineda, Francisco	1877-78	2ª Enseñanza	Hombre
Moreno Pineda, José	1877-78	2ª Enseñanza	Hombre
Moreno Rodríguez, F.	1877-78	2ª Enseñanza	Hombre
Morquecho Ontañón, S.	1879-80	2ª Enseñanza	Hombre
Nieto Arévalo, Antonio	1880-82	2ª Enseñanza	Hombre
Nuevo Mestre, José	1881-82	2ª Enseñanza	Hombre
Nuevo Mestre, Luis	1881-82	2ª Enseñanza	Hombre
Olaso Subizar, Santiago	1880-81	2ª Enseñanza	Hombre
Olazagoitia, Vicente	1877-78	2ª Enseñanza	Hombre
Oltra Torrente, F.	1880-82	2ª Enseñanza	Hombre
Ormaechea y Llorente, M.	1878-79	2ª Enseñanza	Hombre
Ortega Mayer, Cayo	1881-82	2ª Enseñanza	Hombre
Ortega Góngora, A.	1881-82	2ª Enseñanza	Hombre
Ortiz Antón, Luciano	1880-81	2ª Enseñanza	Hombre
Ortiz de Pinedo, Adelardo	1877-78	2ª Enseñanza	Hombre

Alumnado	Cursos	Estudios	Homb/Muj.
Ortiz Ramírez, Isidro A.	1877-78	2ª Enseñanza	Hombre
Oviedo Daupes, Juan	1881-82	2ª Enseñanza	Hombre
O'Termin, Emilio	1878-80	2ª Enseñanza	Hombre
Oyuelos González, E.	1881-82	2ª Enseñanza	Hombre
Pallares Colmenar, F.	1877-78	2ª Enseñanza	Hombre
Páramo Barranco, Ángel	1878-82	2ª Enseñanza	Hombre
Parra Tejada, Antonio	1877-78	2ª Enseñanza	Hombre
Parra Tejada, Enrique	1877-78	2ª Enseñanza	Hombre
Pasarón San Martín, L.	1879-80	2ª Enseñanza	Hombre
Paseti Rodríguez, Juan	1879-80	2ª Enseñanza	Hombre
Pedregal Sánchez, José	1881-82	2ª Enseñanza	Hombre
Pedroso Martín, T.	1880-81	2ª Enseñanza	Hombre
Pellico, Ramón	1880-81	2ª Enseñanza	Hombre
Peña Braña, Luis	1879-82	2ª Enseñanza	Hombre
Peña Valls, Manuel	1881-82	2ª Enseñanza	Hombre
Perales Ramos, Vicente	1877-79	2ª Enseñanza	Hombre
Pérez Arellano, Lucas	1877-78	2ª Enseñanza	Hombre
Pérez Brunete, Balbino	1879-80	2ª Enseñanza	Hombre
Pérez Brunete, Luis	1879-80	2ª Enseñanza	Hombre
Pérez Caruana, Ildefonso	1877-78	2ª Enseñanza	Hombre
Pérez Cohen, Carlos	1881-82	2ª Enseñanza	Hombre
Pérez de la Sala, Gabriel	1879-81	2ª Enseñanza	Hombre
Pérez García, José	1881-82	2ª Enseñanza	Hombre
Pérez López, Federico	1876-77	2ª Enseñanza	Hombre
Pérez Maeso, José	1876-77	2ª Enseñanza	Hombre
Pérez, Carlos	1879-80	2ª Enseñanza	Hombre
Peris Fuentes, Ernesto	1880-82	2ª Enseñanza	Hombre
Peypoch Casajuana, Luis	1880-81	2ª Enseñanza	Hombre
Picazo, Leopoldo	1881-82	2ª Enseñanza	Hombre
Portuondo Mola, Luis	1878-80	2ª Enseñanza	Hombre
Poveda Gómez, Diego	1876-77, 80-82	2ª Enseñanza	Hombre
Poveda Gómez, Luis	1881-82	2ª Enseñanza	Hombre
Prieto Carreño, José	1881-82	2ª Enseñanza	Hombre
Quesada Pérez, Tomás	1877-80	2ª Enseñanza	Hombre
Quirós y Martín, José M.	1880-81	2ª Enseñanza	Hombre

Alumnado	Cursos	Estudios	Homb/Muj.
Raimundo Gutiérrez, F.	1877-78	2ª Enseñanza	Hombre
Rego Rodríguez, Ángel	1879-80; 81-82	2ª Enseñanza	Hombre
Regulez González, F.	1879-80	2ª Enseñanza	Hombre
Reñina Romero, Luis	1878-79	2ª Enseñanza	Hombre
Requena Abd, Pedro	1877-78	2ª Enseñanza	Hombre
Rey Abalo, José María	1877-79	2ª Enseñanza	Hombre
Río Bulnes, Antonio del	1879-80	2ª Enseñanza	Hombre
Río Bulnes, F. del	1879-80	2ª Enseñanza	Hombre
Riva Callol, Alfredo	1878-79	2ª Enseñanza	Hombre
Rivas Fernández, F. de	1880-81	2ª Enseñanza	Hombre
Rivas, José Manuel de	1878-81	2ª Enseñanza	Hombre
Rivas, Magín Joaquín	1880-82	2ª Enseñanza	Hombre
Roa Erostalbe, Joaquín	1877-79	2ª Enseñanza	Hombre
Rodríguez de Aldao, A.	1880-81	2ª Enseñanza	Hombre
Rodríguez Ferrer, Miguel	1881-82	2ª Enseñanza	Hombre
Rodríguez Herranz, José	1880-81	2ª Enseñanza	Hombre
Rodríguez Hornero, Carlos	1879-81	2ª Enseñanza	Hombre
Rodríguez Leoz, Lorenzo	1881-82	2ª Enseñanza	Hombre
Rodríguez Naharro, V.	1881-82	2ª Enseñanza	Hombre
Rodríguez Navarro, Juan	1877-78	2ª Enseñanza	Hombre
Romero López, M.	1879-80	2ª Enseñanza	Hombre
Romero López, Vicente	1881-82	2ª Enseñanza	Hombre
Rouveau, Alejo	1878-80, 81-82	2ª Enseñanza	Hombre
Rouveau, Emilio	1878-80, 81-82	2ª Enseñanza	Hombre
Royal Celda, Alfredo	1876-77	2ª Enseñanza	Hombre
Rubau Donadeu, Dantón	1879-82	2ª Enseñanza	Hombre
Rubio Muñoz, Gonzalo	1877-80	2ª Enseñanza	Hombre
Rubio Muñoz, Manuel	1881-82	2ª Enseñanza	Hombre
Rueda Mora, Alfredo	1876-77	2ª Enseñanza	Hombre
Ruiz de Galarreta, Pablo	1876-78	2ª Enseñanza	Hombre
Ruiz Giménez, Francisco	1879-82	2ª Enseñanza	Hombre
Ruiz Pérez, Gustavo	1878-80	2ª Enseñanza	Hombre
Ruiz Pérez, Ramón	1878-80	2ª Enseñanza	Hombre
Ruiz Pons, Ernesto F.	1881-82	2ª Enseñanza	Hombre
Sacristán y Zavala, Javier	1880-81	2ª Enseñanza	Hombre

Alumnado	Cursos	Estudios	Homb/Muj.
Sagañoles, Francisco	1881-82	2ª Enseñanza	Hombre
Sainz Romillo, Eugenio	1877-78, 79-80, 81-82	2ª Enseñanza	Hombre
Sainz Romillo, Santiago	1878-80; 80-82	2ª Enseñanza	Hombre
Sainz Romillo, Teodoro	1878-79; 81-82	2ª Enseñanza	Hombre
Salmerón García, F.	1879-82	2ª Enseñanza	Hombre
Salto Prieto, Leopoldo	1879-82	2ª Enseñanza	Hombre
Sama, Juan Demetrio	1879-80	2ª Enseñanza	Hombre
Sama Pérez, Valentín	1881-82	2ª Enseñanza	Hombre
San Miguel Gándara, J.	1880-81	2ª Enseñanza	Hombre
San Miguel, José	1881-82	2ª Enseñanza	Hombre
San Miguel, Justo	1881-82	2ª Enseñanza	Hombre
Sancha García, Julio	1878-79	2ª Enseñanza	Hombre
Sánchez de Alba, Federico	1879-82	2ª Enseñanza	Hombre
Sánchez de Sebastián, M.	1879-80	2ª Enseñanza	Hombre
Sánchez González, B.	1879-80	2ª Enseñanza	Hombre
Sánchez Pescador, Carlos	1878-82	2ª Enseñanza	Hombre
Sánchez Ramos, Augusto	1879-80	2ª Enseñanza	Hombre
Sánchez Rodríguez, José	1877-78	2ª Enseñanza	Hombre
Sanz Prats, Tomás	1879-80	2ª Enseñanza	Hombre
Sañudo Fernández, Miguel	1879-81	2ª Enseñanza	Hombre
Sardá Uribarri, Agustín	1878-80	2ª Enseñanza	Hombre
Sauco Menchero, E.	1879-80, 81-82	2ª Enseñanza	Hombre
Sendín García Hidalgo, J.	1878-80	2ª Enseñanza	Hombre
Sendras Burín, Eduardo	1877-78, 81-82	2ª Enseñanza	Hombre
Serra Robredo, F. A.	1878-79	2ª Enseñanza	Hombre
Serrano Rivero, Arturo	1878-80, 81-82	2ª Enseñanza	Hombre
Serrano Rodríguez, Luis	1879-82	2ª Enseñanza	Hombre
Shaw Nation, Ernesto	1878-81	2ª Enseñanza	Hombre
Sierra Suárez, José	1881-82	2ª Enseñanza	Hombre
Simón Martín, Rogelio	1877-80	2ª Enseñanza	Hombre
Simón Pérez, Valeriano	1877-78	2ª Enseñanza	Hombre
Soldevilla Amirola, César	1877-79	2ª Enseñanza	Hombre
Soler Soto, José	1878-80	2ª Enseñanza	Hombre
Solís Peyronet, Ezequiel	1876-77, 79-82	2ª Enseñanza	Hombre
Sonier Puerta, Antonio	1879-81	2ª Enseñanza	Hombre

Alumnado	Cursos	Estudios	Homb/Muj.
Suárez Giménez, Luis	1877-79	2ª Enseñanza	Hombre
Suárez Sánchez, Julián	1881-82	2ª Enseñanza	Hombre
Tamariz Castilla, M.	1881-82	2ª Enseñanza	Hombre
Taracena, Luis	1879-80	2ª Enseñanza	Hombre
Tausent Spicharz, Luis	1879-82	2ª Enseñanza	Hombre
Toledano González, R.	1877-78	2ª Enseñanza	Hombre
Torre Pecul, José de	1879-81	2ª Enseñanza	Hombre
Torres Acevedo, Luis	1879-80	2ª Enseñanza	Hombre
Torres Bermejo, F.	1878-79	2ª Enseñanza	Hombre
Torres Donallo, A.	1880-82	2ª Enseñanza	Hombre
Torres Uriarte, José	1878-79	2ª Enseñanza	Hombre
Trillo López, Luis	1879-80	2ª Enseñanza	Hombre
Triviño Fernández, C.	1879-82	2ª Enseñanza	Hombre
Triviño, Cayetano	1879-82	2ª Enseñanza	Hombre
Trúpida Mateos, Tomás	1877-78	2ª Enseñanza	Hombre
Ugarte González, A.	1880-81	2ª Enseñanza	Hombre
Uguina Sagrario, Luis	1880-81	2ª Enseñanza	Hombre
Umérez Zulaica, M.	1879-80	2ª Enseñanza	Hombre
Unanua Pardo, Manuel	1879-80	2ª Enseñanza	Hombre
Uña Sarthou, Juan	1881-82	2ª Enseñanza	Hombre
Ureña Olivares, José	1877-79	2ª Enseñanza	Hombre
Uturriaga, Eduardo	1878-79	2ª Enseñanza	Hombre
Uturriaga, Enrique	1878-80	2ª Enseñanza	Hombre
Vaca Javier, Domingo	1879-82	2ª Enseñanza	Hombre
Valdés, Eduardo	1879-80	2ª Enseñanza	Hombre
Valdivielso Giraldo, J.	1880-81	2ª Enseñanza	Hombre
Valera Delabat, Luis	1880-81	2ª Enseñanza	Hombre
Vallejo y Navarro, A.	1879-80	2ª Enseñanza	Hombre
Vela Lustó, Joaquín	1877-78	2ª Enseñanza	Hombre
Vela Murillo, José	1877-80	2ª Enseñanza	Hombre
Vela Murillo, Mariano	1877-79	2ª Enseñanza	Hombre
Velao Oñate, Ángel	1880-82	2ª Enseñanza	Hombre
Velarde Martínez, Julián	1881-82	2ª Enseñanza	Hombre
Vergnes Palacín, Antonio	1879-82	2ª Enseñanza	Hombre
Vicens Rosalem, F.	1879-80	2ª Enseñanza	Hombre

Alumnado	Cursos	Estudios	Homb/Muj.
Villegas Chacón, Antonio	1876-79	2ª Enseñanza	Hombre
Villegas Ortega, Manuel	1876-77, 80-82	2ª Enseñanza	Hombre
Villegas R. Araújo, L.	1876-77, 81-82	2ª Enseñanza	Hombre
Villegas Rodríguez, E.	1876-77, 79-82	2ª Enseñanza	Hombre
Vinent Portuondo, A.	1876-77	2ª Enseñanza	Hombre
Viqueira Flores C., N.	1876-77	2ª Enseñanza	Hombre
Virella, Francisco	1876-77	2ª Enseñanza	Hombre
Vivar Trigueros, M.	1876-77	2ª Enseñanza	Hombre
Vizcarrondo y Villalón, Felipe	1876-77	2ª Enseñanza	Hombre
Ximénez Laynes, Eloy	1876-77	2ª Enseñanza	Hombre
Yarto Padrillo, Arturo de	1876-77	2ª Enseñanza	Hombre
Zapatero Elorrio, F.	1876-77	2ª Enseñanza	Hombre
Zapatero Elorrio, José	1876-77	2ª Enseñanza	Hombre
Zaragarza, José Miguel de	1876-77	2ª Enseñanza	Hombre

Elaboración propia. FUENTE: *BILE*, VII (1883) y VIII (1884)

Jiménez Landi (1996, t. II: 131) cita, por su cercanía, a Francisco y Nicolás Salmerón García, y a José María y Francisco Moreno, matriculados en estas enseñanzas.

Naturalmente, no es pretensión de este trabajo desmenuzar las trayectorias de los primeros alumnos de la ILE, tarea harto ímproba, pero sí destacaremos a quienes de algún modo dejaron huella (a veces profunda) o tienen un rastro profesional visible. Es el caso de Luis Alaria Serrano, músico de cierto renombre, autor de la zarzuela *Olvido que mata* (1887), dedicada a Rafael Mª de Labra. Rafael Ariza Etxarreta fue ingeniero de minas. Y los hermanos Adolfo y Manuel Baus y Capra trabajaron como empleados del Banco de España.

Entre los alumnos más destacados, con una larga trayectoria política, se encuentra Julián Besteiro Fernández (1870-1940), nacido en Madrid, de ascendencia gallega[76]. A la muerte de su padre, en 1879, se hace cargo de los negocios familiares el hermano mayor, Ricardo, que lo amplió y estableció contactos, llegando a figurar como accionista de la Institución

[76] Era hijo de José Besteiro Guiza, natural de Santa María de Franqueán (Lugo) y de Juana Fernández García, de Madrid. Sus padres regentaban un negocio de ultramarinos y coloniales en la Costanilla de Santiago, cerca del Palacio Real, y disfrutaban de una posición desahogada. Algunos autores (Cora 2019) sitúan el nacimiento de Julián Besteiro en el lugar de Cima de Vila, Franqueán (O Corgo), el 14 de septiembre de 1870.

Libre de Enseñanza. Julián era débil y de carácter retraído; padeció tuberculosis crónica, y tras ingresar en la escuela de la Institución, se fue aproximando a Cossío y a Giner, como relata Patricio de Blas (2003: 41-42), quien señala que en la Institución encontró Besteiro "amigos para toda la vida", como José Manuel Pedregal, Juan Uña, Pedro Blanco, Elías Bernaldo de Quirós, Ángel Rego o Eduardo García del Real. En febrero de 1888 Besteiro realiza los ejercicios para obtener el grado de bachiller en el Instituto de San Isidro, obteniendo la calificación de aprobado. No se interrumpe entonces su vínculo con la ILE, pues será primer presidente de la Asociación de Antiguos Alumnos. A continuación, estudió Filosofía y Letras en la Universidad de Madrid, donde recibió la influencia de Nicolás Salmerón, krausista y fundador el Partido Unión Republicana, en el que posteriormente ha de militar Besteiro; otros profesores que marcaron su carácter fueron José de Caso, que dictaba lecciones de Sistema de la Filosofía en la Fundación Sanz del Río (de la que Besteiro era socio), Luis Simarro, que impartía Psicología Experimental, y Giner de nuevo en los seminarios de Filosofía del Derecho, a los que acudía junto con Juan Uña y José Manuel Pedregal. Vemos, pues, que la impronta de la ILE en Julián Besteiro es muy marcada. Tras licenciarse, aconsejado por Giner, amplió estudios en La Sorbona en 1895-96. En 1897 obtuvo la cátedra de Filosofía en el Instituto de Ourense, trasladándose en 1899 al de Toledo, donde permaneció hasta 1908 y se afilió primero a Unión Republicana, de Salmerón y Lerroux, y luego al Partido Republicano Radical.

Julián Besteiro ganó la cátedra de Lógica de la Universidad Central en 1912 y en el mismo año ingresó en la Agrupación Socialista Madrileña. En 1913 se casó con Dolores Cebrián Fernández de Villegas, profesora de Ciencias en la Escuela Normal de Maestros de Toledo. A partir de entonces, Besteiro desplegará una amplia actividad política como concejal del Ayuntamiento de Madrid en las filas del PSOE, cuya presidencia ocupó tras fallecer Pablo Iglesias en 1925, ostentando también la presidencia de la UGT. Durante la Segunda República fue diputado por Madrid, y presidente de las Cortes (1931-33). Descontento con la deriva revolucionaria de sus correligionarios durante la guerra civil, intentó una solución pactada al conflicto y apoyó el golpe de estado del coronel Casado. En 1939 se negó a abandonar Madrid y en su calidad de consejero de Estado en el Consejo Nacional de Defensa, permaneció en la capital hasta la rendición final, siendo detenido. Tras pasar por varios presidios, en los que su salud se deterioró irremisiblemente, fue condenado a cadena perpetua en consejo de guerra y recluido en el penal de Carmona (Sevilla), donde falleció el 27 de septiembre de 1940 de septicemia. Sus restos descansan en el cementerio civil de Madrid, como los de sus maestros de la Institución Libre de Enseñanza.

Algunos años después, alumnos muy destacados e identificados con el espíritu de la ILE fueron los hermanos Antonio, Manuel y José Machado Ruiz, hijos de Antonio Machado Álvarez (Demófilo), discípulo de Federico de Castro y folklorista de notable carrera, que llegó a impartir clases de Folklore en la ILE en 1885-1886, y nietos de Antonio Machado Núñez, médico y catedrático de Ciencias en las Universidades de Sevilla y Madrid, y fundador de la Sociedad Antropológica Sevillana junto a Federico de Castro. En el caso de Antonio y Manuel Machado los vínculos con la ILE proceden de su abuelo y padre, relacionados con círculos krausistas. Antonio y Manuel permanecieron en la ILE diez años, de 1883 a 1893, en los que se formó su carácter. El propio Antonio, en una carta escrita en 1912 a Ortega y Gasset, confiesa sobre sus años en la ILE: "Vi entonces que en mí no hay otro bagaje de cultura que el adquirido en mis años infantiles de los 9 a los 19, en que viví con esos santos varones de la Institución Libre de Enseñanza" (Guereña 1989: 300). Marichal (1989) resalta que Machado adquirió en la Institución normas de vida y conducta y, sobre todo, "un pensamiento coherente sobre la existencia humana". Los valores de formación integral, preconizados por Giner, fueron asumidos por los hermanos Machado, especialmente por Antonio, como señala Martín Ruano (2020: 106): la tolerancia, la austeridad, el amor a la Naturaleza, el diálogo, el espíritu laico, la honradez… A la muerte de Giner, en febrero de 1915, Antonio escribió un famoso *Elogio* en el que glosa el carácter de su imponderable maestro y la huella que dejó en quienes lo conocieron:

Como se fue el maestro,
la luz de esta mañana
me dijo: Van tres días
que mi hermano Francisco no trabaja.
¿Murió?... Sólo sabemos
que se nos fue por una senda clara…
Su corazón repose
bajo una encina casta,
en tierra de tomillos, donde juegan
mariposas doradas…
Allí el maestro un día
soñaba un nuevo florecer de España.

La educación recibida en la Institución formó el carácter de los hermanos Machado, pero no les preparó para el éxito académico. A Antonio le costó conseguir el título de bachiller, que no obtuvo hasta los 25 años. Ambos hermanos vivieron en París entre 1899 y 1902, en contacto con la bohemia intelectual. Al regreso a España, por consejo de Giner Antonio preparó oposiciones a profesor de Instituto y ganó la plaza de Francés en Soria, donde vivió cinco años[77], se casó con la joven Leonor, y escribió sus poemas más sentidos (*Campos de Castilla*); posteriormente se trasladará a los Institutos de Baeza, Segovia y Madrid, donde encontrará sosiego y colaborará en la obra de las Misiones Pedagógicas. Figura reconocida y respetada durante la Segunda República, la guerra lo empujó al exilio en compañía de su anciana madre, doña Ana Ruiz. Ambos fallecieron en febrero de 1939, con tres días de diferencia, en la localidad francesa de Colliure, donde reposan sus restos.

Manuel siguió la tradición paterna de recuperación del folklore. Tras ganar una plaza en el cuerpo de archivos y bibliotecas, desde 1914 fue archivero municipal de Madrid. La guerra civil lo alejó ideológicamente de su familia; permaneció en Madrid, ingresó en la Real Academia de la Lengua y recuperó su puesto de director de la Hemeroteca madrileña. Falleció en 1947. Sus restos reposan en el cementerio de la Almudena. Dos destinos finales muy distintos para quienes había brotado de la misma semilla y habían crecido a la sombra del mismo árbol.

José Machado, nacido en Sevilla en 1879, heredó las dotes pictóricas de su abuela Cipriana; tras estudiar en la Escuela Superior de Bellas Artes de San Fernando, consiguió plaza como profesor auxiliar de Dibujo, colaborando también en la Residencia de Estudiantes y como copista en el Museo del Prado. Junto con su esposa, Matea, y sus hijas, acompañó a su hermano Antonio y a su madre doña Ana en el exilio y fue testigo de sus últimos días, de los que dejó testimonio en el libro *Últimas soledades del poeta Antonio Machado* (1957). Exiliado en Chile, sobrevivió realizando alguna exposición, junto a su otro hermano Joaquín. Falleció en Santiago de Chile en 1958 (Baltanás 2006).

---

[77] Pertenezco a la generación que creció leyendo a Machado; mi primera antología de sus poemas data de 1979. Cuando llegué a Soria, donde estuve seis años, entendí el paisaje, el silencio y el desasosiego de sus versos, el desconcierto de la "muerta ciudad de señores", la soledad, que yo aliviaba paseando por el camino del castillo, bajo pinos y abetos centenarios, contemplando la hoz del Duero desde lo alto del campus de los Pajaritos, o visitando la tumba de Leonor en el tranquilo cementerio del Espino, cerca del olmo seco. Machado le dio sentido a mis años sorianos; Soria le dio sentido a mis lecturas juveniles de Machado (Vázquez Ramil).

Como ya indicamos, no es nuestra pretensión dar noticia biográfica de todos los alumnos de la ILE en estos primeros años. Reseñamos los más notables en sus trayectorias posteriores, y algunos otros de interés, caso de Manuel Domínguez Meunier nacido en Roma en 1870, pintor, tercera medalla en la Exposición Nacional de 1898 con la obra "Mercado de Noya (La Coruña)", depositada en el Museo del Prado, y medalla de bronce en la Exposición Universal de París de 1900 con un óleo sobre costumbres gallegas. Académico correspondiente de la Real Academia de San Fernando, fue catedrático de Dibujo en los Institutos de Valladolid y Granada y en la Escuela Superior de Artes e Industrias de Córdoba.

Rufo García-Rendueles Domínguez, que cuenta con una céntrica calle en su honor en Gijón, fue el ingeniero y subsecretario de obras públicas que promovió la construcción del paseo del muro de San Lorenzo entre 1909 y 1915.

José de Gayangos y Díez de Bulnes (Madrid 1867-París 1900), marqués de Monte Olivar por herencia de su madre, era nieto del reconocido arabista Pascual Gayangos, amigo de Giner, y sobrino de Emilia Gayangos, la esposa de Juan Facundo Riaño. Encontramos aquí una de las líneas de afinidad de la ILE y su perpetuación a través de generaciones familiares (en algunos casos hasta hoy).

Otra línea familiar la encontramos en Pedro Jímenez Landi[78] (Madrid 1869-1964), hijo del astrónomo Eulogio Jiménez Sánchez, muy vinculado a Nicolás Salmerón, Gumersindo de Azcárate y Francisco Giner, accionista y profesor voluntario en la ILE. Pedro Jiménez Landi, tras realizar sus exámenes finales de bachillerato en el Instituto de San Isidro de Madrid, estudió Ciencias en la Universidad Central y trabajó en el Observatorio Nacional de Madrid, del que llegaría a ser subdirector, junto a Victoriano Fernández Ascarza. Muy amigo de Cossío, fue profesor de Matemáticas en la Institución entre 1904 y 1924. Su hijo Antonio Jiménez-Landi, historiador, fue uno de los cronistas más minuciosos de la ILE, con una muy extensa e imprescindible obra sobre la misma[79].

Carlos Giner Fuentes (1874-1947) era hijo de Bernardo Giner de los Ríos y, por tanto, sobrino de Francisco Giner. Funcionario de la delegación de Hacienda en Berlín, la Primera Guerra Mundial lo impulsó a regresar a

---

[78] En el listado de alumnos figura como Giménez, siendo habituales las dos grafías en dicho apellido.

[79] Cabe destacar la monumental *La Institución Libre de Enseñanza*, en cuatro tomos, editada por la editorial Taurus en 1987, verdadero libro de cabecera para los investigadores de la ILE, o el muy estimable *La Institución Libre de Enseñanza y su ambiente* (1996), editado por la Universidad Complutense.

España, estableciéndose en Barcelona, donde compaginó su trabajo con las colaboraciones como cartelista y caricaturista. Tras la guerra civil se exilió en México, donde falleció en 1947.

En una nómina tan extensa hay todo tipo de vocaciones, como la de Alfredo Gutiérrez Chaume, general de división y diputado en la Asamblea Nacional Consultiva de Primo de Rivera (1927-28).

Luis Hermida Villelgas nació en Santiago de Compostela en 1861; cursó la carrera de Derecho en Santiago, y en 1900 se asentó en Don Benito, donde su padre regentaba una academia y donde ejerció como abogado. Miembro del Partido Conservador, fue diputado en varias ocasiones por el distrito de Don Benito, y ya durante la Segunda República en las filas de la CEDA por la circunscripción de Badajoz. En noviembre de 1936 fue detenido en su domicilio de Madrid, junto a su esposa, sus dos hijos y su cuñado; los cinco fueron ejecutados en una checa madrileña (Cortés González, 2019). Luis Hermida era sobrino de Luis Hermida Romero, el discípulo gallego más significado de Sanz del Río, colaborador de Nicolás Salmerón en el Colegio Internacional y fallecido prematuramente en 1867, con solo 27 años de edad (Otero Urtaza 2008).

Avelino Montero Villegas (1875-1923) era hijo del jurista y político gallego Eugenio Montero Ríos, que participó activamente en la fundación de la ILE. Avelino, siguiendo la orientación familiar, fue diputado por el distrito de Mondoñedo y senador por la provincia de Lugo. Sus hermanos Ángel y Eugenio también estudiaron en la ILE. Eugenio (1873-1917) ejerció como diputado por los distritos de Cambados y Muros y fue director general de Agricultura (1906), y Ángel murió prematuramente.

Luis Montesino Fernández-Espartero (1868-1957) era nieto del notable pedagogo Pablo Montesino y del general Espartero, pues Cipriano Segundo Montesino se había casado con Eladia Fernández Espartero, hija del famoso general y duquesa de la Victoria. Ostentó el título de marqués de Morella.

Ángel do Rego Rodríguez (1870-1939) permaneció toda su vida vinculado a la Institución, como profesor de Geografía, y al Museo Pedagógico Nacional, en calidad de director de colonias escolares.

Dantón Rubau Donadeu procedía de una familia de republicanos de Figueras. Era sobrino de José Rubaudonadeu i Corcelles, diputado a Cortes por el distrito de San Feliú de Llobregat durante el Sexenio democrático, y redactor de periódicos republicanos como *El gorro frigio* de Madrid o *El Faro* de Barcelona. Sin duda, su nombre refleja bien a las claras las inclinaciones familiares.

Los hermanos Sanz Romillo eran hijos de Teodoro Sanz Rueda, destacado latinista y miembro del Círculo Filosófico que se reunía en torno a Salmerón. Por parte materna heredaron una próspera casa de comercio en Madrid, dedicada a almacén de papelería, y fincas en Velilla de San Antonio y Arganda del Rey (Madrid). Sanz Rueda era accionista de la ILE.

Nicolás Salmerón y García (1864-1933) era hijo de Nicolás Salmerón, uno de los inspiradores de la ILE y de los presidentes de la Primera República. Pionero del radicalsocialismo español, durante la Segunda República fue diputado por la provincia de Almería en las filas del Partido Republicano Radical Socialista.

Ernesto y Federico Shaw Nation nacieron en Ferrol de padres británicos, John Shaw y Henrietta Nation. John Shaw era responsable de maquinaria del arsenal ferrolano hasta que se traslada a Madrid en 1870, para trabajar como profesor de idiomas y traductor. Federico, que desarrolló su carrera en el Instituto Nacional de Previsión, fue el primer administrador de la Caja General de Pensiones (Puyol 2016).

Hay casos curiosos, como el del sevillano Luis Tausent Spicharz, comerciante, que durante la Primera Guerra Mundial se dedicó al suministro de submarinos alemanes en Melilla (Álvarez Laita y Domínguez Llosá, 2017).

José Vela Murillo era hijo de la pintora y cantante malagueña Josefa Murillo y Bravo y de Mariano Vela Moreno, delegado general de las Sociedades Mercantiles Estatales. Su hermana Consuelo heredó la vocación pictórica de la madre. Trabajó como funcionario en diferentes destinos.

El sevillano Antonio Vinent Portuondo (1871-1946) ostentó el título de marqués de Palomares del Duero desde 1893 hasta su fallecimiento en Santiago de Cuba en 1946. En 1923 formó parte de la Sociedad de Cursos y Conferencias, de la Residencia de Estudiantes, junto a otras significadas figuras de la cultura y la sociedad española, y en 1930 fue nombrado miembro de la Comisión de Relaciones Culturales con América en el seno de la Junta para Ampliación de Estudios.

Norberto Viqueira y Flores-Calderón (1847-1923) era hermano de Vicente, Julia y Carmen Viqueira, originarios de San Fiz de Vixoi (Bergondo, A Coruña). Julia se casó con el escritor y mecenas José López Cortón, con quien tuvo tres hijos: Carmen, que contrajo matrimonio con Manuel B. Cossío; Luisa, madre de Xoán Vicente Viqueira, y José, ingeniero. En el pazo de San Fiz, propiedad de los López-Cortón Viqueira veraneó Giner, acompañando a la familia de su discípulo predilecto Cossío. Por tanto, se trata de una de las ramas familiares más afincadas en la ILE desde los inicios. Norberto Viqueira siguió la carrera militar, alcanzando el grado de intendente de guerra.

Francesc Virella i Cassañés (1856-1893), tras estudiar Derecho en Barcelona y doctorarse en Madrid, se dedicó a la crítica musical y a investigar la historia de la música en Cataluña, con obras tan señeras como *La ópera en Barcelona* (1888).

La nómina que se ofrece es un ejemplo del perfil de alumnos que frecuentaron las clases de la Institución en una primera época. Sin duda, es importante la presencia de hijos o familiares directos de los fundadores y de los accionistas. Y hay otros que podemos relacionar con profesionales liberales de diferentes procedencias. En cuanto a destinos, vemos que hay desde figuras destacadas de la Literatura (caso muy notable el de Antonio Machado), las artes, la música en menor medida, a abogados, funcionarios, militares, comerciantes o industriales, también algunos títulos nobiliarios. Quienes apostaron por la novedosa experiencia de la ILE lo hicieron, en gran parte, por afinidad ideológica, por convicción y, naturalmente, no se puede descartar el grupo de quienes la eligieron por simple conveniencia, aunque en menor medida dado el carácter de la empresa y la significación de sus impulsores.

CAPÍTULO 4
ESTUDIOS SUPERIORES CIENTÍFICOS Y OTROS CURSOS Y CONFERENCIAS

Los Estatutos de la Institución Libre de Enseñanza concretaban en el art. 16 (II. De la Institución) que la Institución establecería, según lo permitieran las circunstancias y los medios de que pudiera disponer:

2º. Estudios superiores científicos

3º. Conferencias y otros cursos breves de carácter, ya científico, ya popular

Como hemos señalado anteriormente, la ILE inauguró, en el curso 1876-77, además de los correspondientes a los estudios de 2ª enseñanza, una serie estudios, cursos y conferencias.

Todo este conjunto de actividades estaba relacionado principalmente con el intento de la puesta en marcha de una universidad libre, que se diluye a partir de 1878. Pasamos a recoger, principalmente la relación nominal de alumnos que frecuentó estas clases, estudios y demás.

Contemplamos en este capítulo los siguientes estudios:

1. Clases de Lenguas
2. Preparatorios para las Facultades de Derecho y Filosofía y Letras
3. Preparatorios para Medicina y Farmacia
4. Escuela de Derecho
5. Doctorado en Derecho
6. Estudios superiores y especiales
7. Teoría sobre las acciones
8. Otros cursos breves, conferencias y lecturas

Hay que tener en cuenta también que el profesorado que iba a afrontar estas tareas representaba mucho "en el campo de la cultura española y aun de la sociedad y la política" (Jiménez Landi, 1996, t. II: 127); eran personas conocidas, no sólo en España, sino que mantenían relaciones profesionales y de amistad con muchos de los más significados intelectuales de

Europa. Señala el autor que, en un deseo de abrir las ventanas a Europa, se nombró *profesores honoris causa* de la Institución a grandes figuras científicas de renombre universal: John Tyndall, Carlos David Augusto Roeder, Guillermo Tibergien y Charles Darwin, seguidos en años posteriores por Joao Andrade Corvo, Reinhart Dozy, Berthelot, el conde Terenzio Mamiani, Herbert Spencer, Emil Hübner y Alexandre Sluys, o James Rusell Lowell, como hemos señalado en el capítulo anterior.

4.1. Clases de lenguas

El BILE[80] precisa las distintas lenguas cursadas por los alumnos:

Primer curso de francés
Segundo curso de ídem
Primer curso de inglés
Segundo curso de ídem
Primer curso de alemán
Segundo curso de ídem
Italiano
Portugués

Anota Cacho Viu[81] que en las clases de lenguas -también en los cursos breves- abundaron los alumnos esporádicos, sobre los cuales la Institución naciente dejaría escasa huella. Sin embargo, las denominadas "Lenguas vivas", entendemos que formaban parte de la concepción gineriana de facilitar el acceso a otras culturas, otros países, de desplazarse al extranjero. Lo constatamos después, en la denominada "tercera época de la Institución", con la política de pensiones de la JAE, ya a partir de 1907[82]. A estas clases de lenguas acudían también alumnos que estudiaban otras carreras universitarias.

Las clases de lenguas de los cursos 1878-79 y 1879-80 figuran en los boletines consultados como "Lenguas vivas". Eran lenguas vivas el alemán (impartido por el arquitecto Gerardo de la Puente Meliá), francés (impartido por Enrique Benavent, profesor privado), inglés (a cargo de John

---

80 Sección Oficial. *BILE*, VII (1883), p. 368.
81 Cacho Viu (1962). *Op. cit.*, p. 427.
82 Véase Ángel Serafín Porto Ucha (2005). *La Institución Libre de Enseñanza y la renovación pedagógica en Galicia.* Op. cit., pp. 237- 242.

Shaw, profesor del Ateneo), italiano (impartido por Pedro Borrajo y Herrera[83], doctor de la Universidad de Bolonia, ex colegial de España) y portugués (encargado a Salustiano Rodríguez Bermejo[84], profesor privado); semeja que se ofertaron principalmente en el curso 1878-79. Ofrecemos la relación cuantitativa por cursos (Tabla 2) y los alumnos que pasaron por las mismas (Cuadro 5).

Tabla 2
INSTITUCIÓN LIBRE DE ENSEÑANZA
CLASES DE LENGUAS
ALUMNADO. ANÁLISIS CUANTITATIVO
1876-1882

1876-77	1877-78	1878-79	1879-80	1880-81
112[85]	182	74	1[86]	2

Elaboración propia. FUENTE: *BILE*, VII (1883) y VIII (1884)

Cuadro 5
INSTITUCIÓN LIBRE DE ENSEÑANZA
CLASES DE LENGUAS
ALUMNADO. RELACIÓN NOMINAL (1876-1881)

Alumnado	Cursos	Estudios	Hombre/Mujer
Abarzuza Isaris, F.	1876-77	Clases de lenguas	Hombre
Águila Burgos, Francisco	1876-77	Clases de lenguas	Hombre
Aguilar Cardenal, José	1877-78	Clases de lenguas	Hombre
Alcázar, Carlos	1876-77	Clases de lenguas	Hombre
Alfonso y López, Carlos	1877-78	Clases de lenguas	Hombre

83 En 1880 Pedro Borrajo y Herrera, doctor en Derecho, y Hermenegildo Giner de los Ríos, doctor en Filosofía, publicaron en Madrid (Imprenta de Manuel Minuesa de los Ríos) *El Colegio de Bolonia: centón de noticias relativas a la fundación hispana de San Clemente*, donde rememoran su etapa de colegiales.

84 Salustiano Bermejo, como también se le conoce, tradujo del portugués varias obras del célebre escritor e historiador Alexandre Herculano de Carvalho, como *El Monasticón* o *Leyendas y narraciones*.

85 Cacho Viu registra para este primer curso un total de 116 alumnos.

86 En el curso 1879-80, en el apartado de CLASES PRIVADAS, figura una relación de "Lenguas" con 25 alumnos. Preferimos incluirlos en el apartado 4.7. Otros cursos breves, conferencias y lecturas.

Alumnado	Cursos	Estudios	Hombre/Mujer
Alonso Cañudo, Manuel	1877-78	Clases de lenguas	Hombre
Alonso de la Iglesia, J.	1876-77	Clases de lenguas	Hombre
Alonso, Enrique	1877-78	Clases de lenguas	Hombre
Álvarez Gil, Teodoro	1876-77	Clases de lenguas	Hombre
Amat, José	1876-77	Clases de lenguas	Hombre
Andrade Arellano,	1876-77	Clases de lenguas	Hombre
Aramburo Sidón, M.	1877-78	Clases de lenguas	Hombre
Araus Pérez, B.	1876-77	Clases de lenguas	Hombre
Arceo Solís, Carlos	1877-78	Clases de lenguas	Hombre
Areal Rodríguez,	1876-77	Clases de lenguas	Hombre
Arias Toribio, Florencio	1877-79	Clases de lenguas	Hombre
Arjona Carrillo, Felipe	1876-77	Clases de lenguas	Hombre
Arjona Zuloaga, J.	1878-79	Clases de lenguas	Hombre
Arnaiz de Haro, Clemente	1877-78	Clases de lenguas	Hombre
Arnedo Muñoz, Luis	1877-78	Clases de lenguas	Hombre
Aroserena, Alfredo	1877-78	Clases de lenguas	Hombre
Arroyo Matín José M.	1876-77	Clases de lenguas	Hombre
Barcáiztegui Orfila, Ventura	1877-78	Clases de lenguas	Hombre
Barrio Muñoz, Vicente	1877-78	Clases de lenguas	Hombre
Barrón, Eduardo	1876-77	Clases de lenguas	Hombre
Bartolomé Cossío, Manuel	1876-77	Clases de lenguas	Hombre
Barrio Muñoz, Vicente	1877-78	Clases de lenguas	Hombre
Barrón, Eduardo	1876-77	Clases de lenguas	Hombre
Becerra Cervantes, J.	1876-77	Clases de lenguas	Hombre
Beltrán Escolar, Rufino	1877-78	Clases de lenguas	Hombre
Beltrán Fabra, José	1877-78	Clases de lenguas	Hombre
Bolois, Jaime	1876-77	Clases de lenguas	Hombre
Busto López, Eusebio del	1877-78	Clases de lenguas	Hombre
Calzada Calvo, Antonio	1877-78	Clases de lenguas	Hombre

Alumnado	Cursos	Estudios	Hombre/Mujer
Carazo Ramos, Felipe	1876-77	Clases de lenguas	Hombre
Casado Ibarra, Felipe	1876-77	Clases de lenguas	Hombre
Casañez, Ramón	1876-77	Clases de lenguas	Hombre
Castiñeira Bolois, C.	1876-77	Clases de lenguas	Hombre
Castiñeira Cantarero, C.	1876-77	Clases de lenguas	Hombre
Cebrián Pló, Germán	1876-77	Clases de lenguas	Hombre
Cela Zarza, Ignacio A.	1877-78	Clases de lenguas	Hombre
Celsani Navasenes, M.	1877-78	Clases de lenguas	Hombre
Cervera Lahora, Rafael	1877-78	Clases de lenguas	Hombre
Cervera, Augusto	1877-78	Clases de lenguas	Hombre
Cifré de Colonia, Guillermo	1876-77	Clases de lenguas	Hombre
Cirajas Vecino, Laureano	1877-78	Clases de lenguas	Hombre
Coello, Carlos	1876-77	Clases de lenguas	Hombre
Colorado Martínez, V.	1876-77	Clases de lenguas	Hombre
Conde Pelayo, Juan J.	1876-77	Clases de lenguas	Hombre
Cordón, Pablo	1878-79	Clases de lenguas	Hombre
Corral Baranda, M.	1876-77	Clases de lenguas	Hombre
Corral Fernández, F.	1877-78	Clases de lenguas	Hombre
Cortés Bayona, E.	1876-77	Clases de lenguas	Hombre
Cotter Cortés, Balbino	1876-77	Clases de lenguas	Hombre
Cruz Romero, Mateo	1876-78	Clases de lenguas	Hombre
Cruz González, Juan	1877-78	Clases de lenguas	Hombre
Cuaranta, Luis	1877-78	Clases de lenguas	Hombre
Cuervo Flórez, Martín	1877-78	Clases de lenguas	Hombre
Cuervo Miguel, Isaac	1877-78	Clases de lenguas	Hombre
Cutiller Valenzuela, E.	1877-78	Clases de lenguas	Hombre
Dervit Tahengua, J.	1876-77	Clases de lenguas	Hombre
Díaz de los Arcos, Eugenio	1878-79	Clases de lenguas	Hombre
Díaz Escuza, Antonio	1876-77	Clases de lenguas	Hombre

Alumnado	Cursos	Estudios	Hombre/Mujer
Díaz Sánchez, José	1878-79	Clases de lenguas	Hombre
Díaz Seco, Manuel	1877-78	Clases de lenguas	Hombre
Díez Miguel, Vicente	1877-78	Clases de lenguas	Hombre
Díez Solorzano, Manuel	1876-77	Clases de lenguas	Hombre
Domingo Bazán, C.	1876-77	Clases de lenguas	Hombre
Dorda Rodríguez, Enrique	1877-78	Clases de lenguas	Hombre
Ducazcal, José	187778	Clases de lenguas	Hombre
Elizondo Odriozola, Ángel	1877-78	Clases de lenguas	Hombre
Erro Zuasti, Francisco	1877-78	Clases de lenguas	Hombre
Escosura Escosura, D.	1878-79, 80-81	Clases de lenguas	Hombre
España Gargollo, Carlos	1877-78	Clases de lenguas	Hombre
Esparza Shefr, Federico	1878-79	Clases de lenguas	Hombre
Estelrich i Perelló, Juan	1877-78	Clases de lenguas	Hombre
Exea Pozuelo, José de	1878-79	Clases de lenguas	Hombre
Fábregas Alcolea, R.	1876-77	Clases de lenguas	Hombre
Fernández Arrea, Alfredo	1878-79	Clases de lenguas	Hombre
Fernández Boada, S.	1878-79	Clases de lenguas	Hombre
Fernández de Córdoba, B.	1878-79	Clases de lenguas	Hombre
Flores Paz, Leopoldo	1876-77	Clases de lenguas	Hombre
Flórez Llamas, Germán	1876-77	Clases de lenguas	Hombre
Fontanay Esteve	1876-77	Clases de lenguas	Hombre
Fontela Carro, J.	1876-77	Clases de lenguas	Hombre
Fortuny Vila, José	1877-78	Clases de lenguas	Hombre
Fridrich Domec, C.	1876-77	Clases de lenguas	Hombre
Fuente Mondéjar, M.	1877-79	Clases de lenguas	Hombre
Furundarena López, M.	1877-78	Clases de lenguas	Hombre
G. de Azcárate Arquisa, Enrique	1877-78	Clases de lenguas	Hombre
G. de Azcárate Arquisa, Francisco	1877-78	Clases de lenguas	Hombre

Alumnado	Cursos	Estudios	Hombre/Mujer
Gaeta Cortés, José	1877-78	Clases de lenguas	Hombre
Galán Rivera, Antonio	1877-78	Clases de lenguas	Hombre
Galicia Galicia, Cándido	1877-78	Clases de lenguas	Hombre
Galván Octavio, L.	1877-78	Clases de lenguas	Hombre
Garay Lorenzo, Isidro	1877-79	Clases de lenguas	Hombre
García Boada, Félix	1878-79	Clases de lenguas	Hombre
García Ceñal, Enrique	1876-77	Clases de lenguas	Hombre
García de Guadiana, J.	1876-77	Clases de lenguas	Hombre
García del Busto, Federico	1878-79	Clases de lenguas	Hombre
García Delgado, José	1876-77	Clases de lenguas	Hombre
García Fernández, S.	1877-79	Clases de lenguas	Hombre
García Iñíguez Vélez, C.	1877-78	Clases de lenguas	Hombre
García Labagge, Luis T.	1877-79	Clases de lenguas	Hombre
García Lomas, Valentín	1876-77	Clases de lenguas	Hombre
García López, Anastasio	1876-77	Clases de lenguas	Hombre
García Martínez, José	1877-78	Clases de lenguas	Hombre
García Martino, Francisco.	1877-78	Clases de lenguas	Hombre
García Rendueles, Rufo	1876-77	Clases de lenguas	Hombre
García Rodríguez, M.	1877-78	Clases de lenguas	Hombre
García Sierra, Nicolás	1876-78	Clases de lenguas	Hombre
García Teresa, César	1877-78	Clases de lenguas	Hombre
García Vao, Martín	1876-77	Clases de lenguas	Hombre
García Vela, José	1877-78	Clases de lenguas	Hombre
Garnica, Ramón	1877-78	Clases de lenguas	Hombre
Gomá del Pino, Florencio	1878-81	Clases de lenguas	Hombre
Gomar, Antonio	1876-77	Clases de lenguas	Hombre
Gómez de la Granja, E.	1877-78	Clases de lenguas	Hombre
Gómez Llombar, Eduardo	1878-79	Clases de lenguas	Hombre
Gómez Moral, Julio	1878-79	Clases de lenguas	Hombre

Alumnado	Cursos	Estudios	Hombre/Mujer
Gómez Ortiz, Enrique	1876-77	Clases de lenguas	Hombre
Gómez Rodríguez, Carlos	1877-78	Clases de lenguas	Hombre
González Iribarren, A.	1876-77	Clases de lenguas	Hombre
González de la Oliva, F.	1876-77	Clases de lenguas	Hombre
González Entrerios, C.	1878-79	Clases de lenguas	Hombre
González Fuente, Santiago	1877-78	Clases de lenguas	Hombre
González Hidalgo, L. E.	1877-78	Clases de lenguas	Hombre
González Marañón, A.	1877-78	Clases de lenguas	Hombre
Gordon, Pablo	1877-78	Clases de lenguas	Hombre
Guardia, Ernesto de la	1877-78	Clases de lenguas	Hombre
Guerrero Torija, Ramón	1878-79	Clases de lenguas	Hombre
Gutiérrez Acedo, Ricardo	1878-79	Clases de lenguas	Hombre
Gutiérrez Chaume, Alfredo	1877-79	Clases de lenguas	Hombre
Gutiérrez Gamero, Emilio	1878-79	Clases de lenguas	Hombre
Guzmán González, Rafael	1878-79	Clases de lenguas	Hombre
Guzmán, Rafael	1877-78	Clases de lenguas	Hombre
Hermoso de Palacios, M.	1877-78	Clases de lenguas	Hombre
Hernández Fernández, A.	1877-78	Clases de lenguas	Hombre
Hernández Lázaro, E.	1878-79	Clases de lenguas	Hombre
Hernández Villarejo, R.	1876-77	Clases de lenguas	Hombre
Herranz Apaolaza, Francisco	1877-79	Clases de lenguas	Hombre
Horta, Miguel Félix	1876-77	Clases de lenguas	Hombre
Jareño Sanz, A.	1876-77	Clases de lenguas	Hombre
Jorro Rodríguez, D.	1877-78	Clases de lenguas	Hombre
Jorro Rodríguez, José	1877-78	Clases de lenguas	Hombre
La Corte, Pedro	1876-77	Clases de lenguas	Hombre
Labra, Alfredo	1877-78	Clases de lenguas	Hombre
Lacorte Vitales, Pedro	1877-78	Clases de lenguas	Hombre
Larondo Prieto, G.	1878-79	Clases de lenguas	Hombre

Alumnado	Cursos	Estudios	Hombre/Mujer
Lasarte Orejón, Carlos	1877-78	Clases de lenguas	Hombre
Ligero de la Mata, R.	1877-79	Clases de lenguas	Hombre
Ligero, Felipe	1877-78	Clases de lenguas	Hombre
Llavería, José	1876-77	Clases de lenguas	Hombre
Llopis Candela, Agustín	1877-78	Clases de lenguas	Hombre
Lobo Sánchez, Gregorio	1877-78	Clases de lenguas	Hombre
Loma Cediel, E. de la	1878-79	Clases de lenguas	Hombre
López Bercial, Eduardo	1876-77	Clases de lenguas	Hombre
López Costa, Ricardo	1877-78	Clases de lenguas	Hombre
López Coterilla, Ángel	1877-79	Clases de lenguas	Hombre
López Díez, Juan María	1876-77	Clases de lenguas	Hombre
López Figueredo, Rodolfo	1877-78	Clases de lenguas	Hombre
López Manguan, Rogelio	1878-79	Clases de lenguas	Hombre
López Santiso, Diego	1877-78	Clases de lenguas	Hombre
López, José María	1877-78	Clases de lenguas	Hombre
López, Melitino	1876-79	Clases de lenguas	Hombre
Luque Barbudo, R. de	1877-79	Clases de lenguas	Hombre
Luque Coca, Agustín	1876-77	Clases de lenguas	Hombre
Mantoses García, M.	1876-77	Clases de lenguas	Hombre
Manzano Vila, Augusto	1876-79	Clases de lenguas	Hombre
Marese Guardiola, Enrique	1877-78	Clases de lenguas	Hombre
Marín Almécija, José	1878-79	Clases de lenguas	Hombre
Mármol, Fabián del	1877-78	Clases de lenguas	Hombre
Martín Maestro, M.	1876-77	Clases de lenguas	Hombre
Martín Pereira, Domingo	1878-79	Clases de lenguas	Hombre
Martín Salazar, G.	1877-78	Clases de lenguas	Hombre
Martínez Cadrana, J.	1877-78	Clases de lenguas	Hombre
Martínez Fornos, José	1878-80	Clases de lenguas	Hombre
Martínez López, Tomás	1877-78	Clases de lenguas	Hombre

Alumnado	Cursos	Estudios	Hombre/Mujer
Martínez Palacios, P.	1876-77	Clases de lenguas	Hombre
Martínez Vaca, Raimundo	1877-78	Clases de lenguas	Hombre
Martínez, Alfredo	1876-77	Clases de lenguas	Hombre
Martínez, Tomás	1877-78	Clases de lenguas	Hombre
Marzán Gutiérrez, José	1877-78	Clases de lenguas	Hombre
Mas López, José	1877-78	Clases de lenguas	Hombre
Mas López, Rafael	1878-79	Clases de lenguas	Hombre
Mayo García-Conde, A.	1877-78	Clases de lenguas	Hombre
Mayorga García, A.	1877-78	Clases de lenguas	Hombre
Méndez Jaén, Pedro	1877-78	Clases de lenguas	Hombre
Mendizábal, Eusebio	1877-78	Clases de lenguas	Hombre
Menéndez García, B.	1877-78	Clases de lenguas	Hombre
Merino Fuster, Francisco	1878-79	Clases de lenguas	Hombre
Mesía Álvarez, Santiago	1877-78	Clases de lenguas	Hombre
Míguez Cubero, Federico	1877-78	Clases de lenguas	Hombre
Miquelerena, Pelayo	1876-77	Clases de lenguas	Hombre
Mir Palmer, Francisco	1877-78	Clases de lenguas	Hombre
Molina Ferrer, Francisco	1876-77	Clases de lenguas	Hombre
Monmenem, José	1877-78	Clases de lenguas	Hombre
Montejo Rico, Tomás	1877-78	Clases de lenguas	Hombre
Montero Villegas, Eugenio	1878-79	Clases de lenguas	Hombre
Mora Azcón, Eugenio	1876-77	Clases de lenguas	Hombre
Mora Azcón, José	1876-77	Clases de lenguas	Hombre
Morales del Valle, F.	1877-78	Clases de lenguas	Hombre
Morales Durán, Ramón	1877-78	Clases de lenguas	Hombre
Morales Fernández, C.	1877-78	Clases de lenguas	Hombre
Moreno Pineda, José	1877-79	Clases de lenguas	Hombre
Moreno Ramírez, A.	1878-79	Clases de lenguas	Hombre
Moreno Rodríguez, F.	1877-78	Clases de lenguas	Hombre

Alumnado	Cursos	Estudios	Hombre/Mujer
Moreno Zanendo, Eduardo	1877-78	Clases de lenguas	Hombre
Moreno, Eduardo	1876-77	Clases de lenguas	Hombre
Muntañola, Pedro	1877-79	Clases de lenguas	Hombre
Muñoz Baena, Joaquín	1876-77	Clases de lenguas	Hombre
Náveda Campo, S.	1876-77	Clases de lenguas	Hombre
Nueda Mora, Alfredo	1877-78	Clases de lenguas	Hombre
Nuevo Mestre, José	1877-78	Clases de lenguas	Hombre
Nuevo Mestre, L.	1877-78	Clases de lenguas	Hombre
Núñez Martínez, M.	1877-78	Clases de lenguas	Hombre
Olaiz Gutiérrez, José	1876-77	Clases de lenguas	Hombre
Olive Lafuente, Luis de	1878-79	Clases de lenguas	Hombre
Oliver de las Heras, F.	1876-77	Clases de lenguas	Hombre
Oltra Torrente, F.	1877-78	Clases de lenguas	Hombre
Ormaechea y Llorente, M.	1877-79	Clases de lenguas	Hombre
Orodea Basea, Miguel	1877-78	Clases de lenguas	Hombre
Ortega Mayer, Cayo	1877-78	Clases de lenguas	Hombre
Ortiz de Pinedo, Adelardo	1877-78	Clases de lenguas	Hombre
Ortiz Rodas, Enrique	1877-78	Clases de lenguas	Hombre
Ortiz Tiemblo, Manuel.	1877-78	Clases de lenguas	Hombre
Osuna, Manuel	1877-78	Clases de lenguas	Hombre
O'Termin, Emilio	1877-79	Clases de lenguas	Hombre
Padial Rodríguez, Juan	1877-78	Clases de lenguas	Hombre
Pallares Colmenar, F.	1877-78	Clases de lenguas	Hombre
Palomar Jiménez, J.	1876-77	Clases de lenguas	Hombre
Páramo Barranco, Ángel	1877-78	Clases de lenguas	Hombre
Paredes Rodríguez, José	1877-78	Clases de lenguas	Hombre
Parra Gómez, Antonio	1878-79	Clases de lenguas	Hombre
Parra Tejada, Antonio	1877-79	Clases de lenguas	Hombre
Parra Tejada, Enrique	1877-78	Clases de lenguas	Hombre

Alumnado	Cursos	Estudios	Hombre/Mujer
Pedroso Martín, T.	1877-78	Clases de lenguas	Hombre
Pellegero, Vicente	1876-77	Clases de lenguas	Hombre
Peña Braña, Luis	1878-79	Clases de lenguas	Hombre
Peón González, Primitivo	1878-79	Clases de lenguas	Hombre
Perales Ramos, Vicente	1877-79	Clases de lenguas	Hombre
Pérez Álvarez, Ángel	1876-77	Clases de lenguas	Hombre
Pérez Brunete, Balbino	1877-78	Clases de lenguas	Hombre
Pérez Brunete, Luis	1878-79	Clases de lenguas	Hombre
Pérez Carmena, Isidro	1876-77	Clases de lenguas	Hombre
Pérez de la Sala, Alejandro	1877-78	Clases de lenguas	Hombre
Pérez de Rozas, Joaquín	1878-79	Clases de lenguas	Hombre
Pérez Fariña, Francisco	1876-77	Clases de lenguas	Hombre
Pérez García, José	1877-78	Clases de lenguas	Hombre
Pérez García, Juan	1878-79	Clases de lenguas	Hombre
Pérez Goffour, Carlos	1977-78	Clases de lenguas	Hombre
Pérez Maeso, José	1877-78	Clases de lenguas	Hombre
Pérez Nisarre, Andrés	1876-77	Clases de lenguas	Hombre
Pérez Picaza, Juan	1878-79	Clases de lenguas	Hombre
Pérez Valluerca, Julio	1878-79	Clases de lenguas	Hombre
Pérez, Ángel	1877-78	Clases de lenguas	Hombre
Perier Megía, Valeriano	1877-79	Clases de lenguas	Hombre
Peris Fuentes, Ernesto	1878-79	Clases de lenguas	Hombre
Picazo, Leopoldo	1877-78	Clases de lenguas	Hombre
Piera Ballester, Antonio	1878-79	Clases de lenguas	Hombre
Plana Dorca, José	1878-79	Clases de lenguas	Hombre
Platero Bover, Vicente	1877-79	Clases de lenguas	Hombre
Ponsol Zavala, V.	1876-77	Clases de lenguas	Hombre
Portillo, Ángel del	1876-77	Clases de lenguas	Hombre
Posada Biesca, Adolfo	1878-79	Clases de lenguas	Hombre

Alumnado	Cursos	Estudios	Hombre/Mujer
Poveda Gómez, Diego	1876-79	Clases de lenguas	Hombre
Prieto Carreño, José	1877-78	Clases de lenguas	Hombre
Prieto Fernández, Vicente	1877-78	Clases de lenguas	Hombre
Ramón Llamazares, A.	1878-79	Clases de lenguas	Hombre
Regidor Jurado, Manuel	1877-78	Clases de lenguas	Hombre
Regúlez, Hernán	1876-77	Clases de lenguas	Hombre
Reus Bahamonde, E.	1877-78	Clases de lenguas	Hombre
Rey Abalo Abelardo	1877-78	Clases de lenguas	Hombre
Rey Colaço, Alejandro	1876-77	Clases de lenguas	Hombre
Riego Álvarez, J.	1876-77	Clases de lenguas	Hombre
Rivas Fernández, G. de	1877-78	Clases de lenguas	Hombre
Rivas, José Manuel de	1877-78	Clases de lenguas	Hombre
Rivas, Magín Joaquín	1877-78	Clases de lenguas	Hombre
Rodero Romero, Gustavo	1877-78	Clases de lenguas	Hombre
Rodríguez Abaitúa, E.	1876-77	Clases de lenguas	Hombre
Rodríguez Carracciolo, E.	1877-78	Clases de lenguas	Hombre
Rodríguez del Valle, S.	1876-77	Clases de lenguas	Hombre
Rodríguez Ferrer, Miguel	1877-78	Clases de lenguas	Hombre
Rodríguez Pinilla, H.	1876-77	Clases de lenguas	Hombre
Romero Herraiz, Ginés	1877-78	Clases de lenguas	Hombre
Romillo Merlo, Emilio	1877-78	Clases de lenguas	Hombre
Royán Celda, Sixto	1877-78	Clases de lenguas	Hombre
Rubio Álvarez, Juan M.	1876-77	Clases de lenguas	Hombre
Rubio Muñoz, Gonzalo	1877-78	Clases de lenguas	Hombre
Rueda Rodríguez, M.	1876-77	Clases de lenguas	Hombre
Ruiz Crespo, Ramón	1876-77	Clases de lenguas	Hombre
Ruiz de Algar, José	1876-77	Clases de lenguas	Hombre
Ruiz de Galarreta, Pablo	1877-78	Clases de lenguas	Hombre
Ruiz de Quevedo, Ángel	1876-77	Clases de lenguas	Hombre

Alumnado	Cursos	Estudios	Hombre/Mujer
Ruiz de Quevedo, Julián	1876-77	Clases de lenguas	Hombre
Ruiz Pérez, Gustavo	1878-79	Clases de lenguas	Hombre
Sagañoles, Francisco	1877-78	Clases de lenguas	Hombre
Sainz Romillo, Santiago	1877-78	Clases de lenguas	Hombre
Sales, Luis	1876-77	Clases de lenguas	Hombre
Sama Arrobas, Mamerto	1878-79	Clases de lenguas	Hombre
Sama y Pérez, Valentín	1877-78	Clases de lenguas	Hombre
Sama, Juan Demetrio	1877-78	Clases de lenguas	Hombre
Sánchez Garrido, G.	1876-77	Clases de lenguas	Hombre
Sánchez González, B.	1878-79	Clases de lenguas	Hombre
Sánchez González, José	1877-78	Clases de lenguas	Hombre
Sánchez Gutiérrez, A.	1877-78	Clases de lenguas	Hombre
Sánchez Ortiz, Gerardo	1877-78	Clases de lenguas	Hombre
Sánchez Rejano, F.	1876-77	Clases de lenguas	Hombre
Santa Cruz, Agustín	1876-77	Clases de lenguas	Hombre
Selser Casanova, H.	1877-78	Clases de lenguas	Hombre
Sendín García Hidalgo, J.	1877-78	Clases de lenguas	Hombre
Sendras Burín, Eduardo	1877-78	Clases de lenguas	Hombre
Serra Font, Francisco	1876-77	Clases de lenguas	Hombre
Shaw Nation, Ernesto	1877-78	Clases de lenguas	Hombre
Sierra, Fernando de la	1876-77	Clases de lenguas	Hombre
Simón Pérez, Valeriano	1877-78	Clases de lenguas	Hombre
Solares Ruiz, Manuel	1876-77	Clases de lenguas	Hombre
Somalo Trúpica, M.	1878-79	Clases de lenguas	Hombre
Sonier Puerta, Antonio	1877-78	Clases de lenguas	Hombre
Soulier Sanabria, F.	1876-77	Clases de lenguas	Hombre
Suárez Sánchez, Julián	1877-79	Clases de lenguas	Hombre
Talero, Juan	1877-79	Clases de lenguas	Hombre
Tamariz Castilla, M.	1877-78	Clases de lenguas	Hombre

Alumnado	Cursos	Estudios	Hombre/Mujer
Taracena, Luis	1877-78	Clases de lenguas	Hombre
Toledano González, R.	1877-78	Clases de lenguas	Hombre
Tolosa Latour, Manuel	1877-79	Clases de lenguas	Hombre
Torre Bartolomé, A.	1876-77	Clases de lenguas	Hombre
Torres Campos, Rafael	1877-78	Clases de lenguas	Hombre
Torres, Fernando de	1876-77	Clases de lenguas	Hombre
Torres, Juan	1876-77	Clases de lenguas	Hombre
Torres Hortal, S.	1876-77	Clases de lenguas	Hombre
Torroba, Silvestre	1877-79	Clases de lenguas	Hombre
Tovar Mascoleta, Antonio	1877-78	Clases de lenguas	Hombre
Ugarte González, A.	1877-78	Clases de lenguas	Hombre
Ureña Pastor, Medardo	1877-78	Clases de lenguas	Hombre
Ureña, Justo	1877-78	Clases de lenguas	Hombre
Urzaiz Cuesta, Ángel	1876-77	Clases de lenguas	Hombre
Vega Huecas, León	1876-78	Clases de lenguas	Hombre
Vela Lustó, Joaquín	1877-78	Clases de lenguas	Hombre
Vicente Omaña, Rafael	1877-78	Clases de lenguas	Hombre
Vida, Jerónimo	1877-78	Clases de lenguas	Hombre
Viéitez Penedo, Ignacio	1877-78	Clases de lenguas	Hombre
Villana Martínez, José	1877-78	Clases de lenguas	Hombre
Villar Arce, Ricardo	1876-77	Clases de lenguas	Hombre
Villar Sepulcre, Pedro	1876-77	Clases de lenguas	Hombre
Vicent, Pascual	1876-77	Clases de lenguas	Hombre
Zulueta, José	1876-77	Clases de lenguas	Hombre
Zumelzu de Aja, José	1876-77	Clases de lenguas	Hombre

Elaboración propia. FUENTE: *BILE*, VII (1883) y VIII (1884)
No consta tipo de lengua.

Entre los alumnos de las clases de lenguas encontramos nombres tan identificados con la ILE como Manuel Bartolomé Cossío, que en 1877 tiene 20 años y es un joven licenciado en Filosofía y Letras abatido por las pérdidas familiares, que encontrará en la Institución y en Giner el sentido de su vida. Es la época de "formación" de Cossío, que continúa con su estancia en el Colegio de San Clemente de Bolonia, donde antes había estado Hermenegildo Giner, y lo prepara para asumir la dirección de un nuevo y ambicioso proyecto, el Museo Pedagógico de Primera Enseñanza, luego Museo Pedagógico Nacional, a partir de 1883. Destacado es también, además de amigo de Cossío, Guillermo Cifré de Colonia, natural de Pollensa (Mallorca), licenciado en Derecho y afín a la Institución desde los inicios, que en 1879 funda la Institución de Enseñanza de Pollensa, en la que defiende la coeducación y una enseñanza laica y en contacto con el medio (Salas Vives 1999).

Otra figura próxima desde los inicios a Giner es Germán Flórez Llamas, hijo del acaudalado abogado leonés Pablo Flórez Herques y posteriormente miembro muy activo de la Fundación Sierra-Pambley, de inspiración institucionista y creada en Villablino (León) por don Francisco Fernández Blanco de Sierra-Pambley. Germán Flórez fue, como Cossío, a estudiar al Colegio San Clemente de Bolonia, por consejo de Giner. El hermano de Germán, Justino Flórez Llamas, fue arquitecto en diversos destinos, uno de los primeros Pontevedra, donde firmó el proyecto del Teatro Principal y en Vigo, donde realiza los planos de las escuelas del centro y de la cárcel y donde nace su hijo Antonio Flórez Urdapilleta, también arquitecto, que sistematizó los proyectos de construcciones escolares y firmó los planos de la Residencia de Estudiantes de Madrid.

Alejandro Rey Colaço, tangerino de origen portugués, se aproximó a la ILE cuando estudiaba Piano en el Conservatorio de Madrid. Amplió posteriormente estudios musicales en París y Berlín. Destacado pianista, fue profesor del infante don Manuel, el último rey de Portugal. Sus hijas Jeanne y Alice fueron destacadas pianistas, mientras que a Amelia se la considera la figura más destacada del teatro portugués del siglo XX. Hemos constatado la relación de Amelia con María de Maeztu y la Residencia de Señoritas de Madrid en los años 20.

Relacionado con la familia Rey Colaço por parte materna estaba el vasco Buenaventura Barcáiztegui Órfila (1854-1904), que estudió Derecho en Madrid, autor de un *Estudio teórico-práctico del concepto de culpabilidad* (1894), promotor fiscal de Estella y juez en diferentes destinos.

El mallorquín Juan Luis Estelrich i Perelló (1856-1923) frecuentó la Institución cuando estudiaba Derecho en Madrid. De temprana vocación literaria, publicó poemarios e investigó a los poetas italianos y a los líricos alemanes: tradujo *Los dos amigos* y *Poesías líricas* de Schiller. Colaboró en prensa (Última Hora, El Heraldo de Madrid, etc.) La muerte de sus dos hijos mayores lo alejó del Derecho y lo impulsó a dedicarse a su verdadera vocación, la literatura. Fue catedrático de Literatura en los Institutos de Soria, Cádiz y Palma de Mallorca. Su asistencia a las clases de Lenguas de la ILE se explica por su inclinación literaria y posterior dedicación parcial a la traducción de autores italianos y alemanes (Rucio Zamorano).

Muchos de los alumnos de las clases de Lenguas, como se puede ver, cursaban también estudios de segunda enseñanza en la Institución y ya hemos dado noticia de ellos en el capítulo anterior. Otros se matricularon en las clases de Lenguas al terminar sus carreras universitarias o artísticas, con el fin, en el caso de los discípulos directos de Giner, de ampliar estudios en el extranjero, o para adquirir conocimientos útiles de cara a futuras ocupaciones profesionales.

José y Daniel Jorro Rodríguez eran hijos del librero madrileño Juan Jorro. Herederos del negocio de su padre, sito en la calle de la Paz, a partir de 1903 Daniel Jorro lo amplió a editorial, dedicada fundamentalmente a la publicación de textos científicos extranjeros traducidos al español. Se centró sobre todo en la psicología, llegando a publicar más de doscientos títulos. Los hermanos Jorro Rodríguez eran primos de Ángel do Rego Rodríguez, discípulo de segunda generación de Giner. Como indica Quintana Fernández (1997: 308)

> *El verdadero alcance de la relación entre Daniel Jorro y los institucionistas puede ser establecido a partir de la consideración de los traductores de su editorial. La sola referencia a la participación de una docena de traductores que fueron discípulos destacados de Giner de los Ríos (Posada, Ontañón y Rubio, o Besteiro, Blanco Suárez, do Rego, Navarro Flores, Barnés o Luzuriaga) sería argumento suficiente para inferir la profundidad de aquella relación.*

El ovetense Adolfo González-Posada y Biesca (1860-1940) cursa el doctorado de Derecho en Madrid, donde recibe la influencia directa de Giner al asistir al curso de Derecho Político impartido en la ILE. Catedrático de Derecho político y administrativo en la Universidad de Oviedo, formó parte de lo que se denominó la "trípode pedagógica" ovetense, junto a Adolfo Buylla y Aniceto Sela. Tras visitar Inglaterra en 1886 con Giner, Cossío, Buylla y otros, impulsó la Extensión Universitaria de Oviedo, de amplias repercusiones. A partir de 1910 fue catedrático de Derecho Municipal comparado en la Universidad Central. Presidió el Instituto Nacional de Previsión y, a la muerte de Cossío en 1935, lo sucedió como rector de la ILE. Dejó una muy extensa obra escrita (con títulos como *Principios de Derecho Político, Feminismo, Breve historia del krausismo español...*) y una pléyade de notables discípulos. Lamentablemente, su archivo personal fue quemado durante la guerra, en el incendio intencionado de su casa de Madrid. Representa, como Cossío, Flórez Llamas, Cifré, la plasmación del institucionismo ginerariano (González-Trevijano).

Los hermanos Ángel y Julián Ruiz de Quevedo eran sobrinos de Manuel Ruiz de Quevedo, regente de la Asociación para la Enseñanza de la Mujer y muy próximo a Giner. Por tanto, su asistencia a clases en la ILE es obligada.

Destacable es la presencia del almeriense Rafael Torres Campos (1853-1904). Junto con su hermano Manuel, toma contacto con el krausismo durante el Sexenio revolucionario, en las clases de Fernando de Castro y Giner. Influido por la nueva concepción del mundo de la filosofía krausista, se centrará en la renovación de los estudios geográficos y en el impulso del contacto con el medio. Colaboró en la Asociación para la Enseñanza de la Mujer, junto a Ruiz de Quevedo, y luego en la ILE, donde actuó como secretario y organizó las excursiones escolares. Ocupó la primera cátedra de Geografía del Ateneo de Madrid.

Ángel Urzaiz Cuesta (1856-1926), licenciado en Derecho y colaborador en prensa (*El Imparcial, El Debate*) se dedica a la política a partir de 1881, ligando su vida a Galicia (había nacido en El Puerto de Santa María, Cádiz). En 1883 se casó con Adela Cadaval Muñoz, señora del Pazo de Cadaval de Nigrán (Pontevedra). En las filas del Partido Liberal fue diputado por Vigo y Lalín en varias ocasiones y senador vitalicio a partir de 1922. Ministro de Hacienda con Sagasta, Montero Ríos y Romanones. El 1908 fundó el periódico *La Voz de Vigo*. Una céntrica calle de Vigo lleva su nombre, al igual que una de las dos estaciones de tren de la ciudad.

De linaje gallego y con raíces políticas era también Ignacio Viéitez Penedo, hijo de Ignacio Viéitez Tapia, diputado por el distrito de Ponteareas y senador por las provincias de Ourense y Pontevedra.

El cántabro José Zumelzu de Aja, licenciado en Derecho, juez municipal, fue alcalde de Santander en la última década del siglo XIX.

Los alumnos de las clases de Lenguas, como vemos, se preparan para viajar al extranjero a ampliar estudios (caso de Cossío), para traducir libros, para tareas editoriales o para la política de alto nivel. Muchos de ellos estaban matriculados en otros estudios que ofrecía la Institución, sobre todo en los de segunda enseñanza, pero también eran licenciados y seguían cursos de especialización y ampliación, o quienes deseaban dedicarse a actividades mercantiles en una época de agilidad de intercambios con otros países.

4.2. Estudios preparatorios para las Facultades de Derecho y Filosofía y Letras, Medicina y Farmacia

El BILE[87] precisa estos estudios que venían siguiendo los alumnos:

Preparatorio de Derecho y Letras
Principios generales de Literatura y Literatura española
Historia universal
Literatura latina

Preparatorio de Medicina y Farmacia
Física
Química
Historia natural

4.2.1. Estudios preparatorios para las Facultades de Derecho y Filosofía y Letras

Para el preparatorio de Derecho y Filosofía y Letras, los alumnos matriculados en el primer curso de 1876-77, según Cacho Viu[88] fueron 10, que vienen a coincidir prácticamente con los contabilizados por nosotros. Es frecuente que los alumnos se matriculasen en segunda enseñanza y a la vez en los cursos preparatorios o incluso en la Escuela de Derecho, en gran manera debido a que, según los Estatutos, los accionistas o las personas que designasen, gozaban de esa ventaja[89]. Pero esa pluralidad de matrículas era debida también porque bastantes estudiantes que habían sido discípulos de los profesores separados se inscribieron en la Institución para continuar sus estudios universitarios o su formación, incluso después de licenciarse en otras carreras.

Entre el profesorado figuran Alfredo Calderón (Historia Universal), Antonio Atienza (Principios generales de Literatura e Historia de la Literatura Española), Juan Quirós de los Ríos (Literatura Latina) o algún otro que incorporamos al apartado siguiente de Medicina y Farmacia.

---

87 Sección Oficial. *BILE*, VII (1883), p. 368.
88 Cacho Viu (1962). *Op. cit.*, p. 426.
89 Estatutos de la Institución Libre de Enseñanza, I. De la Asociación, cap. 4º.

Los alumnos acudieron a estas clases principalmente durante este primer curso de funcionamiento, figurando alguno en el curso siguiente. Su relación nominal consta en la Cuadro 6. Uno de los alumnos más asiduos fue José María Pieltain Bartolí, hijo del general Pieltain[90]. Tanto en estos estudios como en los siguientes de la Escuela de Derecho, Jiménez Landi (1996, t. II: 131-32) cita, por su cercanía, a Guillermo Cifré de Colonia, Ricardo y Juan Manuel Rubio Álvarez de Linera; Ángel y Julián Ruiz de Quevedo, Germán Flórez Llamas, Rafael Torres Campos, Vicente Innerárity Bausá, Manuel Poley, Ilirio Guimerá, Manuel B. Cossío y al eminente pianista portugués Alejandro Rey Colaço. Algunos ya eran doctores y daban clases en la Institución. Aparece uno joven que "llegaría a ser ilustre": el gallego José Rodríguez Carracido, matriculado también en Preparatorio de Medicina y Farmacia, junto con Rafael Torres Campos.

Prácticamente todos ellos estaban inscritos en la segunda enseñanza y/o en las clases de Lenguas, salvo el cubano Vicente Innerárity Bausá (1850-1898), fundador del diario *El Noroeste* y del Centro Republicano de Gijón, cuya hermana, Emilia, se casó con Gumersindo de Azcárate; y el gallego José Rodríguez Carracido (1856-1928), en esa época farmacéutico militar en Madrid, que será catedrático de química orgánica desde 1881 en la Universidad Central, luego de química biológica y rector de la misma Universidad.

Tabla 3

INSTITUCIÓN LIBRE DE ENSEÑANZA
PREPARATORIO DE DERECHO Y FILOSOFÌA Y LETRAS
ALUMNADO. ANÁLISIS CUANTITATIVO
1876-1878

1876-77	1877-78
11	3

Elaboración propia. FUENTE: *BILE*, VII (1883) y VIII (1884)

[90] Cacho Viu (1962). *Op. cit*, p. 433. En el *BILE* VIII (1884), p. 16, figuran citados en estos cursos José María Pieltain y Faustino de Eguivar.

Cuadro 6
INSTITUCIÓN LIBRE DE ENSEÑANZA
CLASES DE PREPARATORIO DE DERECHO Y FILOSOFÍA Y LETRAS
ALUMNADO. RELACIÓN NOMINAL (1876-1878[91])

Alumnado	Cursos	Estudios	Hombr/Muj.
Arizmendi, Ezequiel	1876-77	Prep. de Dcho. y Fía. y Letras	Hombre
Dubois, Eduardo	1877-78	Prep. de Dcho. y Fía. y Letras	Hombre
Eguivar, Faustino de	1877-78	Prep. de Dcho. y Fía. y Letras	Hombre
Fajardo Guardiola, F.	1876-77	Prep. de Dcho. y Fía. y Letras	Hombre
García de Guadiana, J.	1876-77	Prep. de Dcho. y Fía. y Letras	Hombre
Gil Gil, Gumersindo	1876-77	Prep. de Dcho. y Fía. y Letras	Hombre
Köhler Schon, F.	1876-77	Prep. de Dcho. y Fía. y Letras	Hombre
Martín Almécija, Ramón	1876-77	Prep. de Dcho. y Fía. y Letras	Hombre
Martínez Cepeda, A.	1876-77	Prep. de Dcho. y Fía. y Letras	Hombre
Mesía Álvarez, A.	1876-77	Prep. de Dcho. y Fía. y Letras	Hombre
Pérez López, Federico	1876-77	Prep. de Dcho. y Fía. y Letras	Hombre
Pieltain Bartolí, José María	1877-78	Prep. de Dcho. y Fía. y Letras	Hombre
Salmerón García, F.	1876-77	Prep. de Dcho. y Fía. y Letras	Hombre
Torromé, Francisco	1876-77	Prep. de Dcho. y Fía. y Letras	Hombre

Elaboración propia. FUENTE: *BILE*, VII (1883) y VIII (1884)

4.2.2. Estudios preparatorios para Medicina y Farmacia

Mientras el preparatorio de Derecho y Filosofía y Letras se impartió el primer año, el preparatorio de Medicina y Farmacia se mantuvo el año siguiente (Tabla 4). Aun así, señala Cacho Viu (1962: 433) que la asistencia fue muy irregular, manteniéndose a partir de febrero sólo las clases de Física experimental y Química. Junto con los localizados en el preparatorio anterior, entre el profesorado figuran Luis Simarro (Física Experimental), Francisco Quiroga (Química inorgánica y orgánica); Augusto González de

[91] Sólo hemos localizado alumnado para los cursos 1876-77 (11 alumnos) y alguno para el siguiente 1877-78 (3)

Linares (Geología y Mineralogía, con inclusión de la Cristalografía; Botánica general y especial) y Salvador Calderón (Zoología, incluyendo la Anatomía y la Fisiología comparadas).

Tabla 4
INSTITUCIÓN LIBRE DE ENSEÑANZA
PREPARATORIO DE MEDICINA Y FARMACIA
ALUMNADO. ANÁLISIS CUANTITATIVO
1876-1878

1876-77	**1877-78**
19	18

Elaboración propia. FUENTE: *BILE*, VII (1883) y VIII (1884)

Cuadro 7
INSTITUCIÓN LIBRE DE ENSEÑANZA
CLASES DE PREPARATORIO DE MEDICINA Y FARMACIA
ALUMNADO. RELACIÓN NOMINAL (1876-1878[92])

Alumnado	Cursos	Estudios	Hombr/Muj.
Arnaud Orge, L	1877-78	Prep. de Medicina y Farmacia	Hombre
Ávila Rodríguez, Tarsicio	1877-78	Prep. de Medicina y Farmacia	Hombre
Bona Cortezo, Juan	1877-78	Prep. de Medicina y Farmacia	Hombre
Caro Lázaro, José	1876-77	Prep. de Medicina y Farmacia	Hombre
Casado Ibarra, C.	1876-77	Prep. de Medicina y Farmacia	Hombre
Cerrato Villegas, C.	1877-78	Prep. de Medicina y Farmacia	Hombre
Cossío Gómez, R.	1876-77	Prep. de Medicina y Farmacia	Hombre
Fajardo Guardiola, f.	1876-77	Prep. de Medicina y Farmacia	Hombre
Fontenla y Carro, J.	1876-77	Prep. de Medicina y Farmacia	Hombre
G. de Azcárate Arquisa, Enrique	1877-78	Prep. de Medicina y Farmacia	Hombre
Galán Rivera, Antonio	1877-78	Prep. de Medicina y Farmacia	Hombre
Gallardo de las Heras, V.	1876-77	Prep. de Medicina y Farmacia	Hombre
García Íñiguez Vélez, C.	1877-78	Prep. de Medicina y Farmacia	Hombre

92 Sólo hemos localizado alumnado para los cursos 1876-77 y 1877-78

Alumnado	Cursos	Estudios	Hombr/Muj.
García Martínez, José	1877-78	Prep. de Medicina y Farmacia	Hombre
García Rendueles, Rufo	1877-78	Prep. de Medicina y Farmacia	Hombre
Guardia, Ernesto de la	1877-78	Prep. de Medicina y Farmacia	Hombre
Guimerá Álvarez, I.	1876-77	Prep. de Medicina y Farmacia	Hombre
Guiraó, Luis Felipe	1877-78	Prep. de Medicina y Farmacia	Hombre
Innerárity Bausá, Vicente	1876-77	Prep. de Medicina y Farmacia	Hombre
Irisarri Arregui, Félix	1876-77	Prep. de Medicina y Farmacia	Hombre
Laviada Aldabalde, Isaac	1876-77	Prep. de Medicina y Farmacia	Hombre
Llopis Candela, Agustín	1877-78	Prep. de Medicina y Farmacia	Hombre
López Rodríguez, Senén	1876-77	Prep. de Medicina y Farmacia	Hombre
Maher Meca, Manuel	1877-78	Prep. de Medicina y Farmacia	Hombre
Maudes Rodríguez, B.	1876-77	Prep. de Medicina y Farmacia	Hombre
Méndez Jaén, Pedro	1877-78	Prep. de Medicina y Farmacia	Hombre
Moreno, Manuel	1876-77	Prep. de Medicina y Farmacia	Hombre
Peón González, Primitivo	1877-78	Prep. de Medicina y Farmacia	Hombre
Pérez García, Juan	1877-78	Prep. de Medicina y Farmacia	Hombre
Pinto Aguado, M. de	1876-77	Prep. de Medicina y Farmacia	Hombre
Poley Poley, Eugenio	1876-77	Prep. de Medicina y Farmacia	Hombre
Rodríguez Carracido, José	1876-77	Prep. de Medicina y Farmacia	Hombre
Ruiz Pons, Ernesto F.	1876-77	Prep. de Medicina y Farmacia	Hombre
San Miguel Diube, M.	1876.77	Prep. de Medicina y Farmacia	Hombre
Torres Campos, Rafael	1876-77	Prep. de Medicina y Farmacia	Hombre
Uña Puerta, Francisco	1877-78	Prep. de Medicina y Farmacia	Hombre
Vallejo, Juan	1877-78	Prep. de Medicina y Farmacia	Hombre

Elaboración propia. FUENTE: *BILE*, VII (1883) y VIII (1884)

De algunos conocidos alumnos hemos dado noticia en apartados anteriores (segunda enseñanza, Lenguas, preparatorio de Derecho). Otros siguieron carreras notables, como el ingeniero de ferrocarriles Juan Eloy de Bona Cortezo, de una familia de ingenieros ferroviarios, que en 1883 publicó el libro *Aventuras de un ingeniero novel.* El murciano Luis Felipe Guirao Girada (1848-1921) era hijo del naturalista Ángel Guirao; afiliado al Partido Liberal-conservador, fue diputado por Madrid y senador por la Sociedad Económica Matritense hasta su muerte, si bien destacó en el campo de la fotografía, investigó con la esteroscopia y captó innumerables testimonios de la vida de la época, en Madrid, en Beniaján, su pueblo natal, y en diversos lugares de Europa, llegando incluso a Rusia. Los fondos de Guirao Girada, aunque en parte se perdieron durante la guerra civil, constituyen un valiosísimo testimonio de la vida de su tiempo.

Isaac Laviada Aldabalde pertenecía a una próspera familia de Gijón, propietaria de la fundición Laviada y Compañía. Con inquietudes intelectuales, redactor de *El Comerio* de Gijón, falleció prematuramente en 1880, poco después de frecuentar la Institución.

4.3. Escuela de Derecho

El BILE[93] precisa las enseñanzas para estos estudios:

Escuela de Derecho
Prolegómenos del Derecho
Primer curso de Derecho romano
Segundo curso de ídem ídem
Economía política
Derecho administrativo
Derecho político
Derecho mercantil
Derecho penal
Procedimientos
Práctica forense
Elementos de Derecho civil
Ampliación de Derecho civil
Disciplina eclesiástica

En la Escuela de Derecho aparece una buena pléyade de profesores, si bien el resultado "no fue bueno": Jacinto Messía (Prolegómenos o Enciclopedia de Derecho; Historia interna del Derecho romano; Procedimientos judiciales); Manuel Poley (Instituciones de Justiniano; Derecho Mercantil); Juan Uña (Historia del Derecho civil español); Rafael María de Labra (Elementos del Derecho civil español); Laureano Figuerola (Economía y Estadística; Derecho Administrativo); Francisco Giner (Derecho político); Manuel Ruiz de Quevedo (Derecho penal y sistemas penitenciarios); Eduardo Soler Pérez

---

93 Sección Oficial. *BILE*, VII (1883), p. 368.

(Derecho canónico; Disciplina eclesiástica; Práctica forense) y Bienvenido Oliver (Ampliación del Derecho civil foral; Práctica forense); Gumersindo de Azcárate (Ampliación del Derecho civil), fue el que llegó a reunir más alumnos. Algunos de ellos estaban también en el Doctorado.

Tabla 5
INSTITUCIÓN LIBRE DE ENSEÑANZA
ESCUELA DE DERECHO
ALUMNADO. ANÁLISIS CUANTITATIVO
1876-1878

1876-77	**1877-78**
37	24

Elaboración propia. FUENTE: *BILE*, VII (1883) y VIII (1884)

Cuadro 8
INSTITUCIÓN LIBRE DE ENSEÑANZA
ESCUELA DE DERECHO
ALUMNADO. RELACIÓN NOMINAL (1876-1878[94])

Alumnado	**Cursos**	**Estudios**	**Hombr/Muj.**
Arango Castrilló, A.	1876-77	Escuela de Derecho	Hombre
Arango Castrilló, Jesús	1876-77	Escuela de Derecho	Hombre
Ariza Hidalgo, Joaquín	1876-77	Escuela de Derecho	Hombre
Arizmendi, Ezequiel	1876-77	Escuela de Derecho	Hombre
Barcáiztegui Orfila, Ventura	1877-78	Escuela de Derecho	Hombre
Bartolomé Cossío, Manuel	1876-77	Escuela de Derecho	Hombre
Borrajo Herrera, P.	1876-77	Escuela de Derecho	Hombre
Castañeda Triana, E.	1876-77	Escuela de Derecho	Hombre
Castelló Calvo, E.	1876-77	Escuela de Derecho	Hombre
Cifré de Colonia, Guillermo	1876-77	Escuela de Derecho	Hombre
Corrales Sánchez, E.	1876-77	Escuela de Derecho	Hombre
Fajardo Guardiola, F.	1876-77	Escuela de Derecho	Hombre
Fernández de Castro, R.	1876-77	Escuela de Derecho	Hombre
Fernández Sánchez, Ángel	1877-78	Escuela de Derecho	Hombre

94 Sólo hemos localizado alumnado para los cursos 1876-77 y 1877-78. Cacho Viu (pp. 433-434) apunta un número bastante inferior para el curso 1877-78. Nosotros nos hemos limitado a recoger los que figuran en el Boletín. Puede que se matricularan y después no asistieran.

Alumnado	Cursos	Estudios	Hombr/Muj.
Fernández Villaverde, P.	1877-78	Escuela de Derecho	Hombre
Flórez Llamas, Germán	1876-77	Escuela de Derecho	Hombre
García de Guadiana, J.	1876-77	Escuela de Derecho	Hombre
García Díaz, Eduardo	1876-77	Escuela de Derecho	Hombre
García Iñíguez Vélez, C.	1877-78	Escuela de Derecho	Hombre
García López, José	1876-77	Escuela de Derecho	Hombre
García Martínez, José	1877-78	Escuela de Derecho	Hombre
García Soto, Pedro	1876-77	Escuela de Derecho	Hombre
Gil Gil, Gumersindo	1876-77	Escuela de Derecho	Hombre
González Barrera, F.	1876-77	Escuela de Derecho	Hombre
Hermoso de Palacios, M.	1876-77	Escuela de Derecho	Hombre
Herrero Martucci, F. del	1877-78	Escuela de Derecho	Hombre
Ibáñez Díaz, Cipriano	1877-78	Escuela de Derecho	Hombre
Laviada Aldabalde, Isaac	1876-77	Escuela de Derecho	Hombre
Liern Albert, Francisco	1877-78	Escuela de Derecho	Hombre
Ligero de la Mata, R.	1877-78	Escuela de Derecho	Hombre
Llausás, Carlos	1877-78	Escuela de Derecho	Hombre
Llopis y Candela, Agustín	1877-78	Escuela de Derecho	Hombre
Lorenzo Díez, César	1877-78	Escuela de Derecho	Hombre
Lustonó Rey, Carlos	1877-78	Escuela de Derecho	Hombre
Maher Meca, Manuel	1876-77	Escuela de Derecho	Hombre
Marconel, Venancio	1876-77	Escuela de Derecho	Hombre
Marín Almécija, José	1876-77	Escuela de Derecho	Hombre
Martí Jackuart, Emilio	1877-78	Escuela de Derecho	Hombre
Martínez Cepeda, A.	1876-77	Escuela de Derecho	Hombre
Mesía Álvarez, A.	1876-77	Escuela de Derecho	Hombre
Mesía Álvarez, Santiago	1876-77	Escuela de Derecho	Hombre
Morcillo Barcia, F.	1876-77	Escuela de Derecho	Hombre
Ozores, R.	1876-77	Escuela de Derecho	Hombre
Presilla López, J. de la	1876-77	Escuela de Derecho	Hombre
Puig Boronat, José	1877-78	Escuela de Derecho	Hombre
Ramos Alix, Francisco	1876-77	Escuela de Derecho	Hombre
Ramos Peñasco, Julián	1877-78	Escuela de Derecho	Hombre
Regúlez González, F.	1877-78	Escuela de Derecho	Hombre
Rey Vellido, Manuel	1877-78	Escuela de Derecho	Hombre
Ríos Reguera, Francisco	1877-78	Escuela de Derecho	Hombre
Rózpide Beriz, Pablo	1876-77	Escuela de Derecho	Hombre

Alumnado	Cursos	Estudios	Hombr/Muj.
Rubio Álvarez, Ricardo	1876-77	Escuela de Derecho	Hombre
Rueda Rodríguez, M.	1876-77	Escuela de Derecho	Hombre
Salmerón García, F.	1876-77	Escuela de Derecho	Hombre
Serrano Rivero, Enrique	1877-78	Escuela de Derecho	Hombre
Soler Pérez, Leopoldo	1876-77	Escuela de Derecho	Hombre
Soler Valor, Leopoldo	1877-78	Escuela de Derecho	Hombre
Soria Santa Cruz, F.	1876-77	Escuela de Derecho	Hombre
Soulier Sanabria, F.	1877-78	Escuela de Derecho	Hombre
Torres Acevedo, Luis	1877-78	Escuela de Derecho	Hombre
Vázquez Elegido, Manuel	1877-78	Escuela de Derecho	Hombre
Vilar del Souto, Juan	1877-78	Escuela de Derecho	Hombre

Elaboración propia. FUENTE: *BILE*, VII (1883) y VIII (1884)

Aunque figuran muchos matriculados (Tabla 5), al final algunos profesores no llegaron a impartir sus clases, por falta de un mínimo de alumnos, lo que pone de manifiesto el fracaso de los cursos universitarios. Como en casos anteriores, se repiten nombres de quienes se matriculan en diferentes materias.

4.4. Doctorado en Derecho

Fueron estudios muy relacionados con los anteriores de la Escuela de Derecho, ya que algunos alumnos participaban de ambos, aunque las asignaturas del Doctorado no se hallaban sujetas a la condición de un mínimo de alumnos.

El BILE[95] concreta estos estudios:

Doctorado en Derecho
Filosofía del Derecho
Legislación comparada
Derecho internacional público
Historia eclesiástica
Derecho internacional privado

Entre los profesores constaban: los gallegos Eugenio Montero Ríos (Historia de la Iglesia) y Justo Pelayo Cuesta (Derecho internacional privado); Gumersindo de Azcárate (Legislación comparada; Historia del Derecho),

[95] Sección Oficial. *BILE*, VII (1883), p. 368.

Rafael María de Labra (Derecho internacional público) y Francisco Giner (Filosofía del Derecho; Concepto, plan y método de la Filosofía del Derecho).

En la Tabla 6 recogemos los alumnos matriculados en el conjunto de las asignaturas; sin embargo, en la práctica, las asignaturas del Doctorado reunieron sólo a nueve alumnos (Cacho Viu, 1962: 434).

Tabla 6
INSTITUCIÓN LIBRE DE ENSEÑANZA
DOCTORADO DE DERECHO
ALUMNADO. ANÁLISIS CUANTITATIVO
1876-1878

1876-77	1877-78
31	13

Elaboración propia. FUENTE: *BILE*, VII (1883) y VIII (1884)

Cuadro 9
INSTITUCIÓN LIBRE DE ENSEÑANZA
DOCTORADO EN DERECHO
ALUMNADO. RELACIÓN NOMINAL (1876-1878[96])

Alumnado	Cursos	Estudios	Hombr/Muj.
Agrasot Juan, Enrique	1876-77	Doctorado en Derecho	Hombre
Águila Burgos, Francisco	1876-77	Doctorado en Derecho	Hombre
Alcázar González, M.	1876-77	Doctorado en Derecho	Hombre
Alderete de Ansótegui, S.	1876-77	Doctorado en Derecho	Hombre
Barros Bascuñana, Rafael	1876-77	Doctorado en Derecho	Hombre
Cámara Ortiz, Diego	1876-77	Doctorado en Derecho	Hombre
Charrín Trigero, Acacio	1876-77	Doctorado en Derecho	Hombre
Cifré de Colonia, Guillermo	1876-77	Doctorado en Derecho	Hombre
España Lledó, José	1876-77	Doctorado en Derecho	Hombre
Flórez Llamas, Germán	1876-77	Doctorado en Derecho	Hombre
García Ceñal, Enrique	1876-77	Doctorado en Derecho	Hombre

96 Sólo hemos localizado alumnado para los cursos 1876-77 y 1877-78.

Alumnado	Cursos	Estudios	Hombr/Muj.
García Lomas, Valentín	1876-77	Doctorado en Derecho	Hombre
García Soto, Pedro	1876-77	Doctorado en Derecho	Hombre
Gómez Llombar, Eduardo	1877-78	Doctorado en Derecho	Hombre
González Barrera, F.	1877-78	Doctorado en Derecho	Hombre
González de la Fuente, M.	1876-77	Doctorado en Derecho	Hombre
Hidalgo Domingo, José	1876-77	Doctorado en Derecho	Hombre
Jiménez, Agustín	1876-77	Doctorado en Derecho	Hombre
Laviña Borderas, Santos	1876-77	Doctorado en Derecho	Hombre
Liern Albet, Francisco	1877-78	Doctorado en Derecho	Hombre
Ligero de la Mata, R.	1877-78	Doctorado en Derecho	Hombre
Llausás, Carlos	1876-77	Doctorado en Derecho	Hombre
Llopis Candela, Agustín	1876-77	Doctorado en Derecho	Hombre
Luis Casaseca, Juan de	1876-77	Doctorado en Derecho	Hombre
Marina Ibáñez, Manuel	1876-77	Doctorado en Derecho	Hombre
Martí Jackuart, Emilio	1877-78	Doctorado en Derecho	Hombre
Martínez de Cepeda, A.	1877-78	Doctorado en Derecho	Hombre
Martínez López, José	1876-77	Doctorado en Derecho	Hombre
Martínez Martínez, M.	1876-77	Doctorado en Derecho	Hombre
Oviedo y Daupés, Juan	1877-78	Doctorado en Derecho	Hombre
Paseti Rodríguez, Juan	1877-78	Doctorado en Derecho	Hombre
Peypoch Casajuana, Luis	1876-77	Doctorado en Derecho	Hombre
Rahola, Federico	1877-78	Doctorado en Derecho	Hombre
Reus Bahamonde, E.	1877-78	Doctorado en Derecho	Hombre
Rodríguez del Valle, S.	1876-77	Doctorado en Derecho	Hombre
Ruiz Pons, Ernesto F.	1876-77	Doctorado en Derecho	Hombre
Salinero, Mateo	1876-77	Doctorado en Derecho	Hombre
Salom Puig, Salvador	1876-77	Doctorado en Derecho	Hombre
Sánchez de Sebastián, S.	1877-78	Doctorado en Derecho	Hombre
Sañudo Fernández, Miguel	1876-77	Doctorado en Derecho	Hombre

Alumnado	Cursos	Estudios	Hombr/Muj.
Soler Pérez, Leopoldo	1876-77	Doctorado en Derecho	Hombre
Soler Valor, Leopoldo	1877-78	Doctorado en Derecho	Hombre
Teni, José Emilio	1877-78	Doctorado en Derecho	Hombre
Torres Campos, Rafael	1876-77	Doctorado en Derecho	Hombre

Elaboración propia. FUENTE: *BILE*, VII (1883) y VIII (1884)

Entre los alumnos más cercanos a la Institución, figuran Guillermo Cifré de Colonia, Germán Flórez Llamas o Rafael Torres Campos. Sabemos que alguno concluyó estudios, caso de Severino Alderete de Ansótegui, que el 22 de enero de 1878 pronunció un discurso sobre "Organización de la familia hebrea" en la Universidad Central en el acto de recibir la investidura como doctor en Derecho Civil y Canónico.

Que no todos los alumnos asistieron a estas clases lo confirma el caso del granadino José España Lledó (1848-1901), doctor en Derecho (1869) y Filosofía y Letras (1870); auxiliar de la cátedra de Metafísica de la Universidad de Granada, fue catedrático de Geografía e Historia de España en los Institutos de Castellón y Jerez de la Frontera, y desde 1881 catedrático de Metafísica de la Universidad de Granada, ciudad de la que llegó a ser alcalde en 1895. En el curso en el que figura matriculado en la Institución, había pedido licencia en la auxiliaría de la Universidad de Granada para preparar oposiciones a cátedras de instituto, que finalmente ganó en agosto de 1877 (Pozo Felguera 2024).

Entre los matriculados encontramos unos cuantos que ejercieron la judicatura, caso de Manuel Marina Ibáñez, que fue juez de primera instancia en Soria y fiscal de la Audiencia de Logroño; o Agustín Llopis Candela, juez de instrucción en Valencia.

Hay otras ocupaciones, como el caso de Juan de Oviedo y Daupés, natural de Arcachon (Francia), que tras estudiar en la Escuela especial de Pintura, Escultura y Grabado, fue miniaturista y restaurador de abanicos.

Luis Peypoch Casajuana era hijo de José Peypoch Font, que había hecho fortuna en Montevideo como contratista de obras. Luis fue pasante de Francisco Rius i Taulet, el alcalde de Barcelona que organizó la Exposición de 1888.

Singular es la trayectoria del madrileño Emilio Reus Bahamonde (1858-1891), hijo de José Reus García, propietario de la editorial Reus y promotor de la *Revista de Legislación y Jurisprudencia.* De talento precoz, a los 22 años se doctoró en Derecho. Amigo de Joaquín Costa, se declaró afín al krausismo y en 1880, en esa línea, publicó *Teoría orgánica del Estado*. Se casó con Ana Canalejas y Morayta, hija de Francisco de Paula Canalejas, también krausista y mentor de Reus. Republicano y masón, con gran olfato para los negocios, promovió el canal de Écija, que fue un fracaso y lo impulsó a emigrar a América, desplegando una increíble actividad en Argentina y en Montevideo, donde creó el Banco Nacional y financió el Barrio Reus, siguiendo los criterios higienistas y estéticos de Hausmann. Otra ruina agravó una lesión cardíaca congénita que padecía y acabó con su vida en 1891, a los 32 años, en Montevideo, sumido en la pobreza. Como señala Moreno Lázaro (2021: 43-44)

> *Reus huyó de sus acreedores, sí. Pero también de una sociedad caciquil, timorata, refractaria al progreso, presa de atavismos y prejuicios que malogró su proyecto de construir el Canal de Écija (por cierto, ejecutado en el franquismo). Las tribulaciones de un emprendedor en España y en el Río de la Plata, un plan industrializador sin parangón en la historia económica del sur de España. En suma, este lastre institucional, fruto de una revolución liberal inacabada, debió de expulsar a muchos españoles que llevaron a cabo en plena revolución industrial sus empresas en América. Al menos ahuyentó a uno de ellos, lo que, a la vista de sus logros no es poco: Emilio Reus Bahamonde.*

Algunos se dedicaron a la docencia, como Salvador Salom Puig, que tras doctorarse en la Universidad Central en 1877, fue catedrático de Derecho civil en la Universidad de Valencia a partir de 1887. Escribió varias obras, entre ellas *Lecciones elementales de Metafísica* (1886). Su hijo, Salvador Salom Antequera, lo sucedió en la cátedra.

El alicantino Leopoldo Soler Pérez era hermano de Eduardo Soler, figura muy próxima a Giner en la fundación de la ILE. Estudió Derecho y Bellas Artes en Valencia y Madrid. Fue profesor de Historia de las Bellas Artes en la Asociación para la Enseñanza de la Mujer de Madrid. En 1886 obtiene plaza en la Escuela de Bellas Artes y Oficios de Barcelona, de la que llega a ser director. En 1911 se traslada a la Escuela especial de Pintura, Escultura y Grabado de Madrid, donde se jubila en 1923, pasando a continuación a encargarse de la tesorería de la ILE hasta su muerte, en 1929 (Durá, 2015).

Vemos que las ocupaciones de los matriculados en el doctorado de Derecho son, fundamentalmente, carreras relacionadas con las leyes o la docencia en institutos o en la Universidad, pero hay otras orientaciones, como el mundo de los negocios, la política e incluso las artes. El vínculo familiar con fundadores y accionistas de la ILE es evidente en varios de ellos.

4.5. Estudios superiores y especiales

El BILE[97] concreta el contenido de estos estudios:

Estudios superiores y especiales
Legislación hipotecaria
Literatura extranjera contemporánea
Cristalografía y Morfología natural
Clasificaciones científicas desde Wolf[98]

Atendieron estos estudios más específicamente, con algunas variaciones: Nicolás Salmerón (Lógica); Francisco Giner (Elementos de Estética con especial atención a las Bellas Artes); Juan Valera (Literatura extranjera contemporánea); Rafael María de Labra (Historia contemporánea); Augusto González de Linares (Morfología natural); Juan Antonio García Labiano (Legislación hipotecaria); José Lledó Fernández (Introducción a la Matemática); Eulogio Jiménez (Geometría sintética); Salvador Calderón (Geología) y Francisco Quiroga (Química orgánica sintética)

Tabla 7
INSTITUCIÓN LIBRE DE ENSEÑANZA
ESTUDIOS SUPERIORES Y ESPECIALES
ALUMNADO. ANÁLISIS CUANTITATIVO
1876-1879

1876-77	1877-78	1878-79
44	-	15

Elaboración propia. FUENTE: *BILE*, VII (1883) y VIII (1884)

[97] Sección Oficial. *BILE*, VII (1883), p. 368.
[98] Alude a la clasificación de especies vegetales realizada por el naturalista y médico alemán Nathanael Matthaeus von Wolf (1771-1780).

Cuadro 10
INSTITUCIÓN LIBRE DE ENSEÑANZA
ESTUDIOS SUPERIORES Y ESPECIALES
ALUMNADO. RELACIÓN NOMINAL (1876-1879[99])

Alumnado	Cursos	Estudios	Hombr/Muj.
Agrasot Juan, Enrique	1876-77	Estudios superiores y especiales	Hombre
Álvarez Alonso, Gonzalo	1876-77	Estudios superiores y especiales	Hombre
Arango Castrilló, A.	1876-77	Estudios superiores y especiales	Hombre
Arango Castrilló, Jesús	1876-77	Estudios superiores y especiales	Hombre
Barcáiztegui Orfila, Ventura	1876-77	Estudios superiores y especiales	Hombre
Bartolomé Cossío, Manuel	1876-77	Estudios superiores y especiales	Hombre
Benítez Romero, Juan A.	1876-77	Estudios superiores y especiales	Hombre
Castelló Calvo, E.	1876-77	Estudios superiores y especiales	Hombre
Cavero Sánchez, Rafael	1876-77	Estudios superiores y especiales	Hombre
Cifré de Colonia, Guillermo	1876-77	Estudios superiores y especiales	Hombre
Costa Llobera, Miguel	1876-77	Estudios superiores y especiales	Hombre
Domingo Bazán, Julio	1876-77	Estudios superiores y especiales	Hombre
Doze, Emilio	1878-79	Estudios superiores y especiales	Hombre
Echaniz y Duñabeitia, M.	1878-79	Estudios superiores y especiales	Hombre
España Lledó, José	1876-77	Estudios superiores y especiales	Hombre
Flórez Llamas, Germán	1876-77	Estudios superiores y especiales	Hombre
Fragoso y Molina, Ricardo	1876-77	Estudios superiores y especiales	Hombre
García Alonso, Enrique	1876-77	Estudios superiores y especiales	Hombre
García Ceñal, Enrique	1876-77	Estudios superiores y especiales	Hombre
García Góngora, José	1876-77	Estudios superiores y especiales	Hombre
García Lomas, Agustín	1876-77	Estudios superiores y especiales	Hombre

[99] Sólo hemos localizado alumnado para los cursos 1876-77 y 1878-79.

Alumnado	Cursos	Estudios	Hombr/Muj.
García Romero de Tejada, J.	1876-77	Estudios superiores y especiales	Hombre
García Soto, Pedro	1876-77	Estudios superiores y especiales	Hombre
Guimerá Álvarez, Ilirio	1876-77	Estudios superiores y especiales	Hombre
Helguera y Gil, Domingo	1876-77	Estudios superiores y especiales	Hombre
Innerárity Bausá, Vicente	1876-77	Estudios superiores y especiales	Hombre
Lanzarot Navarro, Eugenio	1876-77	Estudios superiores y especiales	Hombre
Laviada Aldabalde, Isaac	1876-77	Estudios superiores y especiales	Hombre
López Blanco, Mario	1878-79	Estudios superiores y especiales	Hombre
López, José	1878-79	Estudios superiores y especiales	Hombre
Lorite Kramer, José M.	1878-79	Estudios superiores y especiales	Hombre
Luis Casaseca, Juan de	1876-77	Estudios superiores y especiales	Hombre
Malagarriga, Carlos	1878-79	Estudios superiores y especiales	Hombre
Marconel Guivelalde, V.	1876-77	Estudios superiores y especiales	Hombre
Martín Maestro, Manuel	1876-77	Estudios superiores y especiales	Hombre
Martínez Sevilla, José L.	1878-79	Estudios superiores y especiales	Hombre
Mathet Coloma, Miguel	1878-79	Estudios superiores y especiales	Hombre
Montenegro Antón, José	1876-77	Estudios superiores y especiales	Hombre
Ortiz, José	1876-77	Estudios superiores y especiales	Hombre
Peypoch Casajuana, Luis	1876-77	Estudios superiores y especiales	Hombre
Posada Biesca, Adolfo	1878-79	Estudios superiores y especiales	Hombre
Rahola, Federico	1878-79	Estudios superiores y especiales	Hombre
Ramos Alix, Francisco	1876-77	Estudios superiores y especiales	Hombre
Ramos Bacuñana, Rafael	1876-77	Estudios superiores y especiales	Hombre
Rodríguez Carracido, José	1876-77	Estudios superiores y especiales	Hombre
Rodríguez Rodríguez, C.	1876-77	Estudios superiores y especiales	Hombre
Ruiz Pons, Ernesto F.	1876-77	Estudios superiores y especiales	Hombre

Alumnado	Cursos	Estudios	Hombr/Muj.
Sales, Luis	1876-77	Estudios superiores y especiales	Hombre
San Miguel Diube, M.	1876-77	Estudios superiores y especiales	Hombre
Sardá Llavería Agustín	1876-77	Estudios superiores y especiales	Hombre
Serrano Oteiza, Juan	1876-77	Estudios superiores y especiales	Hombre
Simón Martínez, Miguel	1878-79	Estudios superiores y especiales	Hombre
Soler Pérez, Leopoldo	1876-77	Estudios superiores y especiales	Hombre
Talero, Juan	1778-79	Estudios superiores y especiales	Hombre
Torres Campos, Rafael	1876-77	Estudios superiores y especiales	Hombre
Valdés Campoamor, V.	1876-77	Estudios superiores y especiales	Hombre
Vallejo Navarro, M.	1878-79	Estudios superiores y especiales	Hombre
Victoria de Lecea, F.	1878-79	Estudios superiores y especiales	Hombre
Villegas Arango, Luis	1878-79	Estudios superiores y especiales	Hombre
Virella, Francisco	1878-79	Estudios superiores y especiales	Hombre
Zulueta, José	1878-79	Estudios superiores y especiales	Hombre

Elaboración propia. FUENTE: *BILE*, VII (1883) y VIII (1884)

De nuevo, en estos estudios superiores y especiales figuran, entre los matriculados, Germán Flórez, Manuel B. Cossío, Cifré de Colonia, Ilirio Guimerá, Vicente Innerárity, Leopoldo Soler o Rafael Torres Campos, además de muchos de los anotados en clases anteriores, especialmente en el doctorado de Derecho.

Dado el carácter de estas enseñanzas, aparte de los discípulos asiduos a casi todas las clases, hay perfiles variados, como el de Domingo Helguera y Gil, que será registrador de la propiedad. José María de Lorite y Kramer era sobrino del arquitecto Joaquín Kramer, que en 1909, como hemos visto, firmó los planos del pabellón Macpherson en el jardín del edificio de la Institución. Lorite también fue arquitecto y colaboró con su tío en la restauración del palacio Florido de Lázaro Galdiano. Arquitecto municipal de Madrid desde 1919, realizó el edificio de la banca Calamarde, también conocido como palacio Lorite, en la confluencia de la calle Alcalá con la de marqués de Cubas; a partir de los años 20 se encargó de proyectos sociales, como las colonias de casas baratas Salud y Ahorro en el barrio Moscardó de Usera. Durante la Segunda República inició la urbanización del Cerro Bermejo, en la Latina (Fernández-Burgos 2020). Lorite firmó obras en otros lugares, caso del Instituto Valle-Inclán de Pontevedra, que diseñó junto al arquitecto Joaquín Rojí López-Calvo, y la restauración de la catedral de Mondoñedo a partir de 1911.

El catalán Carlos Malagarriga y Munnet (1858-1936) estudió Derecho y se dedicó esencialmente al periodismo y a obras de carácter político-social desde su marcha a Argentina en 1889, donde trabajó como corresponsal de periódicos españoles y promovió el Ateneo Hispano-Americano. Regresó a España al proclamarse la Segunda República.

Curiosa es la presencia del madrileño Juan Serrano Oteiza (1837-1886), que en ese momento tenía 40 años. Aprendió de su padre el oficio de abaniquero, pero consagró su vida al activismo político. Miembro del Fomento de las Artes, fue uno de los difusores más activos de las ideas de Proudhon en España. Durante el Sexenio impulsó la Federación Regional Española de la AIT (Asociación Internacional de Trabajadores); posteriormente presidió la Federación de Trabajadores de la Región Española. Dirigió la *Revista Social* y publicó numerosas obras jurídicas y literarias, como *El pecado de Caín* o *Pensativo.* Su hija Esperanza se casó con el republicano anarquista vigués Ricardo Mella[100].

La asistencia a estos cursos era variopinta, como se ve, con perfiles de diferente orientación política. No hemos encontrado, eso sí, a ninguna persona vinculada con la Iglesia, lo cual se explica por la renuencia de los krausistas a las cuestiones eclesiásticas y, a la inversa, por el rechazo de la Iglesia al krausismo como ideología panteísta y peligrosa.

Una última pincelada en este apartado es la del vasco Federico Victoria de Lecea Arana, hijo de Federico Victoria de Lecea Mazarredo, que había sido alcalde de Bilbao, diputado y senador y poseía una casa solariega en Zabalbide y un muy considerable patrimonio que desde Bilbao llegaba a la provincia de Burgos. El hermano mayor de Federico, Eduardo Victoria de Lecea Arana, vinculado a Sagasta, había sido condiscípulo de Segismundo Moret; como su padre antes, fue alcalde de Bilbao (1868-69), diputado y senador.

[100] Esperanza Serrano y Ricardo Mella tuvieron doce hijos, entre ellos Urania Mella (1899-1945), presidenta de la sección viguesa de Mujeres Antifascistas y miembro del Socorro Rojo Internacional. Condenada a muerte al estallar la guerra, le fue conmutada la pena por 30 años de reclusión en el penal de Saturrarán, del que salió sólo un mes antes de morir, en 1945. Su marido, Humberto Solleiro Riveira, fue fusilado en Vigo en octubre de 1936.

4.6. Curso breve sobre Teoría de las acciones

Este curso fue impartido por Germán Gamazo, que había sido ministro de Fomento con Alfonso XII, cartera que volvería a desempeñar junto a las de Hacienda y Ultramar durante la regencia de Mª Cristina, y autor de las reformas en instrucción pública de finales del XIX, entre ellas la reforma de las Escuelas Normales, por R. D. de 23 de septiembre de 1898[101]. Político militante del ala derecha del Partido Liberal[102], Gamazo había participado también en los trabajos de redacción de la Constitución de 1876. En la interpelación acerca de la "Cuestión Universitaria", en el contexto de discusión y aprobación de la Constitución, solemnemente aprobada el 30 de junio de 1876, "los profesores separados habían interpuesto un recurso contencioso ante el Consejo de Estado, y uno de sus abogados defensores era Germán Gamazo"[103]. Cuando Gamazo se encarga del curso de Teoría de las acciones, precisamente participa en la redacción de la Constitución de 1876 en su calidad de diputado por su Valladolid natal en las filas del Partido Liberal y, dentro de él, en el grupo centralista de Manuel Alonso Martínez. Por tanto, es entonces una figura conocida, uno de los abogados más prósperos de Madrid, si bien su procedencia rural (había nacido en un pequeño pueblo vallisoletano, Boecillo) marcaba una clara diferencia con políticos coetáneos, de sólida tradición liberal, emparentados con familias extranjeras, como Francisco Silvela o Segismundo Moret. Calzada del Amo (2011) señala que el acercamiento de Gamazo a la Institución Libre le proporcionó relaciones, pero sobre todo un halo intelectual y respetable del que carecía por su origen. Varela Ortega lo tildó en su día (2001: 369) de "autócrata de Boecillo", mientras que de Llanos y Torriglia (1942: 10) veía en él la encarnación del "sobrio castellano". Lo cierto es que será uno de los políticos más influyentes de la Restauración, con un excepcional talento para el Derecho y una enorme capacidad de trabajo. En ese momento Gamazo es la cabeza visible del Partido Liberal en Valladolid, diputado por la circunscripción de Medina del Campo. Sus responsabilidades políticas aumentan a partir de 1883, cuando desempeña el ministerio de Fomento. Considerado eminente civilista, el curso sobre Teoría de las acciones atrajo a un buen número de alumnos.

---

101 Ángel González de Pablo (1999). El Jordán que ha de purificarnos: La reforma educativa de Germán Gamazo en 1898. *Asclepio*, vol. LI-2, pp. 185-204.

102 Esther Calzada del Amo (2009). Germán Gamazo o la política por derecho. Relaciones entre abogacía y actividad política durante la Restauración. *Ayer*, 75 (3), pp. 225-245.

103 Cacho Viu (1962). *Op. cit.*, p. 404.

Tabla 8
INSTITUCIÓN LIBRE DE ENSEÑANZA
TEORÍA DE LAS ACCIONES
ALUMNADO. ANÁLISIS CUANTITATIVO
(1876-1877)

1876-77
37

Elaboración propia. FUENTE: *BILE*, VII (1883) y VIII (1884)

En el Derecho Romano las acciones son medios jurídicos que permiten a las personas obtener satisfacción, reconocimiento y sanción. La acción se refiere al hecho de recurrir a la autoridad para detener la violación de un derecho y, si procede, para obtener reparaciones por el posible daño causado. Las acciones son de diverso tipo[104], dependiendo del contexto, y no vamos a explayarnos sobre el particular porque rebasa las pretensiones de nuestro trabajo, pero nos interesa, dada la personalidad de Germán Gamazo y el perfil de los alumnos, entender su vínculo con el Derecho Romano y su carácter de base de nuestro Derecho.

Cuadro 11
INSTITUCIÓN LIBRE DE ENSEÑANZA
CURSO SOBRE TEORÍA DE LAS ACCIONES
ALUMNADO. RELACIÓN NOMINAL (1876-1877)

Alumnado	Cursos	Estudios	Hombr/Muj.
Álvarez Alonso, Gonzalo	1876-77	Teoría de las acciones	Hombre
Angulo, Gregorio	1876-77	Teoría de las acciones	Hombre
Arangó Castrilló, Jesús	1876-77	Teoría de las acciones	Hombre
Arias Bayón, Dionisio	1876-77	Teoría de las acciones	Hombre
Balbás, Manuel	1876-77	Teoría de las acciones	Hombre
Buitrago, Joaquín	1876-77	Teoría de las acciones	Hombre
Castelló Calvo, E.	1876-77	Teoría de las acciones	Hombre
Charrín Tigero, Acacio	1876-77	Teoría de las acciones	Hombre
Cotarelo Azcárate, Eduardo	1876-77	Teoría de las acciones	Hombre
Díaz Cañabate, Lucas	1876-77	Teoría de las acciones	Hombre

104 Una clasificación de las acciones distingue las siguientes: acciones civiles, honorarias, in rem o in personam, in bonu et conceptae, arbitrae, perpetuas y temporales, directas y contrarias, privadas y populares.

Alumnado	Cursos	Estudios	Hombr/Muj.
Écija, Avelino	1876-77	Teoría de las acciones	Hombre
Fernández de Castro, R.	1876-77	Teoría de las acciones	Hombre
Fernández García, Antonio	1876-77	Teoría de las acciones	Hombre
Fernández Regidor, Juan	1876-77	Teoría de las acciones	Hombre
Fernández, José	1876-77	Teoría de las acciones	Hombre
Fontaná, Juan	1876-77	Teoría de las acciones	Hombre
Gamazo, Trifino	1876-77	Teoría de las acciones	Hombre
García Ceñal, Enrique	1876-77	Teoría de las acciones	Hombre
García Díaz, Eduardo	1876-77	Teoría de las acciones	Hombre
García Gutiérrez, Lucas	1876-77	Teoría de las acciones	Hombre
González Barrera, F.	1876-77	Teoría de las acciones	Hombre
Lobatón, Cayetano	1876-77	Teoría de las acciones	Hombre
Marconel Guivelalde, V.	1876-77	Teoría de las acciones	Hombre
Margarit, Adrián	1876-77	Teoría de las acciones	Hombre
Mathet Coloma, Miguel	1876-77	Teoría de las acciones	Hombre
Maura, Antonio	1876-77	Teoría de las acciones	Hombre
Medrano, Benito	1876-77	Teoría de las acciones	Hombre
Moragas Tijera, F.	1876-77	Teoría de las acciones	Hombre
Morcillo, Luis	1876-77	Teoría de las acciones	Hombre
Ondovilla, Agustín	1876-77	Teoría de las acciones	Hombre
Padro, Antonio	1876-77	Teoría de las acciones	Hombre
Peypoch Casajuana, Luis	1876-77	Teoría de las acciones	Hombre
Quijano, Gilberto	1876-77	Teoría de las acciones	Hombre
Ramos Alix, Francisco	1876-77	Teoría de las acciones	Hombre
Sainz de la Calleja, José	1876-77	Teoría de las acciones	Hombre
Sardá Llavería, Agustín	1876-77	Teoría de las acciones	Hombre
Trillo, José	1876-77	Teoría de las acciones	Hombre

Elaboración propia. FUENTE: *BILE*, VII (1883) y VIII (1884)

En el curso de Teoría de las acciones encontramos fundamentalmente a estudiantes o licenciados en Derecho y a jóvenes atraídos por el prestigio de Germán Gamazo. Los había vallisoletanos, como Dionisio Arias Bayón, que ejerció como abogado, o Acacio Charrín Tigero, miembro de la Academia Matritense de Jurisprudencia y Legislación, que llegará a ser inspector general de Tribunales.

Un caso de afinidad política es el del asturiano Enrique García Ceñal y Fanjul (1842-1915), licenciado en Derecho por la Universidad de Oviedo, abogado, que en los últimos años del Sexenio se trasladó a Cuba, donde dirigió el Casino Español de la Habana junto a Juan de Zulueta. Regresa a España, por problemas de salud, en 1876 y se apunta en el curso de Gamazo, a quien era ideológicamente afín; diputado a Cortes por el distrito de Villafranca del Bierzo en las filas de Unión Liberal (1879, 1881). Escribió varios libros y colaboró en la prensa de la época con artículos jurídicos (*Diario de la Marina*, de La Habana, *El Liberal* de Madrid, *Revista de España,* etc.) Sagasta lo nombró jefe superior honorario de administración civil, en reconocimiento a sus servicios. Falleció en Cangas de Onís, donde su familia tenía posesiones e intereses (Pacopantín 2018).

Sabemos del destino profesional de algunos, como el gaditano Cayetano Lobatón Aranda, administrador del banco de España en Cádiz, o Adrián Margarit y Coll, notario en Barcelona desde 1881.

Trayectoria rica es, sin duda, la del toledano Miguel Mathet Coloma, que cursó las carreras de Arquitectura y Derecho. Fue arquitecto del Ministerio de Fomento y del Real Patrimonio, y firmó los proyectos de edificios como el inmueble de la Compañía Colonial en la Calle Mayor de Madrid, decorado con azulejos de Daniel Zuloaga, o del Casino y del IES Claudio Moyano de Zamora, en colaboración con su hijo Pedro Mathet. Entró en política de la mano del republicano-radical Cristino Martos; fue concejal del Ayuntamiento de Madrid, diputado provincial, vicepresidente del Centro Instructivo del Obrero y de la sociedad Los Amigos de los Pobres de Madrid. En 1897 ocupó el cargo de gobernador civil de Guadalajara.

Agustín Ondovilla Durán era auxiliar primero de la Dirección general de Registros y del Notariado en 1875, cuando asiste al curso de Gamazo, y miembro de la Academia Matritense de Jurisprudencia y Legislación, a cuyos debates, animados por Moret, Gamazo y otros destacados juristas, acudía con asiduidad. En 1895 pasa a ser registrador de la propiedad en Segovia, desde 1900 en Jerez de la Frontera (Cádiz), donde presidió el Ateneo Artístico y Literario, y desde 1915 de Madrid. También fue miembro de la sociedad El Folk-lore castellano, fundada en Madrid por Núñez de Arce en 1883.

El cántabro Gilberto Quijano Fernández-Hontoria procedía de una familia de Torrelavega. Estudió Derecho en la Universidad de Valladolid, como su hermano José María, empresario, dueño de una ferrería en Los Corrales de Buelna y fundador de la Sociedad Altos Hornos de Nueva Montaña en Santander. Al igual que Ondovilla, Gilberto Quijano fue auxiliar de la Dirección general de Registros y del Notariado.

Destacable es la presencia, en el curso de Gamazo, del tarraconense Agustín Sardá Llavería (1836-1913) quien, tras estudiar Veterinaria y Derecho, había sido secretario de Estanislao Figueras cuando éste ocupó el cargo de presidente de la Primera República. Diputado por el distrito de Falset (Tarragona) durante el Sexenio, fue senador por Tarragona desde 1903 hasta su muerte. Militante del Partido Republicano y de Unión Republicana, presidió la sociedad madrileña El Fomento de las Artes. Muy próximo a la Institución, formó parte, de la Junta directiva. Fue profesor de las Escuelas Normales de Pamplona, Granada, Salamanca y Madrid. Desde 1898 fue director de la Escuela Normal Central de Maestros y en 1909 se integró en el claustro de la Escuela Superior de Magisterio como profesor de Organización escolar comparada y Prácticas escolares. Desarrolló, además, una intensa labor como periodista y conferenciante (Urquijo Goitia).

No se puede obviar la asistencia de dos figuras vinculadas familiarmente a Gamazo: su hermano Trifino y el que será su cuñado, Antonio Maura.

Trifino nació en 1849 en Boecillo (Valladolid); era nueve años menor que su hermano, pero al igual que él y que su hermano Honorio siguió la carrera de Derecho en Valladolid. En la época en que Germán dicta su curso, Trifino acababa de convertirse en secretario de la sala primera de la Audiencia de Madrid, que desempeñará hasta su muerte en 1919, aunque más significativas fueron sus actividades económicas; y así, emprendió la desecación de unos terrenos pantanosos en el Raso del Portillo y se hizo con una lucrativa extensión que dedicó a la silvicultura, la agricultura y, sobre todo, a una ganadería que aún hoy goza de merecida consideración. Como indican Carasa y Calzada (2023): "La gran obra de la vida de Gamazo fue construir una extensa familia, un buen motor social económico y político. Era tradicional, poco burguesa, él fue patriarca tutor de sus hermanos y protector de su hermana Constancia hasta casarla con Antonio Maura". Trifino se incorporó a la maquinaria de influencias orquestada por su hermano Germán y la aprovechó al máximo, como señala Hidalgo Marín (1995).

El mallorquín Antonio Maura y Montaner (1853-1925) conoció a Trifino y Honorio Gamazo cuando estudiaba Derecho en la Universidad Central y trabó buena amistad con ellos. El 1871 entró a trabajar como pasante en el próspero despacho de Germán. Los lazos aún se estrecharon más cuando contrajo matrimonio con Constancia Gamazo en 1878, con la que tuvo diez hijos, algunos de los cuales siguieron la carrera política y las actividades económicas de la familia (Gabriel y Miguel Maura Gamazo)[105].

[105] En 1930 Alfonso XIII concedió al político e historiador Gabriel Maura Gamazo el ducado de Maura, en honor a los servicios prestados a España por su padre, Antonio Maura y Montaner. Siguiendo la costumbre familiar, Gabriel amplió sus títulos al contraer matrimonio con Julia de Herrera, condesa de la Mortera.

A partir de entonces ingresó de lleno en el complejo sistema político de la Restauración, primero en las filas del Partido Liberal, y a partir de 1902 en las del Partido Conservador. Desempeñó las máximas responsabilidades políticas, desde varios ministerios (Ultramar, Gracia y Justicia, y Gobernación) a la presidencia del Consejo de Ministros en cinco ocasiones entre 1903 y 1922 (Cuenca Toribio).

Como se ha visto, el grupo que asiste al curso sobre Teoría de las acciones, impartido por Germán Gamazo, es compacto, de jóvenes abogados, futuros funcionarios de alto nivel o políticos de tanto renombre como el cuñado de Gamazo, Antonio Maura.

4.7. Otros cursos breves, conferencias y lecturas

Entre otros *cursos breves, conferencias y lecturas*, se señala que estaban autorizados, y que se anunciarían oportunamente, los referidos a Litografía, Astronomía, Política de Aristóteles, Química, Agricultura, Historia de la Música, Arte románico español, Historia de la Literatura, Psicología comparada, Histología, Botánica popular, Abonos minerales, Fabricación de vinos y adulteraciones, Pedagogía, Constitución inglesa y norteamericana, Código de Napoleón, Régimen parlamentario, Teoría de la Contribución, Historia de las principales clasificaciones enciclopédicas desde Hegel, etc. Son más difíciles de delimitar, ya que se asistió por papeleta para cada acto. El precio del billete para asistir a las conferencias y cursos breves era de 0,5 y 1 ptas., respectivamente, para socios y para no socios.

En los números 172 y 173 de 1884 (abril 15 y 30, respectivamente) se incluyen los siguientes[106]:

a) Clases privadas (Cuadros 12-24)

Cuadro 12

Clases privadas

Curso 1877-78

Repaso del grado de Bachiller, de asignaturas de 2ª enseñanza y del preparatorio de Medicina y farmacia

1. Gómez Torresano, Rafael
2. Mármol, Fabián
3. Simón Martín, Rogelio

[106] Tal como se indica, en algún caso se asistió por matrícula, no por papeletas.

4. Soldevilla, César
5. Fernández Shaw, Carlos[107]
6. Madrid Moreno, José
7. Moreno Pineda, José
8. García Labaggi, Luis T.
9. Carralero González, G.
10. Villegas Chacón, Antonio
11. Alaria Serrano, Luis
12. Federico Reymundo, N.
13. Pérez Caruana, Ildefonso
14. Zeroto Herrera, Tomás
15. Calzada Calvo, Antonio
16. Roa Erostarbe, Joaquín
17. Roa Erostarbe, Carlos
18. Domenech Ros, Napoleón
19. España Gargollo, Carlos
20. Álvarez Ortiz, Luis

Cuadro 13

Clases privadas

Curso 1878-79

Repaso del grado de Bachiller y asignaturas sueltas de 2ª enseñanza

1. Medina Acedo, Rafael
2. Bedoya Zambrana, G.
3. Marzán y Gutiérrez de Caviedes, José Genaro
4. Alonso Magadán, Luis
5. García Béjar, Rafael
6. Lasarte Orejón, Carlos
7. Díaz Sánchez, José
8. Maher Meca, Manuel
9. Hernández Naya, Manuel

---

[107] Carlos Fernández Shaw (Cádiz 1865-El Pardo 1911) fue periodista, poeta y, sobre todo, autor teatral, con piezas tan conocidas como el libreto de la zarzuela *La Revoltosa.*

10. Garcinuño González, Policarpo
11. Pull Villar, Francisco
12. Mas Serrano, Zacarías
13. Estebas Uría, Manuel
14. Soler Soto, José
15. Bona Cortezo, Félix
16. Lancha García, Julio
17. Jiménez Catalán, Manuel[108]

Cuadro 14

Clases privadas

Curso 1879-80

Lenguas

1. Casado Artilleros, M.
2. Bermejo Abeijón, Pedro
3. García Sierra, Nicolás
4. Llabería, José
5. Guzmán, Rafael
6. Rey Pontes, José María
7. Sánchez Ocaña, Roberto
8. Pérez Maeso, José
9. O'Termín, Emilio
10. Robles Guirol, José
11. Vaca Javier, Manuel
12. Ruiz Pérez, Gustavo
13. Ruiz Pérez, Ramón
14. Salafranca, Juan
15. López Manguán, Rogelio
16. Gómez Robader, Serapio
17. Nestas Conejo, José

---

[108] Manuel Jiménez Catalán (Madrid 1867-Lérida 1932) fue bibliotecario provincial de Lérida y de la Universidad de Zaragoza. Correspondiente de la Real Academia de la Historia, está considerado como uno de los mejores bibliógrafos españoles.

18. Asensi Román, Rafael
19. Vela Murillo, Mariano
20. Arias Toribio, Florencio
21. Calvo Tomelén, Mariano
22. Piera Ballester, Antonio
23. Fuente, Manuel de la
24. Mazas, Alejandro de
25. Carrillo y Carmona, Antonio

Cuadro 15

Clases privadas

Curso 1879-80

Escuela de Ciencias morales y políticas[109]

1. Posada Biesca, Adolfo
2. Ibáñez Díaz, Ciprián
3. Vida, Jerónimo
4. Rubio, J. María
5. Malagarriga, Carlos
6. Hidalgo, Modesto M.
7. Fernández de las Cuevas, Mario
8. Elegido, Antonio
9. Torija, Miguel
10. Beneito, José Juan
11. Mendoza, Juan
12. Posadillo, Isidro
13. Orea, Sebastián

[109] Se indica a continuación: "A las enseñanzas de esta escuela podían asistir los alumnos por papeletas, pero se matricularon a la misma los siguientes"

Cuadro 16
Clases privadas
Curso 1880-81
Principios de Derecho público[110]

1. González Barrera, F.
2. Fernández Fontecha, A.
3. Céspedes, Benjamín
4. Acevedo, José de
5. Arroyo, José
6. Hidalgo, Modesto María
7. Torre, Francisco de la
8. Talero, Juan
9. Salcedo, Francisco de P.
10. Vida, Jerónimo de
11. Ondovilla Durán, Agustín
12. Rivero Bellver, Rodolfo
13. Benito, Lorenzo
14. Posada Biesca, Adolfo
15. Escosura, Luis
16. Pino, Luis del
17. Lozano, Fernando
18. Checa, Francisco
19. Rivera, José

Cuadro 17
Clases privadas
Curso 1876-77
Gramática castellana

1. Sánchez, J.

---

110 Al final de la relación de los asistentes a este curso (nº 173, de 30 de abril de 1884, p. 128), se añade en una NOTA: "A los cursos breves y conferencias de la *Institución* en los años mencionados se asistía por papeletas, no habiendo matrícula, sino en los indicados".

Cuadro 18

Clases privadas

Curso 1876-77

Cultura Jurídica

1. Mesía Álvarez, Alfonso

Cuadro 19

Clases privadas

Curso 1876-77

Repaso del grado de Bachiller y del preparatorio de Medicina, Ciencias y Farmacia

1. Díaz Valero, José
2. Torres Munilla, Alfredo
3. Lozano Barreda, P.
4. Madrid Moreno, José
5. Fernández Cadiñanos, Mariano
6. Perales Ramos, Vicente
7. Lamas, Enrique
8. Álvarez Pelayo, Teodoro
9. Cuervo Flórez, Martín
10. Bedoya Zambrana, G.
11. Alaria Serrano, Luis
12. López García, F. J.
13. Febles Campos, Juan
14. Catarineu, Emilio
15. Pérez, Nicolás
16. Molinelli Vidal, Ricardo
17. Magán Castro, Manuel
18. Mac-Veigh, Alfredo
19. Álvarez, Julio
20. Vicente Serrano, Nicolás
21. Peñalba, Matías

Cuadro 20
Clases privadas
Curso 1876-77
Matemáticas elementales

1. España, C.
2. Fos, J.

Cuadro 21
Clases privadas
Curso 1880-81
Repaso de asignaturas de 2ª enseñanza

1. Pérez, Carlos
2. Riaño Gayangos, Juan[111]

Cuadro 22
Clases privadas
Curso 1881-82
Gramática castellana

1. Blanco, Manuel

Cuadro 23
Clases privadas
Curso 1882-83
Repaso de asignaturas del grado de Bachiller

1. Gayangos Bulnes, J.[112]

---

111 Juan Riaño y Gayangos (Madrid 1865-Rhode Island 1939), era hijo de Juan Facundo Riaño y Emilia Gayangos. Diplomático, fue el primer embajador de España en el continente americano. Tras su jubilación en 1926 se nacionalizó estadounidense.

112 José de Gayangos y Díez de Bulnes (Madrid 1867-París 1900) ostentó el título de V marqués de Monteolivar.

Cuadro 24

Clases privadas

Cursos 1878-79, 79-80, etc. "hasta la fecha"

Lengua y literatura españolas

1. Thoms, R.
2. Smith, C.
3. Kimball, J.
4. Phelipps, T.
5. Feilitzen, H. von
6. Langaard, L.
7. Ceresole, M.
8. Casparssons, Ed.
9. March, D.
10. Brekke, Knud
11. Grenfell, Cecil.

Los asistentes a clases de Lengua y literatura españolas eran extranjeros, como es lógico, que deseaban aprender el idioma.

CAPÍTULO 5
LA INSTRUCCIÓN PRIMARIA EN LA ILE Y LA 1ª Y 2ª ENSEÑANZA POR SECCIONES

En el curso 1878-79 se organizó *la instrucción primaria* en la ILE. Constan como profesores durante este curso académico Manuel B. Cossío (elemental) y Germán Flórez (superior); figura como director de la instrucción primaria elemental y superior, Laureano Figuerola[113].

En los artículos 15-21 de los Estatutos de la ILE se señalan las distintas enseñanzas a las que se destina esta experiencia pedagógica. Como hemos indicado anteriormente, la Institución Libre quiere ser, primero, un centro de estudios de cultura general (o de segunda enseñanza) y profesionales, y, segundo, un centro de estudios superiores científicos. Al darse cuenta de que los estudios secundarios resultaban rudimentarios o no daban los resultados apetecidos, la ILE decidió poner en marcha una escuela primaria "donde los alumnos pudieran iniciarse por igual en todas las esferas de la cultura y desenvolver todas las facultades de su espíritu antes de su ingreso en la segunda enseñanza"[114]. La primera enseñanza entró en funcionamiento en octubre de 1878, limitándose de momento a la instrucción primaria elemental y superior, con exclusión de los párvulos.

En ese mismo año 1878 había tenido lugar la Exposición Universal de París. La Dirección General de Instrucción Pública invitó oficialmente a la Institución Libre de Enseñanza para que acudiera a dicha Exposición. Un auxiliar de la Institución, el conocido Rafael Torres Campos, y algún profesor más, acudieron a la capital francesa. A su regreso, Torres Campos introdujo en la Institución el nuevo sistema de las excursiones escolares que quedaron como símbolo de los métodos educativos de la ILE, a las que le prestaría una atención especial Manuel B. Cossío.

---

113 *BILE*, II (1878), p. 3. De todos modos, como puede apreciarse en el cuadro 3 del capítulo 3, ya desde los comienzos en el curso 1876-77, en segunda enseñanza había también un apartado de "Ampliación de Instrucción Primaria".

114 Memoria 1879. *BILE*, IV (1880), p. 23.

A diferencia de lo que ocurría en la enseñanza oficial (también en la mayor parte de la privada), hay que decir que, en este proceso, la Institución Libre implantó una organización escolar con los distintos grados de enseñanza interrelacionados. Como hemos señalado anteriormente, no existían diferencias entre el profesorado de la clase de párvulos -que, ya en 1884 daba los primeros pasos firmes para la creación de la *escuela de párvulos*[115]- y la de los universitarios. Se procuraba que la metodología seguida impregnase todo el hacer de la Institución. En ese sentido, encontramos en la ILE una concepción innovadora del sistema educativo, frente a la clásica división en los distintos niveles, que nuestros liberales introdujeron a partir de las Cortes de Cádiz y en el Informe Quintana de 1813.

Frente a la deplorable situación del sistema educativo español, con tres niveles claramente diferenciados (1ª, 2ª y 3ª enseñanza), y la influencia de la Iglesia católica, los profesores con sanción y desterrados en distintos lugares habían comenzado a madurar la idea de un nuevo centro de renovación pedagógica y sin solución de continuidad en los distintos niveles del sistema, en consonancia con el avance en los nuevos logros científicos[116]. Respecto al sistema educativo, significaba que la primera y la segunda enseñanza estuviesen unidas mediante un sistema cíclico, ganando progresivamente en extensión y profundidad. De ahí que, a partir del curso 1882-83, la 1ª y la 2ª enseñanza aparezcan unidas por secciones.

Con estas incorporaciones, completaba el Centro la llamada *Educación general*, respondiendo a la concepción gineriana basada en las exigencias de la moderna pedagogía. Para el curso 1885-86, la ILE quedaba organizada en cinco secciones de Educación general

I. Párvulos (niños y niñas). Creada en enero de 1885. Profesoras: Consuelo Martín del Busto[117] (institutriz y maestra superior) y Nicanora Aguilera (maestra normal).

II. Germán Flórez y Aniceto Sela.

III. Joaquín Sama[118] y Antonio García.

IV. José de Caso y Ricardo Rubio.

---

[115] La nueva sección de párvulos. Prospecto. *BILE*, VIII (1884), pp. 383-384.

[116] Raquel Vázquez Ramil y Ángel Serafín Porto Ucha (2021). La llama de la Institución Libre de Enseñanza en el exilio: "Boletín de la Corporación de Antiguos Alumnos", grupo México (1958-1968). *History of Education & Children's Literature*, XVI, 2, pp.381-404.

[117] Consuelo Martín del Busto y Seña colaboró activamente en las colonias que la ILE organizaba en San Vicente de la Barquera. Posteriormente fue maestra de párvulos en las escuelas de la Fundación Aguirre de Madrid, puesto en el que se jubiló en 1935.

[118] Joaquín Sama, separado de su cátedra en el Instituto de Huelva, se incorporó a la Institución el curso 1879-80.

V. Francisco Giner y Manuel B. Cossío.

El programa, siguiendo el carácter cíclico de la enseñanza, era común en todas las secciones (párvulos-primaria-secundaria)[119].

De acuerdo con la documentación consultada, ofrecemos en este capítulo, principalmente, el estudio cuantitativo y cualitativo del alumnado matriculado en primera enseñanza (cursos 1878-79 a 1881-82), y la primera y la segunda enseñanza unidas por secciones (cursos 1882-83 a 1883-84). No incorporamos datos de la enseñanza de párvulos, que cae fuera de nuestros objetivos en esta ocasión.

Desde el punto de vista de organización del espacio, debido al progresivo aumento de los alumnos en las enseñanzas, primaria y secundaria el local de Esparteros 9 resultaba inadecuado, pues se había concebido inicialmente como un centro de enseñanza superior, sin espacio para jugar cuando hacía mal tiempo y sin el material de clase apropiado. La Institución decidió entonces mudarse de local, y en enero de 1881 se trasladó a un amplio caserón de la calle de las Infantas, 42, con espacio para aulas, biblioteca, laboratorio, despachos y otras dependencias[120].

5.1. La primera enseñanza en la ILE

La primera enseñanza comenzó en octubre de 1878, limitándose en aquel momento, de acuerdo con las categorías vigentes desde la Ley Moyano (1857), a la primera enseñanza elemental y superior, con exclusión de los párvulos, que se incorporarían poco después[121].

Es sabido que la mayoría de los que comenzaron a enseñar en la Institución procedían de la Universidad e Institutos. Como hemos señalado anteriormente, fueron dos jóvenes licenciados en Filosofía y Letras, Manuel B. Cossío y Germán Flórez, quienes se encargaron de la primera enseñanza. Pero también es sabido que los krausistas habían sido los introductores en nuestro país de la pedagogía fröbeliana, a través de la cátedra abierta en la Asociación para la Enseñanza de la Mujer en 1873, lo que les confería un valor especial, propio, para los discípulos de Sanz del Río, puesto que Fröbel había sido amigo personal de Krause. En 1828 Fröbel visitó a

---

119 Véase Prospecto para el Curso de 1885-86. *BILE*, VIII (1884), al final del tomo. Se anuncia la publicación del Prospecto en la Imprenta de Fortanet, calle de la Libertad, núm. 19.

120 Cacho Viu, *Op. cit.*, p. 473-474.

121 Aunque oficialmente la escuela de párvulos fue creada en enero de 1885, Cacho Viu (1962: 472) señala: "En su segundo curso de funcionamiento (1879-1880) [de la escuela primaria], se creó la sección de párvulos, que llegó a reunir en los meses primaverales hasta 30 alumnos".

Krause en Gotinga y de esta visita, en la que Krause da a conocer a Fröbel la *Schola materni gremii*, de Comenio (Cacho Viu, 1962: 466), nace la idea de dirigir sus esfuerzos hacia la educación de la primera infancia. Señala Purificación Lahoz, y lo hemos destacado ya en su día[122] que "el viejo krausista" Fernando de Castro aprovechó un viaje realizado a Suiza y Alemania, para recoger información y materiales y que "este es el primer logro serio para la introducción del sistema Fröbel en nuestro país" con una clase a cargo de García Navarro[123]. Así, pues, la metodología Fröbel -también la de Pestalozzi, que encontró en Pablo Montesino un admirador, que publicaría en 1840 el *Manual para los maestros de las escuelas de párvulos*, en el que recogía las teorías de Pestalozzi, predecesor suizo al que se unen los maestros de la ILE por el lado del krausismo- están presentes en la Institución desde sus comienzos. Significaba la adopción del método intuitivo, mediante la libre participación del alumno (la actividad) y una nueva consideración del espacio escolar. Exigía del alumno pensar y reflexionar.

Fue por esta época cuando la Institución decidió mudarse de local, en enero de 1881, a un espacioso caserón en la calle de las Infantas, 42, cerca de la plaza del Rey (Cacho Viu, 1962: 474), mucho más amplio para la actividad infantil. El autor recoge para 1ª enseñanza un total de 40 alumnos (1878-79), asumiendo desde el primer momento la clase de ampliación de instrucción primaria, que había sido su antecedente inmediato.

5.1.1 Datos cuantitativos y relación nominal (1878-1882)

Basándonos en la documentación consultada, hemos recabado para los cursos 1878 a 1882 los siguientes datos cuantitativos y relación nominal alfabética de la 1ª enseñanza en la ILE (Tabla 9 y Cuadro 25).

---

[122] Ángel Serafín Porto Ucha (2005). *La Institución Libre de Enseñanza y la renovación pedagógica en Galicia*, op. cit., p. 146.

[123] Purificación Lahoz Abad (1991). El modelo froebeliano de espacio-escuela. Su introducción en España. *Historia de la Educación*, 10, pp. 107-133.

Tabla 9
INSTITUCIÓN LIBRE DE ENSEÑANZA
PRIMERA ENSEÑANZA
ALUMNADO. ANÁLISIS CUANTITATIVO
1876-1882

1878-79	1879-80	1880-81	1881-82
40[124]	100[125]	206[126]	184

Elaboración propia. FUENTE: *BILE*, VII (1883) y VIII (1884)

Incluimos a continuación la relación nominal de alumnos de primera enseñanza entre 1880 y 1882[127] (Cuadro 25).

Cuadro 25
INSTITUCIÓN LIBRE DE ENSEÑANZA
PRIMERA ENSEÑANZA
ALUMNADO. RELACIÓN NOMINAL (1880-1882)

Alumnado	Cursos	Estudios	Hombre/Mujer
Acedo Villalobos, Francisco	1880-81	1ª Enseñanza	Hombre
Aguado Ibarra, Cayetano	1880-82	1ª Enseñanza	Hombre
Alaría Serrano, Jesús	1880-82	1ª Enseñanza	Hombre
Albazán Vinaja, Alberto	1881-82	1ª Enseñanza	Hombre
Albiol Teixidó, F.	1881-82	1ª Enseñanza	Hombre
Albitos Chocano, Luis de los	1880-81	1ª Enseñanza	Hombre
Alcón, Alfredo	1880-81	1ª Enseñanza	Hombre
Álvarez Poveda, Ángel	1881-82	1ª Enseñanza	Hombre
Amigó García de Labiano, Narciso	1880-82	1ª Enseñanza	Hombre
Andrés Méndez, José	1880-81	1ª Enseñanza	Hombre
Aragón Paulo, Vicente	1880-81	1ª Enseñanza	Hombre
Avia Borreguero, Tomás	1881-82	1ª Enseñanza	Hombre
Ávila Bernabeu, M.	1881-82	1ª Enseñanza	Hombre

124 Carecemos de datos globales de este primer curso, aunque Cacho Viu (*Op. cit.,* p. 468) apunta: "El éxito de la escuela primaria había sido completo: los 17 alumnos iniciales se transformaron en 31 en los meses de mayo y junio, lo cual suponía –habida cuenta de las bajas a lo largo del curso –que un total de 40 niños habían pasado por las aulas de ambas clases, la elemental y la superior". Indica que la parte relativa a la enseñanza primaria figura en el BILE, 3 (1879), 86-94-102-111-119-127-133.

125 Tomado de Cacho Viu, *Op. cit.,* p. 474.

126 Cacho Viu (*Op. cit.,* p. 474) anota para este curso un total de 170.

127 Sólo hemos localizado la relación nominal de los dos cursos 1880-81 y 1881-82.

Alumnado	Cursos	Estudios	Hombre/Mujer
Ávila Bernabeu, Óscar	1881-82	1ª Enseñanza	Hombre
Ballesteros y Tejada, A.	1880-82	1ª Enseñanza	Hombre
Barceló Rodríguez, F.	1881-82	1ª Enseñanza	Hombre
Barinaga Loma, Juan	1881-82	1ª Enseñanza	Hombre
Barrio Palenciano, Enrique	1880-82	1ª Enseñanza	Hombre
Benito Díaz, Alberto	1881-82	1ª Enseñanza	Hombre
Bernaldo de Quirós, Elías	1880-82	1ª Enseñanza	Hombre
Besteiro Fernández, L.	1881-82	1ª Enseñanza	Hombre
Boadella Díaz, José	1880-81	1ª Enseñanza	Hombre
Boix de la Dueña, Gonzalo	1880-82	1ª Enseñanza	Hombre
Bona Vecino, Enrique	1880-82	1ª Enseñanza	Hombre
Bosch Romero, José	1881-82	1ª Enseñanza	Hombre
Buroaga y Moya, F.	1880-82	1ª Enseñanza	Hombre
Caballero Sevilla, César	1880-82	1ª Enseñanza	Hombre
Calero Urroz, Francisco	1880-81	1ª Enseñanza	Hombre
Calvo Calahorra, A.	1880-81	1ª Enseñanza	Hombre
Canelas Cruz, Luis	1880-81	1ª Enseñanza	Hombre
Carnicer, César	1880-81	1ª Enseñanza	Hombre
Casero Barranco, A.	1881-82	1ª Enseñanza	Hombre
Cembrano Muñoz, Antonio	1880-82	1ª Enseñanza	Hombre
Cenegorta y G. de Mendoza, Ángel	1880-81	1ª Enseñanza	Hombre
César Fernández, Carlos	1880-81	1ª Enseñanza	Hombre
Coca Navarro, Luis	1880-82	1ª Enseñanza	Hombre
Coca Navarro, Pedro	1880-82	1ª Enseñanza	Hombre
Colubi Fernández, F.	1880-81	1ª Enseñanza	Hombre
Compañí Vidal, Manuel	1880-81	1ª Enseñanza	Hombre
Copeiro del Villar, Joaquín	1880-81	1ª Enseñanza	Hombre
Copeiro del Villar, Juan	1880-81	1ª Enseñanza	Hombre
Cordero Bello, Feliciano	1881-82	1ª Enseñanza	Hombre
Cordero Vigil, Ramón	1880-82	1ª Enseñanza	Hombre
Corrales Rodríguez, S.	1881-82	1ª Enseñanza	Hombre
Correa Pardinillas, J.	1880-82	1ª Enseñanza	Hombre
Correas Llopis, Vicente	1880-82	1ª Enseñanza	Hombre
Corredor Arana, E.	1880-82	1ª Enseñanza	Hombre
Corredor Arana, G.	1880-82	1ª Enseñanza	Hombre
Corredor Arana, R.	1880-82	1ª Enseñanza	Hombre
Cuenca Sabater, Rafael	1880-82	1ª Enseñanza	Hombre

Alumnado	Cursos	Estudios	Hombre/Mujer
Cueto Martínez, Joaquín	1881-82	1ª Enseñanza	Hombre
Cuervo Miguel, Isaac	1880-82	1ª Enseñanza	Hombre
Cutiller Valenzuela, E.	1880-82	1ª Enseñanza	Hombre
Dále Céliz, Carlos	1880-82	1ª Enseñanza	Hombre
Deleito Míguez, Joaquín	1880-81	1ª Enseñanza	Hombre
Díaz Sánchez, José	1880-81	1ª Enseñanza	Hombre
Díaz Zuazua, Ignacio	1881-82	1ª Enseñanza	Hombre
Dietrich, Eugenio	1881-82	1ª Enseñanza	Hombre
Díez Miguel, Vicente	1881-82	1ª Enseñanza	Hombre
Domínguez Garrido, E.	1880-81	1ª Enseñanza	Hombre
Domínguez Meunier, M.	1880-82	1ª Enseñanza	Hombre
Ducazcal, José	1880-82	1ª Enseñanza	Hombre
Echániz y Duñabeitia, Modesto	1880-82	1ª Enseñanza	Hombre
Eguivar, Faustino de	1880-81	1ª Enseñanza	Hombre
Elorrio Fernández de G., R.	1881-82	1ª Enseñanza	Hombre
Enríquez Borges, E.	1880-81	1ª Enseñanza	Hombre
Erro Zuasti, Francisco	1881-82	1ª Enseñanza	Hombre
Escalera del Campo, A.	1881-82	1ª Enseñanza	Hombre
Escobar Morán, Adolfo	1881-82	1ª Enseñanza	Hombre
Escoriaza Fabro, Manuel	1881-82	1ª Enseñanza	Hombre
Escoriaza Fabro, Nicolás	1880-82	1ª Enseñanza	Hombre
Escoriaza Fabro, Virgilio	1880-82	1ª Enseñanza	Hombre
Escosura Escosura, E.	1880-82	1ª Enseñanza	Hombre
Escosura Escosura, R.	1880-82	1ª Enseñanza	Hombre
Esteban Bedoya, Gonzalo	1880-82	1ª Enseñanza	Hombre
Estelrich Perelló, Juan	1880-81	1ª Enseñanza	Hombre
Exea Pozuelo, José de	1880-81	1ª Enseñanza	Hombre
Fernández Barrios y R., G.	1881-82	1ª Enseñanza	Hombre
Fernández Boada, S.	1881-82	1ª Enseñanza	Hombre
Fernández de Córdoba, B.	1880-81	1ª Enseñanza	Hombre
Fernández Hernández, A.	1880-82	1ª Enseñanza	Hombre
Fernández Leonard, Luis	1880-82	1ª Enseñanza	Hombre
Fernández López, M.	1880-82	1ª Enseñanza	Hombre
Fernández Lozano, E.	1880-81	1ª Enseñanza	Hombre
Fernández Pacheco, J.	1881-82	1ª Enseñanza	Hombre
Fernández Rodríguez, M.	1881-82	1ª Enseñanza	Hombre
Fernández Valdés, Julio	1881-82	1ª Enseñanza	Hombre

Alumnado	Cursos	Estudios	Hombre/Mujer
Ferrer Medrano, Carlos	1880-81	1ª Enseñanza	Hombre
Furundarena López, J. M.	1881-82	1ª Enseñanza	Hombre
Gadea Ortiz, Federico	1880-82	1ª Enseñanza	Hombre
Galán Rivera, Antonio	1881-82	1ª Enseñanza	Hombre
Galicia Galicia, Cándido	1881-82	1ª Enseñanza	Hombre
Gallegos Mondéjar, E.	1881-82	1ª Enseñanza	Hombre
Garagarza, José Miguel	1881-82	1ª Enseñanza	Hombre
Garay Rouwart, José M.	1881-82	1ª Enseñanza	Hombre
García Calleja, José M.	1880-82	1ª Enseñanza	Hombre
García de Socasa, C.	1880-82	1ª Enseñanza	Hombre
García del Real, Eduardo	1881-82	1ª Enseñanza	Hombre
García del Real, Tomás	1881-82	1ª Enseñanza	Hombre
García García, Mariano	1880-82	1ª Enseñanza	Hombre
García Iñíguez Vélez, C.	1881-82	1ª Enseñanza	Hombre
García Iñíguez Vélez, C.	1881-82	1ª Enseñanza	Hombre
García Labagge, Luis T.	1881-82	1ª Enseñanza	Hombre
García Mallavía, Arsenio	1881-82	1ª Enseñanza	Hombre
García Martino, F.	1881-82	1ª Enseñanza	Hombre
García Odiando, J.	1881-82	1ª Enseñanza	Hombre
García Socasa, J.	1880-81	1ª Enseñanza	Hombre
Gil Santo Domingo, A.	1880-82	1ª Enseñanza	Hombre
Ginart, Manuel	1881-82	1ª Enseñanza	Hombre
Giner Mascullán, R.	1881-82	1ª Enseñanza	Hombre
Giner Fuentes, Carlos	1881-82	1ª Enseñanza	Hombre
Girod y Reinar, Eduardo	1881-82	1ª Enseñanza	Hombre
Girod y Reinar, Jorge	1881-82	1ª Enseñanza	Hombre
Góngora Romero, M.	1880-81	1ª Enseñanza	Hombre
Gómez de Blas, Ezequiel	1881-82	1ª Enseñanza	Hombre
González Barrera, F.	1880-81	1ª Enseñanza	Hombre
González de Laborde, E.	1880-82	1ª Enseñanza	Hombre
González Fuente, Santiago	1880-81	1ª Enseñanza	Hombre
González Marañón, F:	1880-82	1ª Enseñanza	Hombre
González Núñez, E.	1881-82	1ª Enseñanza	Hombre
Gordo Rivera, Antonio	1880-81	1ª Enseñanza	Hombre
Guerrero Torija, Ramón	1880-82	1ª Enseñanza	Hombre
Guillén Redondo, Celso	1880-81	1ª Enseñanza	Hombre
Guinea Cibrián, E.	1880-81	1ª Enseñanza	Hombre

Alumnado	Cursos	Estudios	Hombre/Mujer
Gutiérrez Acedo, R.	1881-82	1ª Enseñanza	Hombre
Gutiérrez Chaume, F.	1880-81	1ª Enseñanza	Hombre
Guzmán González, Rafael	1880-82	1ª Enseñanza	Hombre
Heras Juliá, Manuel de las	1880-81	1ª Enseñanza	Hombre
Hermoso de Palacios, M.	1880-81	1ª Enseñanza	Hombre
Hernández Antón, R.	1881-82	1ª Enseñanza	Hombre
Hernández Lázaro, E.	1880-81	1ª Enseñanza	Hombre
Hernández Naya, Manuel	1881-82	1ª Enseñanza	Hombre
Hernández Reyero, M.	1881-82	1ª Enseñanza	Hombre
Herrando Álvarez, Félix	1881-82	1ª Enseñanza	Hombre
Herranz Apaolaza, Francisco	1880-82	1ª Enseñanza	Hombre
Herrero Martucci, F.	1881-82	1ª Enseñanza	Hombre
Hidalgo Alonso, Serafín	1881-82	1ª Enseñanza	Hombre
Hidalgo Domingo, J.	1881-82	1ª Enseñanza	Hombre
Huete Pinto, Santiago	1881-82	1ª Enseñanza	Hombre
Hurdisán Peralta, R.	1881-82	1ª Enseñanza	Hombre
Hurtado Urtasun, Alfonso	1880-81	1ª Enseñanza	Hombre
Ibach, Ernesto	1881-82	1ª Enseñanza	Hombre
Ibáñez Díaz, Cipriano	1880-81	1ª Enseñanza	Hombre
Infante Sierra, Vicente	1881-82	1ª Enseñanza	Hombre
Innerárity Cifuentes, S.	1881-82	1ª Enseñanza	Hombre
Irigoyen Urtiaga, Leopoldo	1880-81	1ª Enseñanza	Hombre
Iturriaga, Rafael	1880-81	1ª Enseñanza	Hombre
Izquierdo Martínez, Pedro	1880-81	1ª Enseñanza	Hombre
Jiménez Landi, Pedro	1880-81	1ª Enseñanza	Hombre
Jiménez Aragón, Juan	1881-82	1ª Enseñanza	Hombre
Jorro Rodríguez, D.	1880-81	1ª Enseñanza	Hombre
Köhler, Christian	1880-81	1ª Enseñanza	Hombre
Justiz Portuondo, S.	1881-82	1ª Enseñanza	Hombre
Lamas Palot, Enrique	1881-82	1ª Enseñanza	Hombre
Lancha García, Julio	1880-82	1ª Enseñanza	Hombre
Lara Casas, Leopoldo	1880-81	1ª Enseñanza	Hombre
Lázaro Madrazo, César	1880-82	1ª Enseñanza	Hombre
Leblanc Delage, Tomás	1880-81	1ª Enseñanza	Hombre
Lengo Gargollo, Horacio	1881-82	1ª Enseñanza	Hombre
Liern Albert, Francisco	1880-81	1ª Enseñanza	Hombre
Llamazares, Alejandro R.	1881-82	1ª Enseñanza	Hombre

Alumnado	Cursos	Estudios	Hombre/Mujer
Llano, Rafael de	1881-82	1ª Enseñanza	Hombre
Llanos González, Rafael	1881-82	1ª Enseñanza	Hombre
Llanos Margolles, Ángel de	1880-82	1ª Enseñanza	Hombre
Llausás, Carlos	1880-82	1ª Enseñanza	Hombre
Llopis Candela, Agustín	1881-82	1ª Enseñanza	Hombre
Loma Cediel, E. de la	1881-82	1ª Enseñanza	Hombre
Loma Cediel, Julio de la	1881-82	1ª Enseñanza	Hombre
López Alonso, Rafael	1880-82	1ª Enseñanza	Hombre
López Álvarez, T.	1880-82	1ª Enseñanza	Hombre
López Coterilla, Ángel	1881-82	1ª Enseñanza	Hombre
López Coterilla, Ventura	1881-82	1ª Enseñanza	Hombre
López Coterilla, Vicente	1881-82	1ª Enseñanza	Hombre
López Manguan, Rogelio	1880-82	1ª Enseñanza	Hombre
López Saavedra, Martín	1881-82	1ª Enseñanza	Hombre
Lopez Santiso, Antonio	1880-82	1ª Enseñanza	Hombre
Lopez Santiso, Diego	1880-82	1ª Enseñanza	Hombre
López, José	1880-81	1ª Enseñanza	Hombre
Lorenzo Arias, Pedro	1880-81	1ª Enseñanza	Hombre
Lorenzo Díaz, César	1881-82	1ª Enseñanza	Hombre
Lorite Kramer, J. M.	1881-82	1ª Enseñanza	Hombre
Lozano, Fernando	1880-82	1ª Enseñanza	Hombre
Manera Sorá, Miguel	1881-82	1ª Enseñanza	Hombre
Marese Guardiola, Enrique	1880-82	1ª Enseñanza	Hombre
Mariátegui Garay, M.	1880-82	1ª Enseñanza	Hombre
Marín Almécija, José	1881-82	1ª Enseñanza	Hombre
Martí Jackuart, Emilio	1880-82	1ª Enseñanza	Hombre
Martienzo Reynaldo, Juan	1880-82	1ª Enseñanza	Hombre
Martín Campos, Luis	1881-82	1ª Enseñanza	Hombre
Martín Campos, Manuel	1881-82	1ª Enseñanza	Hombre
Martín Pereira, Domingo	1880-81	1ª Enseñanza	Hombre
Martín Salazar, Vicente	1880-82	1ª Enseñanza	Hombre
Martínez Cadrana, J.	1880-82	1ª Enseñanza	Hombre
Martínez Chacón, E.	1880-82	1ª Enseñanza	Hombre
Martínez Diego, Manuel	1881-82	1ª Enseñanza	Hombre
Martínez Fernández, F.	1881-82	1ª Enseñanza	Hombre
Martínez Sevilla, E.	1881-82	1ª Enseñanza	Hombre
Martínez Sevilla, J. L.	1880-82	1ª Enseñanza	Hombre

Alumnado	Cursos	Estudios	Hombre/Mujer
Martínez Sevilla, R.	1880-82	1ª Enseñanza	Hombre
Masa Serrano, Pascual	1880-82	1ª Enseñanza	Hombre
Masferrer Grove, Luis	1880-81	1ª Enseñanza	Hombre
Mena Sobrino, Juan	1880-81	1ª Enseñanza	Hombre
Miariátegui Garay, M.	1880-82	1ª Enseñanza	Hombre
Mihura Noriega, Carlos	1880-82	1ª Enseñanza	Hombre
Mingo Corral, Julián	1880-81	1ª Enseñanza	Hombre
Mínguez Cubero, Federico	1880-82	1ª Enseñanza	Hombre
Miramón Cisneros, V.	1881-82	1ª Enseñanza	Hombre
Monmenen, José	1881-82	1ª Enseñanza	Hombre
Montalvo Maeso, Manuel	1880-81	1ª Enseñanza	Hombre
Montero Villegas, Ángel	1881-82	1ª Enseñanza	Hombre
Montero Villegas, Avelino	1881-82	1ª Enseñanza	Hombre
Montero Villegas, Eugenio	1880-82	1ª Enseñanza	Hombre
Montojo Martínez, E.	1881-82	1ª Enseñanza	Hombre
Morales Durán, Ramón	1880-81	1ª Enseñanza	Hombre
Morales Pozas, Ángel	1881-82	1ª Enseñanza	Hombre
Moreno Jerez, Luis	1881-82	1ª Enseñanza	Hombre
Moreno Pineda, José	1880-82	1ª Enseñanza	Hombre
Moreno Zanendo, Eduardo	1881-82	1ª Enseñanza	Hombre
Morquecho Ontañón, S.	1881-82	1ª Enseñanza	Hombre
Navarrete, Fernando	1881-82	1ª Enseñanza	Hombre
Navarrete, Francisco	1881-82	1ª Enseñanza	Hombre
Navarrete García, R.	1880-82	1ª Enseñanza	Hombre
Nora Alvistain, Manuel	1880-82	1ª Enseñanza	Hombre
Núñez Martínez, M.	1880-82	1ª Enseñanza	Hombre
Oltra Torrente, F.	1880-82	1ª Enseñanza	Hombre
Orodea Basea, Miguel	1880-82	1ª Enseñanza	Hombre
Ortega Mayer, Cayo	1880-82	1ª Enseñanza	Hombre
Ortiz Antón, Luciano	1880-82	1ª Enseñanza	Hombre
Ortiz Ramírez, Isidro A.	1881-82	1ª Enseñanza	Hombre
Ortiz Rodas, Enrique	1880-82	1ª Enseñanza	Hombre
Osío Espar, Federico	1881-82	1ª Enseñanza	Hombre
Oviedo Daupes, José	1881-82	1ª Enseñanza	Hombre
Oviedo Daupes, Juan	1881-82	1ª Enseñanza	Hombre
Oyuelos González, E.	1880-81	1ª Enseñanza	Hombre
Padial Rodríguez, Juan	1881-82	1ª Enseñanza	Hombre

Alumnado	Cursos	Estudios	Hombre/Mujer
Pallares Colmenar, F.	1880-82	1ª Enseñanza	Hombre
Paredes Rodríguez, José	1880-81	1ª Enseñanza	Hombre
Pasarón Sanmartín, L.	1881-82	1ª Enseñanza	Hombre
Pellico Larraz, Carlos	1880-82	1ª Enseñanza	Hombre
Peña Valls, Manuel	1881-82	1ª Enseñanza	Hombre
Pérez Arellano, Lucas	1880-82	1ª Enseñanza	Hombre
Pérez Carmena, V.	1881-82	1ª Enseñanza	Hombre
Pérez Cohen, Carlos	1880-82	1ª Enseñanza	Hombre
Pérez de la Sala, Alejandro	1881-82	1ª Enseñanza	Hombre
Pérez de Valluerca, J.	1881-82	1ª Enseñanza	Hombre
Pérez de Valluerca, M.	1881-82	1ª Enseñanza	Hombre
Pérez de Rozas, Joaquín	1880-81	1ª Enseñanza	Hombre
Pérez García, José	1881-82	1ª Enseñanza	Hombre
Pérez López, Federico	1881-82	1ª Enseñanza	Hombre
Pérez Viseas, José	1880-82	1ª Enseñanza	Hombre
Pérez, Ángel	1881-82	1ª Enseñanza	Hombre
Pérez, Carlos	1880-82	1ª Enseñanza	Hombre
Pérez-Seoane, José	1880-82	1ª Enseñanza	Hombre
Pieltain Bartolí, José María	1880-82	1ª Enseñanza	Hombre
Portuondo Eizaguirre, A.	1881-82	1ª Enseñanza	Hombre
Portuondo Mola, B.	1880-81	1ª Enseñanza	Hombre
Portuondo Mola, José	1881-82	1ª Enseñanza	Hombre
Portuondo Mola, Luis	1880-81	1ª Enseñanza	Hombre
Poveda Gómez, Luis	1880-82	1ª Enseñanza	Hombre
Pozuelo Rivero, Felipe	1881-82	1ª Enseñanza	Hombre
Prieto Carreño, José	1880-82	1ª Enseñanza	Hombre
Prieto Carreño, Luis	1880-81	1ª Enseñanza	Hombre
Prieto Fernández, Vicente	1880-81	1ª Enseñanza	Hombre
Puch González, Manuel	1880-82	1ª Enseñanza	Hombre
Puig Boronat, José	1880-81	1ª Enseñanza	Hombre
Quirós y Martín, José M.	1880-81	1ª Enseñanza	Hombre
Ramón Llamazares, A.	1881-82	1ª Enseñanza	Hombre
Ramos de los Ríos, J.	1881-82	1ª Enseñanza	Hombre
Rego Rodríguez, Ángel	1880-82	1ª Enseñanza	Hombre
Rego Rodríguez, M.	1881-82	1ª Enseñanza	Hombre
Rey Vellido, Manuel	1880-82	1ª Enseñanza	Hombre
Rico Megina, Ramón	1880-81	1ª Enseñanza	Hombre

Alumnado	Cursos	Estudios	Hombre/Mujer
Río Bulnes, F. del	1881-82	1ª Enseñanza	Hombre
Río Carmena, J.	1881-82	1ª Enseñanza	Hombre
Ríos Reguera, Francisco	1880-81	1ª Enseñanza	Hombre
Roch Martínez, Samuel	1881-82	1ª Enseñanza	Hombre
Rodero Aguado, F.	1881-82	1ª Enseñanza	Hombre
Rodríguez Boró, Luis	1881-82	1ª Enseñanza	Hombre
Rodríguez Cortés, R.	1880-82	1ª Enseñanza	Hombre
Rodríguez de Aldao, A.	1881-82	1ª Enseñanza	Hombre
Rodríguez Ferrer, Miguel	1880-82	1ª Enseñanza	Hombre
Rodríguez Herranz, José	1880-81	1ª Enseñanza	Hombre
Rodríguez Leoz, Francisco	1880-81	1ª Enseñanza	Hombre
Rodríguez Naharro, V.	1881-82	1ª Enseñanza	Hombre
Rodríguez Navas, Virgilio	1880-81	1ª Enseñanza	Hombre
Rodríguez Pinilla, H.	1880-81	1ª Enseñanza	Hombre
Rodríguez Villalonga, J.	1881-82	1ª Enseñanza	Hombre
Romero Herraiz, Ginés	1880-81	1ª Enseñanza	Hombre
Romero López, Amadeo	1880-82	1ª Enseñanza	Hombre
Romero López-P., Vicente	1880-82	1ª Enseñanza	Hombre
Romero López-P., M.	1880-82	1ª Enseñanza	Hombre
Rosa Angelina, P.	1880-82	1ª Enseñanza	Hombre
Royán Celda, Fernando	1880-81	1ª Enseñanza	Hombre
Royán Celda, Juan de D.	1880-82	1ª Enseñanza	Hombre
Rubau Donadeu, Dantón	1880-81	1ª Enseñanza	Hombre
Rubio Muñoz, Manuel	1880-82	1ª Enseñanza	Hombre
Ruiz Giménez, Francisco	1881-82	1ª Enseñanza	Hombre
Ruiz Pérez, Gustavo	1881-82	1ª Enseñanza	Hombre
Ruiz Pérez, Ramón	1880-82	1ª Enseñanza	Hombre
Ruiz Pons, Ernesto F.	1880-82	1ª Enseñanza	Hombre
Sacristán Zavala, Javier	1881-82	1ª Enseñanza	Hombre
Sainz Tomillo, Teodoro	1880-81	1ª Enseñanza	Hombre
Salmerón García, N.	1880-81	1ª Enseñanza	Hombre
Salto Prieto, Leopoldo	1880-81	1ª Enseñanza	Hombre
Salvador Pulgar, Manuel	1880-82	1ª Enseñanza	Hombre
Sama Pérez, Valentín	1880-82	1ª Enseñanza	Hombre
San Miguel, José	1881-82	1ª Enseñanza	Hombre
San Miguel, Justo	1879-80	1ª Enseñanza	Hombre
Sanabria, Antonio	1880-81	1ª Enseñanza	Hombre

Alumnado	Cursos	Estudios	Hombre/Mujer
Sancha García, Antonio	1880-82	1ª Enseñanza	Hombre
Sánchez de Alba, Federico	1880-81	1ª Enseñanza	Hombre
Sánchez Fernández, T.	1880-82	1ª Enseñanza	Hombre
Sánchez Pescador, Carlos	1880-82	1ª Enseñanza	Hombre
Sánchez Ramos, Augusto	1880-81	1ª Enseñanza	Hombre
Santiago Raigón, Manuel	1881-82	1ª Enseñanza	Hombre
Sanz Prats, Tomás	1881-82	1ª Enseñanza	Hombre
Sardá Uribarri, Agustín	1881-82	1ª Enseñanza	Hombre
Sauco Menchero, E.	1880-82	1ª Enseñanza	Hombre
Seguí Marti, Juan	1880-82	1ª Enseñanza	Hombre
Selser Casanova, H.	1880-81	1ª Enseñanza	Hombre
Sevilla Capellán, Ángel	1880-82	1ª Enseñanza	Hombre
Serrano Rivero, Enrique	1881-82	1ª Enseñanza	Hombre
Simancas Roco, Enrique	1881-82	1ª Enseñanza	Hombre
Simón Martín, Miguel	1880-81	1ª Enseñanza	Hombre
Simón Martín, Rogelio	1880-81	1ª Enseñanza	Hombre
Soldevilla Amirola, César	1880-82	1ª Enseñanza	Hombre
Soler Soto, José	1880-82	1ª Enseñanza	Hombre
Suárez Sánchez, Julián	1880-81	1ª Enseñanza	Hombre
Tacero Ríos, Enrique	1881-82	1ª Enseñanza	Hombre
Tamariz Castilla, M.	1880-81	1ª Enseñanza	Hombre
Tausent Spicharz, Luis	1880-82	1ª Enseñanza	Hombre
Tejero Espina, Luis	1880-82	1ª Enseñanza	Hombre
Tejero Mon, Ricardo	1881-82	1ª Enseñanza	Hombre
Teni, José Emilio	1880-81	1ª Enseñanza	Hombre
Toledano González, R.	1880-81	1ª Enseñanza	Hombre
Torre Pecul, José de	1880-81	1ª Enseñanza	Hombre
Torres Bermejo, F.	1880-82	1ª Enseñanza	Hombre
Torres Campos, Rafael	1881-82	1ª Enseñanza	Hombre
Torres Donallo, A.	1880-81	1ª Enseñanza	Hombre
Torroba, Silvestre	1880-82	1ª Enseñanza	Hombre
Trillo López, Luis	1880-81	1ª Enseñanza	Hombre
Triviño Fernández, Cayetano	1880-81	1ª Enseñanza	Hombre
Triviño Fernández, Juan	1880-82	1ª Enseñanza	Hombre
Triviño Fernández, T.	1880-81	1ª Enseñanza	Hombre
Umérez Zulaica, M.	1881-82	1ª Enseñanza	Hombre
Unanua Pardo, Manuel	1880-82	1ª Enseñanza	Hombre

Alumnado	Cursos	Estudios	Hombre/Mujer
Uña Puerta, Francisco	1881-82	1ª Enseñanza	Hombre
Uña Sarthou, Juan Antonio	1880-82	1ª Enseñanza	Hombre
Ureña Olivares, José	1881-82	1ª Enseñanza	Hombre
Ureña Pastor, Medardo	1880-82	1ª Enseñanza	Hombre
Ureña, Justo	1881-82	1ª Enseñanza	Hombre
Uturriaga, Rafael	1880-82	1ª Enseñanza	Hombre
Uvillos y Gámez, F.	1880-82	1ª Enseñanza	Hombre
Valdivieso Giraldo, J.	1880-82	1ª Enseñanza	Hombre
Valera Delabat, Luis	1881-82	1ª Enseñanza	Hombre
Vallejo y Navarro, A.	1881-82	1ª Enseñanza	Hombre
Vázquez Figueroa, Aurelio	1880-82	1ª Enseñanza	Hombre
Vela Murillo, José	1880-81	1ª Enseñanza	Hombre
Vela Lustó, Joaquín	1881-82	1ª Enseñanza	Hombre
Velao Oñate, Ángel	1881-82	1ª Enseñanza	Hombre
Velarde Martínez, Julián	1881-82	1ª Enseñanza	Hombre
Vicente Omaña, Rafael	1881-82	1ª Enseñanza	Hombre
Viedma Navarro, Miguel	1880-82	1ª Enseñanza	Hombre
Viéitez Penedo, Ignacio	1880-81	1ª Enseñanza	Hombre
Villalba Muñoz, G.	1880-82	1ª Enseñanza	Hombre
Villalba Muñoz, J.	1880-82	1ª Enseñanza	Hombre
Vinent y Portuando, A.	1880-82	1ª Enseñanza	Hombre
Vizcarrondo Villalón, F.	1881-82	1ª Enseñanza	Hombre
Zapatero Elorrio, F.	1881-82	1ª Enseñanza	Hombre
Zapatero Elorrio, J.	1881-82	1ª Enseñanza	Hombre

Elaboración propia. FUENTE: *BILE*, VII (1883) y VIII (1884)

Señala Cacho Viu (1962: 477) que, entre los años 1879 y 1881, siendo todavía muy niños, pasaron por la Institución como alumnos de primaria o en los cursos de secundaria, "Julián Besteiro, Pedro Blanco, Juan Uña, Ángel do Rego, José Manuel Pedregal, Román Loredo, Leopoldo Salto, Antonio Portuondo, Valentín Sama y Antonio Vinent, entre otros vinculados a la historia futura de la Institución".

Dado el carácter no enciclopédico de este trabajo, no podemos seguir la trayectoria de todos los alumnos matriculados en estas clases. Es fácil rastrear a aquellos, como los señalados en el párrafo anterior, vinculados a la ILE por lazos familiares o ideológicos; de otros es más difícil, cuando no imposible. Ofrecemos algunos apuntes a modo de ejemplo.

Francisco Acedo Villalobos nació en Baeza (Jaén) en 1873. Tras estudiar en la ILE, obtuvo el título de bachiller en el Instituto Cardenal Cisneros de Madrid, y estudió también en el Colegio de San Isidro y en el Hispano-Romano. Ingeniero de Caminos, Canales y Puertos, dirigió la rehabilitación del puente de Baeza en 1912 y firmó el proyecto del dique de abrigo del Puerto de la Luz, en las Palmas de Gran Canaria. Durante la guerra su trayectoria profesional se interrumpió, siendo cesado como muchos otros funcionarios de obras públicas[128].

Cayetano Aguado Ibarra llegaría a ser director de la compañía Sociedad Madrileña de Tranvías. Manuel Alonso Ávila Bernabeu nació en Viana do Bolo (Ourense) en 1871, hijo del republicano y profesor de la Escuela de Bellas Artes de Barcelona Tiberio Ávila Rodríguez; Manuel estudió Derecho en Madrid, ingresó en el cuerpo diplomático en 1896 y alcanzó el rango de ministro plenipotenciario de primera clase. Su hermano Óscar Ávila, nacido en 1872, estudió Derecho en Madrid y profesorado mercantil en la Escuela de Comercio de Barcelona, de la que fue profesor, desempeñando además el cargo de cónsul de Amberes en la ciudad condal; se jubiló en 1943 del puesto de auditor municipal de cuentas de Barcelona[129].

Ángel Cenegorta y González de Mendoza era hijo de Ángel Cenegorta Mazón, sastre, escritor, militante del Partido Republicano y presidente de la sección madrileña de la Asociación Internacional de Trabajadores (AIT); Cenegorta González trabajaría como funcionario en la Intervención general de la Administración del Estado.

Antonio Cembrano Muñoz, nacido en Madrid en 1871, encaminó su carrera hacia la administración y la política; funcionario del Ministerio de Gobernación, fue gobernador civil de León (1906) y Salamanca (1910) y secretario del gobierno civil de Madrid (1911). Militante del Partido Liberal, en 1919 consigue acta de diputado por el distrito de Alcañices (Zamora).

Ignacio Díaz Zuazua (1873-1930) fue discípulo del doctor Rafael Salillas, eminente médico forense y criminólogo. Díaz Zuazua desempeñó su labor en la Dirección General de Prisiones; masón, fue suspendido de empleo y expulsado del cuerpo en 1927. Falleció en marzo de 1930, coincidiendo con la anulación de su sanción y su reintegro en el servicio activo. Descansa en el cementerio civil de Madrid, en una tumba erigida en su

128 MCU- PARES (Portal de Archivos Españoles), Persona- Acedo Villalobos, Francisco (1873-?) (en: https://pares.mcu.es/ParesBusquedas20/catalogo/autoridad/150950)

129 MCU- PARES (Portal de Archivos Españoles), Persona- Ávila Bernabeu, Óscar (1872?-) (en: https://pares.mcu.es/ParesBusquedas20/catalogo/autoridad/167697)

honor por sus hermanos masones. Díaz Zuazua fue miembro de la Junta Facultativa de la ILE.

Nicolás (1869-1937) y Virgilio Escoriaza Fabro (1872-1928) eran hijos de José Pascasio Escoriaza Cardona, que había sido director general de obras públicas y administraba un próspero negocio de líneas ferroviarias. Los hermanos Escoriaza Fabro promovieron, desde Zaragoza, proyectos de tranvías eléctricos en diferentes ciudades de España y líneas secundarias de ferrocarriles. En sociedad con firmas francesas, en los años 20 fabricaban también material para el ejército, incluyendo suministros de automoción y aviación. Nicolás fue honrado con el título de Vizconde de Escoriaza por el rey Alfonso XIII en 1919. Murió asesinado en la prisión de los Ángeles Custodios de Bilbao en 1937 (Núñez Romero-Balmas, 2010).

Tomás (1867-1921) y Eduardo García del Real y Álvarez de Mijares (1870-1947) eran hijos de la escritora Emilia Mijares y del periodista Timoteo García del Real Blanco de Ortigueira. Eduardo estudió Medicina en Madrid y amplió estudios en Alemania. En 1900 ganó la cátedra de Enfermedades de la infancia en la Universidad de Santiago, en 1907 la de Patología y Clínica médica en la Universidad de Valladolid, y en 1918 la de Historia de la Medicina en la Universidad de Madrid. Tradujo diversos libros y escribió obras fundamentales, como su *Patología médica* en 10 tomos (Díaz-Rubio García). Su hermana Matilde estudió en la Escuela de Institutrices de Madrid, fue profesora en dicha Escuela, maestra municipal de Madrid, profesora de párvulos e inspectora de escuelas de niñas en la capital; dejó una muy rica obra pedagógica, en proximidad a la ILE.

Horacio Lengo Gargollo (1868-1895) era hijo del reconocido pintor malagueño Horacio Lengo y Martínez de Baños, diputado provincial en las filas de los conservadores por el distrito de Navalcarnero, que se suicidó en 1890. Lengo Gargollo, notable ciclista, murió prematuramente.

Eugenio Montero Villegas (1873-1917) era hijo de Eugenio Montero Ríos y Avelina Villegas Rubiños. Tras estudiar Derecho, a los 25 años la familia lo situó como diputado por el distrito de Cambados y posteriormente por el de Muros. Fue director general de Agricultura (1906) y subsecretario de Gracia y Justicia. Se casó con Josefina Becerra Malvar, hija de Manuel Becerra Armesto, que será alcalde de Pontevedra, y de Josefa Malvar de la Maza, heredera del Pazo da Carballeira de Gandarón (Pontevedra).

Eduardo Moreno Zanendo, tras estudiar Medicina, fue profesor encargado de la clínica y consulta de enfermedades de las vías digestivas en el Instituto de Terapéutica operatoria del Hospital de la Princesa de Madrid, y médico director de aguas medicinales.

José Prieto Carreño González (1868-1955) cursó estudios de ingeniería industrial en Madrid. Junto con sus hermanos regentó en Sevilla la fábrica de cerillas Hijos de Concepción Carreño. Fue presidente de la Diputación provincial de Sevilla en 1935-36.

Juan Antonio Uña Sarthou (1871-1948) era hijo de Juan Uña Gómez, uno de los impulsores de la ILE, y de Carmen Sarthou Lera. Tras doctorarse en Derecho, trabajó en el Instituto de Reformas Sociales y fue profesor en la ILE, además de diputado en las filas del Partido Reformista de Melquíades Álvarez.

Como vemos en estas breves entradas, quienes cursaban estudios primarios en la escuela de la Institución tenían lazos familiares o ideológicos con el proyecto, en muchos casos, y en otros procedían de familias con convicciones republicanas por un lado, o de perfil ilustrado por otro, que deseaban para sus hijos una educación primaria diferente a la ofrecida en las escuelas públicas, no siempre bien dotadas (y nos referimos al caso de Madrid, donde eran obviamente mejores que en otros lugares), o en establecimientos particulares de muy diverso tipo, desde los de órdenes religiosas a los muy precarios regentados por un solo maestro. Las trayectorias posteriores explican el éxito o no de la obra educativa, aunque no podemos prescindir del enorme peso que en las trayectorias vitales tienen los orígenes familiares.

5.2. La primera y la segunda enseñanza unidas por secciones (cursos 1882-83 a 1883-84)

A finalizar el curso 1881-82, se impartió la primera y la segunda enseñanza unidas por secciones, de acuerdo con las características metodológicas y de agrupación a las que hemos hecho referencia.

5.2.1. Análisis cuantitativo y relación nominal

Presentamos en primer lugar el total del alumnado en estos dos cursos académicos (1882-83 y 1883-84) (Tabla 10)

Tabla 10
INSTITUCIÓN LIBRE DE ENSEÑANZA
PRIMERA Y SEGUNDA ENSEÑANZA POR SECCIONES
ALUMNADO. ANÁLISIS CUANTITATIVO
1882-1884

1882-83	1883-84
290	230

Elaboración propia. FUENTE: *BILE*, VII (1883) y VIII (1884)

Ofrecemos a continuación (Cuadro 26) la relación nominal de alumnos de primera y segunda enseñanza por secciones (1882-1884).

Cuadro 26
INSTITUCIÓN LIBRE DE ENSEÑANZA
PRIMERA Y SEGUNDA ENSEÑANZA POR SECCIONES
ALUMNADO. RELACIÓN NOMINAL (1882-1884)

Alumnado	Cursos	Estudios	Homb./Muj.
Adcock, Edmundo	1882-84	1ª y 2ª enseñanza por secciones	Hombre
Aguirre Olózaga, F. de	1883-84	1ª y 2ª enseñanza por secciones	Hombre
Aguirre Olózaga, J. de	1883-84	1ª y 2ª enseñanza por secciones	Hombre
Albiol Teixidó, Felipe	1882-83	1ª y 2ª enseñanza por secciones	Hombre
Alcalá Lozano, Enrique	1882-83	1ª y 2ª enseñanza por secciones	Hombre
Alós Rivero, Diego de	1882-83	1ª y 2ª enseñanza por secciones	Hombre
Alós Rivero, N. M. de	1882-83	1ª y 2ª enseñanza por secciones	Hombre
Amigo García Labiano, Narciso	1882-84	1ª y 2ª enseñanza por secciones	Hombre
Arellano Cruz, Jorge	1882-84	1ª y 2ª enseñanza por secciones	Hombre
Ariza Ediazarreta, Rafael	1882-83	1ª y 2ª enseñanza por secciones	Hombre
Arrobas Viseas, Agustín	1882-84	1ª y 2ª enseñanza por secciones	Hombre
Atienza Arboledas, A.	1882-84	1ª y 2ª enseñanza por secciones	Hombre
Avia Borreguero, Tomás	1882-83	1ª y 2ª enseñanza por secciones	Hombre
Ávila Bernabeu, M.	1882-83	1ª y 2ª enseñanza por secciones	Hombre
Ávila Bernabeu, Óscar	1882-83	1ª y 2ª enseñanza por secciones	Hombre
Balbás Otero, Juan	1882-84	1ª y 2ª enseñanza por secciones	Hombre

Alumnado	Cursos	Estudios	Homb./Muj.
Barceló Rodríguez, F.	1882-84	1ª y 2ª enseñanza por secciones	Hombre
Barinaga Loma, Juan	1882-84	1ª y 2ª enseñanza por secciones	Hombre
Bartrina Medina, E.	1882-83	1ª y 2ª enseñanza por secciones	Hombre
Bascán Sánchez, Juan	1882-84	1ª y 2ª enseñanza por secciones	Hombre
Bayo Timmerhans, E.	1882-83	1ª y 2ª enseñanza por secciones	Hombre
Benito Contreras, E.	1882-83	1ª y 2ª enseñanza por secciones	Hombre
Benito Díaz, Alberto	1882-83	1ª y 2ª enseñanza por secciones	Hombre
Berges Palacín, Antonio	1882-83	1ª y 2ª enseñanza por secciones	Hombre
Bernaldo de Quirós, Elías	1882-83	1ª y 2ª enseñanza por secciones	Hombre
Berriatúa Sanahuja, M.	1882-84	1ª y 2ª enseñanza por secciones	Hombre
Besteiro Fernández, J.	1882-84	1ª y 2ª enseñanza por secciones	Hombre
Betuich González, Juan	1882-84	1ª y 2ª enseñanza por secciones	Hombre
Blanco Suárez, Pedro	1882-84	1ª y 2ª enseñanza por secciones	Hombre
Boix de la Dueña, Gonzalo	1882-83	1ª y 2ª enseñanza por secciones	Hombre
Bosch Romero, José	1882-83	1ª y 2ª enseñanza por secciones	Hombre
Brantot Ferreira, Adolfo	1882-84	1ª y 2ª enseñanza por secciones	Hombre
Bueno García, León	1882-83	1ª y 2ª enseñanza por secciones	Hombre
Caballero Sevilla, César	1882-84	1ª y 2ª enseñanza por secciones	Hombre
Cabrero Rizo, Emilio	1882-83	1ª y 2ª enseñanza por secciones	Hombre
Calderón de la Barca, R.	1882-83	1ª y 2ª enseñanza por secciones	Hombre
Calvo Aróstegui, Pedro	1882-84	1ª y 2ª enseñanza por secciones	Hombre
Camps Valera, Juan	1882-83	1ª y 2ª enseñanza por secciones	Hombre
Casero Barranco, A.	1882-83	1ª y 2ª enseñanza por secciones	Hombre
Castillo Arechaga, C. del	1882-83	1ª y 2ª enseñanza por secciones	Hombre
Castillo Arechaga, E. del	1882-83	1ª y 2ª enseñanza por secciones	Hombre
Castillo Hernández, M. del	1883-84	1ª y 2ª enseñanza por secciones	Hombre
Castro González, J.	1882-83	1ª y 2ª enseñanza por secciones	Hombre
Castro Laregui, V. de	1882-83	1ª y 2ª enseñanza por secciones	Hombre
Castro Pinedo, Mariano	1882-83	1ª y 2ª enseñanza por secciones	Hombre

Alumnado	Cursos	Estudios	Homb./Muj.
Celaya Rodríguez, Fermín	1882-83	1ª y 2ª enseñanza por secciones	Hombre
Chao Sedano, Alejandro	1882-84	1ª y 2ª enseñanza por secciones	Hombre
Chao Sedano, Eduardo	1882-84	1ª y 2ª enseñanza por secciones	Hombre
Cordero Bello, Darío	1882-84	1ª y 2ª enseñanza por secciones	Hombre
Cordero Bello, Feliciano	1882-84	1ª y 2ª enseñanza por secciones	Hombre
Cordero Vigil, Ramón	1882-84	1ª y 2ª enseñanza por secciones	Hombre
Córdova Bayona, Julio	1883-84	1ª y 2ª enseñanza por secciones	Hombre
Correas Llopis, Vicente	1882-84	1ª y 2ª enseñanza por secciones	Hombre
Corredor Arana, E.	1882-84	1ª y 2ª enseñanza por secciones	Hombre
Corredor Arana, G.	1882-83	1ª y 2ª enseñanza por secciones	Hombre
Corredor Arana, Pedro	1882-84	1ª y 2ª enseñanza por secciones	Hombre
Cossío Gómez, R.	1882-83	1ª y 2ª enseñanza por secciones	Hombre
Cutiller Valenzuela, E.	1882-83	1ª y 2ª enseñanza por secciones	Hombre
Dale Céliz, Carlos	1882-84	1ª y 2ª enseñanza por secciones	Hombre
Díaz Sánchez, José	1882-83	1ª y 2ª enseñanza por secciones	Hombre
Díaz Zuazua, Ignacio	1882-83	1ª y 2ª enseñanza por secciones	Hombre
Díez Miguel, Vicente	1882-83	1ª y 2ª enseñanza por secciones	Hombre
Díez Solorzano, Manuel	1882-84	1ª y 2ª enseñanza por secciones	Hombre
Ducazcal, José	1882-83	1ª y 2ª enseñanza por secciones	Hombre
Echaniz y Duñabeitia, M.	1882-83	1ª y 2ª enseñanza por secciones	Hombre
Elorrio Fernández de Balboa, R	1882-84	1ª y 2ª enseñanza por secciones	Hombre
Erro Zuasti, Francisco	1882-84	1ª y 2ª enseñanza por secciones	Hombre
Escalera del Campo, A.	1882-84	1ª y 2ª enseñanza por secciones	Hombre
Escobar Morán, Adolfo	1882-84	1ª y 2ª enseñanza por secciones	Hombre
Escosura Escosura, R.	1882-84	1ª y 2ª enseñanza por secciones	Hombre
Esteban Bedoya, Gonzalo	1882-84	1ª y 2ª enseñanza por secciones	Hombre
Fernández Armendáriz, E.	1882-83	1ª y 2ª enseñanza por secciones	Hombre
Fernández Boada, S.	1882-84	1ª y 2ª enseñanza por secciones	Hombre
Fernández López, M. S.	1882-83	1ª y 2ª enseñanza por secciones	Hombre

Alumnado	Cursos	Estudios	Homb./Muj.
Fernández Rodríguez, M.	1882-83	1ª y 2ª enseñanza por secciones	Hombre
Fernández Shaw, Carlos	1882-83	1ª y 2ª enseñanza por secciones	Hombre
Fernández Valdés, Julio	1882-83	1ª y 2ª enseñanza por secciones	Hombre
Fos Rodima, Vicente	1883-84	1ª y 2ª enseñanza por secciones	Hombre
Freire de Andrade, José	1882-83	1ª y 2ª enseñanza por secciones	Hombre
Fuente Gómez, A. de la	1882-84	1ª y 2ª enseñanza por secciones	Hombre
Fuente Mondéjar, M.	1882-84	1ª y 2ª enseñanza por secciones	Hombre
Fungairiño, Eduardo	1882-84	1ª y 2ª enseñanza por secciones	Hombre
Gaeta Cortés, José	1883-84	1ª y 2ª enseñanza por secciones	Hombre
Galán Rivera, Antonio	1883-84	1ª y 2ª enseñanza por secciones	Hombre
Gallegos Mondéjar, E.	1882-84	1ª y 2ª enseñanza por secciones	Hombre
Gamonal Gutiérrez, R.	1882-84	1ª y 2ª enseñanza por secciones	Hombre
García Atienza, José	1882-83	1ª y 2ª enseñanza por secciones	Hombre
García Béjar, Rafael	1883-84	1ª y 2ª enseñanza por secciones	Hombre
García Calleja, José M.	1883-84	1ª y 2ª enseñanza por secciones	Hombre
García de Socasa, C.	1883-84	1ª y 2ª enseñanza por secciones	Hombre
García del Real, Antonio	1882-83	1ª y 2ª enseñanza por secciones	Hombre
García García, Mariano	1882-83	1ª y 2ª enseñanza por secciones	Hombre
García Soto, Pedro	1882-83	1ª y 2ª enseñanza por secciones	Hombre
García-Mendoza, Rafael	1882-83	1ª y 2ª enseñanza por secciones	Hombre
Gacinuño González, Policarpo	1882-83	1ª y 2ª enseñanza por secciones	Hombre
Gil Santo Domingo, A.	1882-83	1ª y 2ª enseñanza por secciones	Hombre
Giménez Bedoya, Alfredo	1882-83	1ª y 2ª enseñanza por secciones	Hombre
Ginart, Manuel	1882-84	1ª y 2ª enseñanza por secciones	Hombre
Giner Agüelles, Carlos	1882-83	1ª y 2ª enseñanza por secciones	Hombre
Giner Fuentes, Carlos	1882-84	1ª y 2ª enseñanza por secciones	Hombre
Giner Mascuñán, R.	1882-84	1ª y 2ª enseñanza por secciones	Hombre
Girod Reinar, Eduardo	1882-83	1ª y 2ª enseñanza por secciones	Hombre
Girod Reinar, Jorge	1883-84	1ª y 2ª enseñanza por secciones	Hombre

Alumnado	Cursos	Estudios	Homb./Muj.
Gómez Aragón, Alfonso	1882-83	1ª y 2ª enseñanza por secciones	Hombre
Gómez de Blas, Ezequiel	1882-84	1ª y 2ª enseñanza por secciones	Hombre
Gómez Mata, Manuel	1882-84	1ª y 2ª enseñanza por secciones	Hombre
Gómez Suárez, Emilio	1882-83	1ª y 2ª enseñanza por secciones	Hombre
González Marañón, F.	1882-83	1ª y 2ª enseñanza por secciones	Hombre
Gordo Rivera, Julio	1882-84	1ª y 2ª enseñanza por secciones	Hombre
Guinea Valdivielso, Pablo	1882-83	1ª y 2ª enseñanza por secciones	Hombre
Hernández Cardona, C.	1882-83	1ª y 2ª enseñanza por secciones	Hombre
Hernández Cardona, E.	1882-83	1ª y 2ª enseñanza por secciones	Hombre
Hernández Naya, Manuel	1882-84	1ª y 2ª enseñanza por secciones	Hombre
Hernández Reyero, M.	1882-84	1ª y 2ª enseñanza por secciones	Hombre
Herrando Álvarez, Félix	1882-84	1ª y 2ª enseñanza por secciones	Hombre
Herranz Apaolaza, Francisco	1882-83	1ª y 2ª enseñanza por secciones	Hombre
Hurdisán Peralta, R.	1882-83	1ª y 2ª enseñanza por secciones	Hombre
Innerárity Cifuentes, S.	1882-83	1ª y 2ª enseñanza por secciones	Hombre
Izquierdo Martínez, Pedro	1882-83	1ª y 2ª enseñanza por secciones	Hombre
Jaspe Moscoso, Juan	1882-83	1ª y 2ª enseñanza por secciones	Hombre
Jiménez Aragón, Enrique	1882-83	1ª y 2ª enseñanza por secciones	Hombre
Jiménez Aragón, Juan	1882-83	1ª y 2ª enseñanza por secciones	Hombre
Jiménez Landi, Pedro	1882-83	1ª y 2ª enseñanza por secciones	Hombre
Justiz Portuondo, Pedro	1882-83	1ª y 2ª enseñanza por secciones	Hombre
Kuadras Kuadras, A.	1882-84	1ª y 2ª enseñanza por secciones	Hombre
Kuadras Kuadras, José	1883-83	1ª y 2ª enseñanza por secciones	Hombre
Labra, Alfredo	1882-83	1ª y 2ª enseñanza por secciones	Hombre
Lacorte Vitales, Pedro	1882-84	1ª y 2ª enseñanza por secciones	Hombre
Lallave Lallave, Jesús	1882-83	1ª y 2ª enseñanza por secciones	Hombre
Lamas Palot, Enrique	1882-83	1ª y 2ª enseñanza por secciones	Hombre
Lamo Giménez, Carlos	1882-84	1ª y 2ª enseñanza por secciones	Hombre
Lázaro Echevarría, A.	1882-84	1ª y 2ª enseñanza por secciones	Hombre

Alumnado	Cursos	Estudios	Homb./Muj.
Ligero, Felipe	1882-84	1ª y 2ª enseñanza por secciones	Hombre
Llamazares, Alejandro R.	1882-84	1ª y 2ª enseñanza por secciones	Hombre
Llanos Margolles, Ángel de	1882-83	1ª y 2ª enseñanza por secciones	Hombre
Llausás, Carlos	1882-83	1ª y 2ª enseñanza por secciones	Hombre
Llopis Candela, Agustín	1882-83	1ª y 2ª enseñanza por secciones	Hombre
Loma Cediel, Julio de la	1882-84	1ª y 2ª enseñanza por secciones	Hombre
López Coterilla, Ventura	1882-84	1ª y 2ª enseñanza por secciones	Hombre
López Manguan, Rogelio	1882-83	1ª y 2ª enseñanza por secciones	Hombre
López Saavedra, Martín	1882-83	1ª y 2ª enseñanza por secciones	Hombre
López Santiso, Antonio	1882-83	1ª y 2ª enseñanza por secciones	Hombre
López, José María	1883-84	1ª y 2ª enseñanza por secciones	Hombre
López, Melitino	1883-84	1ª y 2ª enseñanza por secciones	Hombre
Loredo Prados, Román	1883-84	1ª y 2ª enseñanza por secciones	Hombre
Lozano, Fernando	1882-84	1ª y 2ª enseñanza por secciones	Hombre
Lozano Gómez, Pablo	1882-83	1ª y 2ª enseñanza por secciones	Hombre
Machado Ruiz, Antonio	1883-84	1º y 2º enseñanza por secciones	Hombre
Machado Ruiz, José	1883-84	1ª y 2ª enseñanza por secciones	Hombre
Machado Ruiz, Manuel	1883-84	1ª y 2ª enseñanza por secciones	Hombre
Malagarriga, Carlos	1882-84	1ª y 2ª enseñanza por secciones	Hombre
Malagrava Dotti, Víctor	1882-84	1ª y 2ª enseñanza por secciones	Hombre
Marconel, Venancio	1882-83	1ª y 2ª enseñanza por secciones	Hombre
Marín Juan, Gustavo	1882-83	1ª y 2ª enseñanza por secciones	Hombre
Marín Juan, Manuel	1882-83	1ª y 2ª enseñanza por secciones	Hombre
Martienza y Reinaldo, J.	1882-84	1ª y 2ª enseñanza por secciones	Hombre
Martín Pereira, Domingo	1882-83	1ª y 2ª enseñanza por secciones	Hombre
Martín Salazar, Vicente	1882-84	1ª y 2ª enseñanza por secciones	Hombre
Martínez Cadrana, J.	1882-84	1ª y 2ª enseñanza por secciones	Hombre
Martínez Cepeda, A.	1882-84	1ª y 2ª enseñanza por secciones	Hombre
Martínez Chacón, E.	1882-84	1ª y 2ª enseñanza por secciones	Hombre
Martínez Fernández, J. E.	1882-84	1ª y 2ª enseñanza por secciones	Hombre

Alumnado	Cursos	Estudios	Homb./Muj.
Martínez Labernia, v.	1882-83	1ª y 2ª enseñanza por secciones	Hombre
Martínez Sevilla, Eugenio	1882-83	1ª y 2ª enseñanza por secciones	Hombre
Martínez Sevilla, Ramón	1882-83	1ª y 2ª enseñanza por secciones	Hombre
Martorell Tejada, F.	1882-83	1ª y 2ª enseñanza por secciones	Hombre
Mateos Montalvo, J.	1882-83	1ª y 2ª enseñanza por secciones	Hombre
Mathet Coloma, Miguel	1882-83	1ª y 2ª enseñanza por secciones	Hombre
Mommemem, José	1882-83	1ª y 2ª enseñanza por secciones	Hombre
Montero Esteban, Félix	1883-84	1ª y 2ª enseñanza por secciones	Hombre
Montero Villegas, Ángel	1883-84	1ª y 2ª enseñanza por secciones	Hombre
Montojo Martínez, R.	1882-83	1ª y 2ª enseñanza por secciones	Hombre
Morales Fernández, M.	1882-83	1ª y 2ª enseñanza por secciones	Hombre
Morales Paz, Ángel	1882-83	1ª y 2ª enseñanza por secciones	Hombre
Moreno Jerez, Luis	1882-83	1ª y 2ª enseñanza por secciones	Hombre
Moreno Juánez, Pablo	1882-83	1ª y 2ª enseñanza por secciones	Hombre
Moreno Pineda, José	1882-83	1ª y 2ª enseñanza por secciones	Hombre
Moreno Ramírez, A.	1882-83	1ª y 2ª enseñanza por secciones	Hombre
Moreno Rodríguez, F.	1882-83	1ª y 2ª enseñanza por secciones	Hombre
Morquecho Ontañón, S.	1882-83	1ª y 2ª enseñanza por secciones	Hombre
Muntañola, Pedro	1882-83	1ª y 2ª enseñanza por secciones	Hombre
Navarrete, F.	1882-83	1ª y 2ª enseñanza por secciones	Hombre
Navarrete, R.	1882-83	1ª y 2ª enseñanza por secciones	Hombre
Navarrete García, R.	1882-83	1ª y 2ª enseñanza por secciones	Hombre
Núñez Martínez, M.	1882-83	1ª y 2ª enseñanza por secciones	Hombre
Núñez Muñoz de Prado, R.	1882-83	1ª y 2ª enseñanza por secciones	Hombre
Ortiz Antón, Luciano	1882-83	1ª y 2ª enseñanza por secciones	Hombre
Ortega y Góngora, A.	1883-84	1ª y 2ª enseñanza por secciones	Hombre
Osío Espar, Francisco	1882-83	1ª y 2ª enseñanza por secciones	Hombre
Oviedo Daupes, José	1882-84	1ª y 2ª enseñanza por secciones	Hombre
Oyuelos González, E.	1882-83	1ª y 2ª enseñanza por secciones	Hombre
Páramo Barranco, Ángel	1882-84	1ª y 2ª enseñanza por secciones	Hombre

Alumnado	Cursos	Estudios	Homb./Muj.
Pedregal Sánchez, José M.	1882-84	1ª y 2ª enseñanza por secciones	Hombre
Peña Valls, Manuel	1882-83	1ª y 2ª enseñanza por secciones	Hombre
Perales Ramos, Vicente	1882-83	1ª y 2ª enseñanza por secciones	Hombre
Pérez Arellano, Lucas	1883-84	1ª y 2ª enseñanza por secciones	Hombre
Pérez Carmena, V.	1882-83	1ª y 2ª enseñanza por secciones	Hombre
Pérez Cohen, Carlos	1882-83	1ª y 2ª enseñanza por secciones	Hombre
Pérez Viseas, José	1882-84	1ª y 2ª enseñanza por secciones	Hombre
Pérez, Ángel	1882-83	1ª y 2ª enseñanza por secciones	Hombre
Pérez, Carlos	1882-83	1ª y 2ª enseñanza por secciones	Hombre
Pérez-Seoane, José	1882-83	1ª y 2ª enseñanza por secciones	Hombre
Peris Fuentes, Ernesto	1882-83	1ª y 2ª enseñanza por secciones	Hombre
Picazo, Leopoldo	1882-83	1ª y 2ª enseñanza por secciones	Hombre
Pieltain Bastorí, Luis	1882-83	1ª y 2ª enseñanza por secciones	Hombre
Piera Ballester, Antonio	1882-83	1ª y 2ª enseñanza por secciones	Hombre
Plana Dorca, José	1882-84	1ª y 2ª enseñanza por secciones	Hombre
Portuondo Eizaguirre, A.	1882-83	1ª y 2ª enseñanza por secciones	Hombre
Prieto Carreño, José	1882-84	1ª y 2ª enseñanza por secciones	Hombre
Regidor Jurado, Manuel	1882-83	1ª y 2ª enseñanza por secciones	Hombre
Rego Rodríguez, Ángel	1882-84	1ª y 2ª enseñanza por secciones	Hombre
Requena Abad, Pedro	1882-83	1ª y 2ª enseñanza por secciones	Hombre
Rey Vellido, Manuel	1882-84	1ª y 2ª enseñanza por secciones	Hombre
Río Bulnes, Antonio	1882-84	1ª y 2ª enseñanza por secciones	Hombre
Riva Callol, Alfredo	1882-84	1ª y 2ª enseñanza por secciones	Hombre
Rivas, Magín Joaquín	1882-83	1ª y 2ª enseñanza por secciones	Hombre
Roa Erostalbe, Joaquín	1882-84	1ª y 2ª enseñanza por secciones	Hombre
Rodero Aguado, F.	1882-83	1ª y 2ª enseñanza por secciones	Hombre
Rodríguez Boró, Luis	1882-83	1ª y 2ª enseñanza por secciones	Hombre
Romero López-P., Vicente	1882-84	1ª y 2ª enseñanza por secciones	Hombre
Romero López-P, M.	1883-84	1ª y 2ª enseñanza por secciones	Hombre

Alumnado	Cursos	Estudios	Homb./Muj.
Rubau Donadeu, Dantón	1882-83	1ª y 2ª enseñanza por secciones	Hombre
Rubio Muñoz, Manuel	1882-83	1ª y 2ª enseñanza por secciones	Hombre
Ruiz Giménez, Francisco	1882-84	1ª y 2ª enseñanza por secciones	Hombre
Ruiz Pérez, Gustavo	1882-84	1ª y 2ª enseñanza por secciones	Hombre
Ruiz Pérez, Ramón	1882-84	1ª y 2ª enseñanza por secciones	Hombre
Sainz Romillo, Santiago	1882-83	1ª y 2ª enseñanza por secciones	Hombre
Salmerón García, F.	1882-83	1ª y 2ª enseñanza por secciones	Hombre
San Miguel Gándara, J.	1882-83	1ª y 2ª enseñanza por secciones	Hombre
Sancha García, Julio	1882-83	1ª y 2ª enseñanza por secciones	Hombre
Sánchez Fernández, T.	1882-84	1ª y 2ª enseñanza por secciones	Hombre
Sánchez González, José	1883-84	1ª y 2ª enseñanza por secciones	Hombre
Sánchez Pescador, Carlos	1882-84	1ª y 2ª enseñanza por secciones	Hombre
Sánchez Ramos, Augusto	1882-83	1ª y 2ª enseñanza por secciones	Hombre
Sánchez Rejano, F.	1883-84	1ª y 2ª enseñanza por secciones	Hombre
Santiago Raygón, Manuel	1882-83	1ª y 2ª enseñanza por secciones	Hombre
Sanz Caro, Enrique	1882-83	1ª y 2ª enseñanza por secciones	Hombre
Sauco Menchero, E.	1882-83	1ª y 2ª enseñanza por secciones	Hombre
Seguí Marty, Juan	1882-83	1ª y 2ª enseñanza por secciones	Hombre
Serra Núñez de Prado, R.	1882-83	1ª y 2ª enseñanza por secciones	Hombre
Serrano Rodríguez, Luis	1882-83	1ª y 2ª enseñanza por secciones	Hombre
Simón Martín, Rogelio	1882-84	1ª y 2ª enseñanza por secciones	Hombre
Soldevilla Amirola, César	1882-84	1ª y 2ª enseñanza por secciones	Hombre
Soler Álvarez, Alfredo	1882-83	1ª y 2ª enseñanza por secciones	Hombre
Soler Soto, José	1882-84	1ª y 2ª enseñanza por secciones	Hombre
Tacero y Ríos, Enrique	1882-83	1ª y 2ª enseñanza por secciones	Hombre
Torres Donallo, A.	1882-83	1ª y 2ª enseñanza por secciones	Hombre
Triviño, Cayetano	1882-84	1ª y 2ª enseñanza por secciones	Hombre
Trúpita Mateos, Liborio	1882-83	1ª y 2ª enseñanza por secciones	Hombre
Umérez Zulaica, M.	1882-84	1ª y 2ª enseñanza por secciones	Hombre

Alumnado	Cursos	Estudios	Homb./Muj.
Ureña, Justo	1882-84	1ª y 2ª enseñanza por secciones	Hombre
Uturriaga, Rafael	1882-83	1ª y 2ª enseñanza por secciones	Hombre
Uvillos y Gámez, F.	1882-84	1ª y 2ª enseñanza por secciones	Hombre
Valdivielso Giraldo, J.	1882-84	1ª y 2ª enseñanza por secciones	Hombre
Vázquez Figueroa, Aurelio	1883-84	1ª y 2ª enseñanza por secciones	Hombre
Vega Huecas, León	1882-83	1ª y 2ª enseñanza por secciones	Hombre
Velao Oñate, Ángel	1882-84	1ª y 2ª enseñanza por secciones	Hombre
Velarde Martínez, Julián	1882-83	1ª y 2ª enseñanza por secciones	Hombre
Vicens Rozalén, F.	1882-83	1ª y 2ª enseñanza por secciones	Hombre
Vilar del Souto, Juan	1882-84	1ª y 2ª enseñanza por secciones	Hombre
Villalba Muñoz, G.	1882-83	1ª y 2ª enseñanza por secciones	Hombre
Villalba Muñoz, J.	1882-83	1ª y 2ª enseñanza por secciones	Hombre
Villana Martínez, José	1882-83	1ª y 2ª enseñanza por secciones	Hombre

Elaboración propia. FUENTE: *BILE*, VII (1883) y VIII (1884)

Los apellidos se repiten en muchos casos por los vínculos familiares que venimos comentando y por la permanencia de alumnos de cursos anteriores. Ofrecemos algunas pinceladas sobre nuevas incorporaciones.

Edmundo Adcock pertenecía a una familia de origen inglés que llevaba desde mediados de siglo asentada en España y dedicada a la importación de maquinaria y equipos para muelles y puertos. Edmundo, al culminar sus estudios, actuó como representante de la fábrica de máquinas de coser Singer en España, lo cual le reportó pingües beneficios, como lo demuestra la mansión que en 1905 mandó construir en el Paseo de la Castellana esquina con Rafael Calvo, de estilo *belle époque*, con proyecto del arquitecto José López Sallaberry[130]. Edmundo Adcock contribuyó a construir la iglesia de San Jorge como capilla de la Embajada Británica, en la calle Núñez de Balboa. En los años 20 la familia se trasladó a Francia (Butler, 2022).

Ángel Montero Villegas, otro de los hijos de Montero Ríos, murió muy joven y no tuvo tiempo a desarrollar la carrera política de sus hermanos y cuñados.

Dejamos aquí el rastreo de trayectorias, que han de seguir otros. Quienes construyeron la Institución Libre de Enseñanza en estos primeros años

130 En la actualidad es sede de la Fundación Rafael del Pino.

fueron los que creyeron en su mensaje, en la labor de los fundadores, en una educación mejor para todos.

Como ya se indicó en el capítulo 3, la vinculación de los hermanos Machado Ruiz con la ILE fue muy temprana, pues el abuelo, Antonio Machado Núñez, zoólogo y catedrático de Física y Química, había sido uno de los introductores del darwinismo en España. Su esposa, Cipriana Álvarez, hábil pintora, donó algunas de sus obras a la ILE.

Por su parte, Antonio Machado Álvarez, muy próximo a Giner, fue un destacado estudioso del folklore y colaborador habitual en el BILE, que no dudó en confiar la educación de sus hijos a Giner.

SÍNTESIS Y CONCLUSIONES

La Institución Libre de Enseñanza fue fundada en Madrid en 1876, alrededor de Francisco Giner de los Ríos y de otras personalidades de distinta procedencia ideológica, pero todas ellas animadas por unos principios de necesaria renovación nacional. De fondo o sustrato aparece el krausismo, introducido en España por Julián Sanz del Río. Como Asociación, los *Estatutos* de la ILE fueron aprobados interinamente en Junta General de Suscriptores el día 31 de mayo de 1876, autorizados por R. O. de 16 de agosto del mismo año, y aprobados definitivamente por la Junta General de Accionistas el 30 de mayo de 1877, siendo primer presidente Laureano Figuerola. Dando cumplimiento al art. 16 de los Estatutos, se creó en 1877, como órgano oficial, el *Boletín de la Institución Libre de Enseñanza.*

Aunque la ILE nació como un centro de educación superior, en calidad de alternativa a una Universidad decadente, se transformó muy pronto en un establecimiento de educación secundaria y primaria, e incluso de párvulos. Como ha señalado Luzuriaga (2001), "no ha existido [en la ILE] solución de continuidad desde el *Kindergarten* a los grados superiores de la enseñanza"; es decir, no había diferencias entre el profesorado de los primeros niveles y el de los universitarios. La profusión de estudios, cursos, etc., que se siguieron en la Institución en estos primeros años, está relacionada con esa visión universitaria de lo que pretendía ser.

Alrededor de la ILE orbitaron muchas personas, entre ellas muchos de los alumnos que pasaron por sus aulas, de diferentes ideas y profesiones, como hemos visto, atraídas por la educación que la Institución propugnaba, y que se sentían unidas en una dirección común. Es la "Institución difusa. *Ecclesia dispersa*", a la que hacía referencia Luis de Zulueta en el BILE, a raíz de la muerte de Francisco Giner en 1915.

Junto con la reflexión sobre los tipos de estudios, cursos, etc., que se siguieron en la Institución en sus comienzos, la finalidad principal de este trabajo es visibilizar al alumnado de la ILE en los primeros ocho años de funcionamiento; es decir, ofrecer la relación nominal de todos y cada uno de los alumnos que pisaron las aulas de la Institución entre 1876 y 1884. La razón de elegir ese tramo temporal viene determinada por las facilidades que nos ofrece el *Boletín de la Institución Libre de Enseñanza*, que en sus tomos VII (1883) y VIII (1884) incluyó la relación de los matriculados durante esos ocho cursos escolares. Nuestra fuente primaria de documentación ha sido, pues, la consulta del BILE localizado en distintas instituciones en todos estos años[131]. Es decir, esta investigación es el resultado de un trabajo seguido a lo largo del tiempo, podríamos decir, desde que realizamos nuestras respectivas tesis doctorales en los años 80. A ese respecto, cabe señalar que otros investigadores (Cacho Viu, Jiménez-Landi, Turin, Gómez Molleda, etc.) también se han acercado a esta problemática, principalmente en el análisis cuantitativo, destacando, al mismo tiempo, a algunos alumnos significados, que luego tuvieron proyección en la propia Institución. La fuente primaria de consulta pudo haber sido complementariamente, a veces, distinta, por lo que existen algunas diferencias en el número total de alumnado por cursos académicos o tipos de estudio. Cabe significar asimismo que una cosa eran los matriculados y otra los que asistieron realmente a esas clases en el denominado también básicamente "período universitario" de la ILE. En la base de datos que figura en los Anexos recogemos un total de 1112 alumnos, ordenados alfabéticamente por apellidos, que pasaron por las aulas de la Institución durante los primeros ocho cursos escolares. Habría que añadir algunos más, de los que no tenemos constancia, como los que asistían por papeletas, que no fueron recogidos en el BILE, los que cursaron la instrucción primaria en los dos primeros cursos (1878-80), y algún otro curso que, por alguna circunstancia, no aparece recogido. Pero, en general, la relación se puede considerar bastante completa.

Es verdad que la Institución estimaba como principio esencial del régimen escolar la *coeducación*, ya que, afirmaba, no hay fundamento para prohibir en la escuela la comunidad en que uno y otro sexo viven en la familia y en la sociedad. Sólo a partir de 1885, una de las secciones, la de párvulos, está "compuesta de niños y de niñas". La sección de párvulos fue creada en enero de 1885, con dos profesoras: Consuelo Martín del Busto (institutriz y maestra superior) y Nicanora Aguilera (maestra normal).

Si especificamos por tipos de estudios, cursos, conferencias, etc., el número de alumnos, que incluimos en los capítulos 3, 4 y 5, ordenados alfabéticamente, fue, aproximadamente, el siguiente (Tabla 11):

---

131 Como hemos señalado, actualmente el *Boletín de la Institución Libre de Enseñanza* (el *BILE*) está digitalizado, y es accesible *on line* en la Hemeroteca Digital del MCU.

Tabla 11
ILE (1876-1884)
Nº de alumnos ordenados alfabéticamente por estudios, cursos y demás

	TOTAL
a) Estudios generales de segunda enseñanza (1876-1882)	396
b) Clases de Lenguas (1876-81)	349
c) Preparatorio de Derecho y Filosofía y Letras (1876-78)	14
d) Preparatorio de Medicina y Farmacia (1876-78)	37
e) Escuela de Derecho (1876-78)	61
f) Doctorado en Derecho (1876-78)	44
g) Estudios superiores y especiales (1876-79)[132]	61
h) Curso breve sobre Teoría de las acciones (1876-77)	37
i) Otros cursos breves, conferencias y lecturas (1876-1884)	134
j) Primera enseñanza (1880-82)[133]	351
k) Primera y segunda enseñanza por secciones (1882-84)	263
TOTAL	1747

Como puede observarse, el número total de alumnos (1747) es bastante mayor que la relación nominal que figura en el Anexo (1112). La explicación está en que hubo muchos alumnos que figuran en distintos apartados: primera y segunda enseñanza por separado y por secciones, clases de lenguas y otros estudios y cursos seguidos en estos primeros ocho años académicos y escolares.

Aunque no fue así en todos los casos, muchos de estos alumnos siguieron posteriormente vinculados a la propia Institución Libre. Estos alumnos, y otros que ingresaron en la ILE más tarde, llevarían el mensaje a distintos centros y sin duda ejercieron su influencia, pero, como se ha señalado "los 250 alumnos de la ILE pudieron influir en una élite, pero no instruir a España" (Gómez Molleda, 1966). Era mucho el atraso que acusábamos en distintos órdenes de la vida.

132 Sólo aparecen recogidos los de los cursos 1876-77 y 1878-79.

133 Obsérvese que no aparecen recogidos los de los dos primeros años, 1878-1880.

A fuerza de insistencia y reiteraciones, la ILE y los organismos que salieron directa o indirectamente de ella acabaron por obligar a una parte de la opinión pública y a los propios poderes a descubrir y plantear los problemas escolares y de otra índole. Fue una tarea reformista lenta pero constante, que alcanza hasta prácticamente nuestros días. En muchos casos, como hemos constatado para Galicia, la huella de la Institución Libre de Enseñanza hay que buscarla más en el espíritu de los que vivieron aquellos aires renovadores que en el apartado de las realidades manifiestas. Pero sin figuras como Francisco Giner de los Ríos, que, como señalaba en su día F. Laporta (1988), "se resiste pertinazmente a ser historia", sin la experiencia de instituciones como la ILE y otras iniciativas educativas de los institucionistas, no sería posible entender el estilo posterior de muchas instituciones y el sello y la impronta de muchos maestros, profesores y educadores. De ahí su vigencia y actualidad.

He aquí, pues, nuestra modesta aportación: la concreción de los primeros alumnos que pisaron las aulas de la Institución Libre en sus ocho primeros años de funcionamiento (1876-1884). Registramos un total de 1112. Fueron algunos más. Bastantes de ellos apenas mantendrían más tarde contactos con la Institución. Unos era familiares de los iniciadores de la experiencia o relacionados con los mismos suscriptores o empresas que sintieron curiosidad por la nueva metodología pedagógica. Como hemos visto en las breves pinceladas sobre trayectorias vitales, hubo alumnos con título nobiliario, otros hijos de republicanos y de políticos relacionados con el Sexenio, también de los políticos que construyeron el régimen de la Restauración (Gamazo, Maura, Montero Ríos). Muchos serán funcionarios de distintos cuerpos de la administración, militares, otros profesores, algunos científicos, empresarios, artistas, intelectuales que llenaron la escena del país como los Machado, políticos como Julián Besteiro, pero ninguno relacionado con la Iglesia, que estaba en las antípodas de lo que la semilla krausista defendía: la religión armónica. En cambio, encontramos a algunos significados masones. Hubo alumnos triunfadores, otros fracasados, como en todos los centros educativos; la ILE no enseñaba a triunfar, sino a vivir conforme a un estilo sobrio y de respeto a todos y todo.

Algunos alumnos no volverían a tener contactos con la ILE. Pero hubo un grupo firme que sentaría las bases de la tarea reformista que se llevó a cabo en España, con sus avances y retrocesos.

FUENTES DOCUMENTALES

Boletín de la Institución Libre de Enseñanza. En papel, en varias instituciones, especialmente en C.S.I. C. Santiago de Compostela. Digitalizado y accesible *on line* en la Hemeroteca Digital del MCU:

Relación de alumnos y profesores (1876-1884). Boletines consultados:

Año VII. Número 163. 1883, noviembre 30

Año VII. Número 164. 1883, diciembre 15

Año VIII. Número 166. 1884, enero 15

Año VIII. Número 167. 1884, enero 31

Año VIII. Número 168. 1884, febrero 15

Año VIII. Número 169. 1884, febrero 29

Año VIII. Número 170. 1884, marzo 15

Año VIII. Número 171. 1884, marzo 31

Año VIII. Número 172. 1884, abril 15

Año VIII. Número 173. 1884, abril 30

Boletín de la Institución Libre de Enseñanza (por orden cronológico, otras referencias):

Acta de la Primera Junta General de Accionistas verificada el día 31 de mayo de 1876. *BILE,* I (1877), 25-31.

Figuerola, L. (1877). Discurso leído en la sesión inaugural de la Institución Libre de Enseñanza el 29 de octubre de 1876. *BILE,* I., pp. 61-63.

Memoria leída en la Junta General de Accionistas el 20 de mayo de 1877 por el Secretario de la Institución, Profesor D. H. Giner. *BILE,* I (1877), pp. 21-24.

Estatutos de la Institución Libre de Enseñanza. *Boletín de la Institución Libre de Enseñanza.* I (1877), pp. 41-43.

Memoria leída en Junta General de Accionistas el 30 de mayo de 1879.*BILE,* III (1879), p. 180.

Memoria 1879. *BILE,* IV (1880), p. 23.

Noticias. *BILE,* VI (1882), p. 112.

Giner de los Ríos, F. (1882). Más contra los exámenes. *BILE,* VI, pp. 114-116.

Ampliación del Boletín. Nota a los señores accionistas de la Institución y suscriptores del Boletín. *BILE,* VII (1883), p. 16.

Sección Oficial. *BILE,* VII (1883), p. 368.

Profesores Honorarios. *BILE,* VIII (1884), p. 192.

La nueva sección de párvulos. Prospecto. *BILE,* VIII (1884), pp. 383-384.

Prospecto para el Curso de 1885-86. *BILE,* VIII (1884). Final del tomo.

Prospecto para el curso de 1885-86. *BILE,* IX (1885), p. 285.

De su Prospecto, 1908. *BILE,* XXXII (1908).

Zulueta, L. de (1915). Lo que nos deja. *BILE,* XXXIX, p. 54.

Programa. *BILE,* LVIII (1934), pp. 87-94.

BIBLIOGRAFÍA CITADA

Abascal Palazón, J.M. (s.a.) Ernst Williband Emil Hübner, *Historia Hispánica*. Real Academia de la Historia. Recurso on-line: https://historia-hispanica.rah.es/biografias/22862-ernst-willibald-emil-hubner

Abellán, J. L. y Martínez Gómez, L. (1977). *El pensamiento español de Séneca a Zubiri*. Madrid: UNED.

Albares Albares, R. (2012). *Julián Sanz del Río (1814-1869): El pensador de Illescas*. Ciudad Real: Almud.

Alonso Montero, X. (1982). Darwin en Santiago de Compostela (y los orígenes de la Institución Libre de Enseñanza). *Los Cuadernos del Norte. Revista cultural de la Caja Rural de Asturias,* año 3, nº 13, pp. 2-5.

Álvarez Laita, F.J. y Domínguez Llosá, D. (2017). El extraño caso del *Jaedjoer* alias *Lola*, *Revista de Historia Naval,* nº 136, pp. 81-102.

Álvarez Lázaro, P.F. (2005). *La masonería, escuela de formación del ciudadano: La educación interna de los masones españoles en el último tercio del siglo XIX* (3ª ed.). Madrid: Universidad Pontificia de Comillas.

Azcárate, G. de (1967). *Minuta de un Testamento*. (Estudio preliminar de Elías Díaz). Barcelona: Ediciones de Cultura Popular.

Azcárate, P. de (1967). *La Cuestión Universitaria. Epistolario de F. Giner de los Ríos, Gumersindo de Azcárate y Nicolás Salmerón. Introducción, notas e índices.* Madrid: Tecnos.

Azcárate Diz, L. de (2012). Pedagogía en el jardín. En defensa de la Institución Libre de Enseñanza, *Unidad Cívica por la República,* 31/10/2012: https://www.unidadcivicaporlarepublica.es/index.php/nuestra-memoria/cultura-de-la-memoria/5726-pedagogia-en-el-jardin-en-defensa-de-la-institucion-libre-de-ensenanza

Baltanás, E. (2006). *Los Machado.* Sevilla: Fundación José Manuel Lara.

Barreiro Rodríguez, H. (1985). Institución Libre de Enseñanza. En Escolano Benito, A. (Coord.). *Historia de la Educación II. Diccionario de Ciencias de la Educación*. Madrid: Anaya, pp. 189-191.

Blas Zabaleta, P. de y Blas Martín-Merás, E. de (2003). *Nadar contra corriente. Julián Besteiro.* Madrid: Algaba Ediciones.

Butler, D.J. (2022). *Relatos del Cementerio Británico en Madrid.* Madrid: Círculo Rojo.

Cacho Viu, V. (1962). *La Institución Libre de Enseñanza. I. Orígenes y etapa universitaria (1860-1881).* Madrid: Rialp.

Cacho Viu, V. (2010). *La Institución Libre de Enseñanza.* Madrid: Fundación Albéniz-Sociedad Española de Conmemoraciones Culturales.

Cáceres-Muñoz, J. y Martín-Sánchez, M.A. (2019). Alexis Sluys y el Boletín de la Institución Libre de Enseñanza. Un ejemplo de transferencia pedagógica entre Bélgica y España. En: Hernández Díaz, J.M. (Coord.), *Influencias belgas en la educación española e iberoamericana.* Salamanca: Ediciones Universidad de Salamanca, pp. 218-230.

Calzada del Amo, E. (2009). Germán Gamazo o la política por derecho. Relaciones entre abogacía y actividad política durante la Restauración. *Ayer*, 75 (3), pp. 225-245.

Calzada del Amo, E. (2011). *Germán Gamazo. Poder político y redes sociales en la Restauración (1840-1901).* Madrid: Marcial Pons.

Capitán Díaz, A. (1994). *Historia de la Educación en España. II. Pedagogía contemporánea.* Madrid: Dykinson.

Carasa, P. y Calzada, E. (2023), "Gamazo (el gamacismo, la gamazada, los gamazos), *El Norte de Castilla,* 30/06/2023

Cora, J. de (2019). Julián Besteiro. El nacimiento lucense de Julián Besteiro, *El Progreso* (Lugo), 30/09/2019

Corchete Martínez, R. (2022). Rituales viajeros y símbolos de nación en la Institución Libre de Enseñanza: memorias de una excursión a Toledo. *Cahiers de Civilisation Espagnole Contemporaine, de 1808 au temps présent*, nº 29: https://doi.org/10.4000/ccec.13977

Cortés González, D., Gutiérrez Gallego, J.A. y Soto Valadés, D. (2019). *Biografías Dombenitenses III.* Don Benito (Badajoz): Grupo de Estudios de las Vegas Altas.

Costas, A. (2003). Laureano Figuerola i Ballester: moralista y reformador. En: Jané Solá, J. (Coord.), *Laureà Figuerola i la pesseta.* Barcelona. Societat Catalana d'Economía, pp. 127-139.

Cuenca Toribio, J.M. (s.a.), "Antonio Maura y Montaner", Real Academia de la Historia, *Diccionario Biográfico Electrónico* (en: https://dbe.rah.es/biografias/12392/antonio-maura-y-montaner)

Díaz-Rubio García, M. (s.a.) "Eduardo García del Real y Álvarez de Mijares", Real Academia de la Historia, *Diccionario Biográfico Electrónico* (en: https://dbe.rah.es/biografias/24634/eduardo-garcia-del-real-y-alvarez-de-mijares)

Durá, V. (2015). "Soler Pérez, Leopoldo", en Fontbona, F. y Bassegoda, B. (Dirs.), *Diccionari d'historiadors de l'art català, valencià i balear,* (en: https://dhac.iec.cat/dhac_p.asp?id_personal=554)

Durán, J. A. (1987). Nuevas e inesperadas revelaciones acerca de la presencia de Nicolás Salmerón en Galicia. *La Voz de Galicia,* 29-XI-1987.

Esteban Mateo, L. (1977). La evaluación educativa en sentir de la ILE (Institución Libre de Enseñanza). *Educadores,* 94, pp. 557-567.

Esteban Mateo, L. (1978). *Boletín de la Institución Libre de Enseñanza. Nómina bibliográfica (1877-1936).* Valencia: Universidad de Valencia.

Fernández-Burgos Presa, R. (2020). "José de Lorite y Kramer", en: IEM, Instituto de Estudios Madrileños, *Artífices de Madrid* (en: https://xn--institutoestudiosmadrileos-4rc.es/portfolio_page/l-9-4-jose-de-lorite-kramer/)

Giner, F. (1889). Grupos escolares. En *Educación y enseñanza.* Madrid: Imp. de "El Tajo".

Giner de los Ríos, F. (1969). *Ensayos.* Madrid: Alianza Editorial.

Gómez Molleda, M. D. (1981). *Los reformadores de la España contemporánea.* Madrid: C.S.I.C. (1ª edición, Imprenta Sáez, 1966).

González de Pablo, A. (1999). El Jordán que ha de purificarnos: La reforma educativa de Germán Gamazo en 1898. *Asclepio,* vol. Ll-2, pp. 185-204.

González-Trevijano, P. (s.a.), "Adolfo González-Posada y Biesca", en Real Academia de la Historia, *Diccionario Biográfico Electrónico* (en red: https://dbe.rah.es/biografias/11069/adolfo-gonzalez-posada-y-biesca)

Guereña, J. L. (1989). Antonio Machado y la Universidad popular segoviana. En: Aubert, P. *Antonio Machado Hoy, 1939-1989: Coloquio Internacional organizado por La Fundación Antonio Machado*. Madrid: Casa de Velázquez.

Hidalgo Marín, S.I. (1995). La familia Gamazo: elite castellana en la Restauración (1874-1923), *Investigaciones históricas: época moderna y contemporánea,* nº 15, pp. 107-118.

Jiménez-Landi, A. (1959). Don Francisco Giner de los Ríos y la Institución Libre de Enseñanza. *Revista Hispánica Moderna*, 1-2, pp. 13-14.

Jiménez-Landi, A. (1996). *La Institución Libre de Enseñanza y su ambiente.* Tomos I, II, III y IV. Madrid: Universidad Complutense.

Jiménez Landi, T. (2008). *Dos pabellones emblemáticos de la Institución Libre de Enseñanza.* Madrid: Tipográfica Caramond.

Lahoz Abad, P. (1991). El modelo froebeliano de espacio-escuela. Su introducción en España. *Historia de la Educación*, 10, pp. 107-133.

Laporta, F. L. (1988). *Antología pedagógica de Francisco Giner de los Ríos.* Selección y estudio preliminar de Francisco L. Laporta. Madrid; Santillana.

Laurent, G. (2015). Alexis Sluys : un pédagogue engagé au service de l'enseignement officiel en Belgique. *Cahiers Bruxellois – Brusselse Cahiers*, LVII, 74-106.

Lima Torrado, J. (2002). El derecho a la libertad de cátedra en la España del siglo xix: la "tercera cuestión universitaria", *Derechos y libertades: Revista del Instituto Bartolomé de las Casas,* nº 11, año VII, pp. 431-464.

Llanos y Torriglia, F. de (1942). *Germán Gamazo, el sobrio castellano.* Madrid: Espasa-Calpe.

López-Morillas, J. (1980). *El krausismo español.* Madrid: Fondo de Cultura Española, 2ª edición, corregida y aumentada.

Luzuriaga, L. (2001). *La escuela única*. Edición de Herminio Barreiro Rodríguez. Madrid: Biblioteca Nueva, p. 121.

Machado, A. (1979). *Poesías completas.* Madrid: Espasa-Calpe.

Marcos Esturillo, J. (2009). *Ampliación de la Fundación Giner de los Ríos, Madrid.* Proyecto Fin de Carrera ETS Arquitectura, Universidad Politécnica de Madrid. Acceso en: https://oa.upm.es/61322/

Marichal, J. (1989). Antonio Machado: historia y poesía, en AA.VV., *Antonio Machado: el poeta y su doble, Simposio celebrado en la Universidad de Barcelona los días 14, 15 y 16 de marzo de 1989*. Barcelona, Publicacions Universitat de Barcelona.

Martín Ruano, S. (2020). La influencia de la pedagogía de la Institución en la obra de Antonio Machado. Una forma de sentir el medio ambiente, *Alcántara* (89), pp. 103-120.

Millán, F. (1983). *La Revolución Laica: de la Institución Libre de Enseñanza a la Escuela de la República*. Valencia: Fernando Torres-Editor.

Moreno Lázaro, J. (2021). Las tribulaciones de un emprendedor en España y en el Río de la Plata. Emilio Reus Baamonde (1858-1891), *Revista de historia industrial,* nº 82, pp. 11-47.

Nieto Blanco, C. (2013). La Filosofía de la Naturaleza de Augusto González de Linares, *Asclepio,* 65(2): https://doi.org/10.3989/asclepio.2013.25

Núñez Florencio, R. (2020). La España que no pudo ser. *Revista de Libros*, 27/08/2020

Núñez Romero-Balmas, G. (2010), Nicolás de Escoriaza y Fabro, en: Torres, E. (ed.), *Los 100 empresarios españoles del siglo XX,* Madrid: Lid-Círculo de Empresarios, pp. 170-175.

Orden Jiménez, R.F. (2001). *Sanz del Río en la Universidad Central: los años de formación (1837-1854)*. Madrid: Editorial Complutense.

Ortega Cantero, N. (1987), Teoría y práctica del conocimiento geográfico en la Institución Libre de Enseñanza, en VV.AA., *La Geografía y la Historia dentro de las Ciencias Sociales: hacia un currículum integrado.* Madrid: Ministerio de Educación y Ciencia, 129-172.

Ortega Morales, N. I. (2002). *La enseñanza-aprendizaje del arte. Una innovación educativa de la Institución Libre de Enseñanza.* Granada: Grupo Editor Universitario.

Otero Urtaza, E. (1994). *Manuel Bartolomé Cossío: pensamiento pedagógico y acción educativa.* Madrid: Centro de Investigación y Documentación Educativa.

Otero Urtaza, E. (1994). *Manuel Bartolomé Cossío: trayectoria vital de un educador*. Madrid: Asociación de Amigos de la Residencia de Estudiantes.

Otero Urtaza, U. (2008). Luis Hermida Romero en oito cartas, *Sarmiento. Revista galego-portuguesa de Historia da Educación,* nº 12, pp. 155-171.

Otero Urtaza, E. (2010). La visita de Alexis Sluys a la Residencia de Estudiantes, *Boletín de la Institución Libre de Enseñanza,* nº 78, pp. 168-173.

Pacopantín (2018). Enrique García Ceñal y Fanjul (1842-1917), *Sociedad Perriniana de Corao - en el valle del Güeña* (en: https://perriniana.com/2018/03/17/enrique-garcia-cenal-y-fanjul-1842-1915/)

Pelayo López, F. (2009). Darwin en España. Las controversias sobre la teoría de la evolución en la comunidad científica española, *Apuntes de Ciencia y Tecnología,* 33, pp. 27-33.

Perejón, A, (2009). Don José Macpherson y Hemas (1839-1902), un científico y tres Instituciones: Sociedad Española de Historia Natural, Institución Libre de Enseñanza y Sociedad Geográfica de Madrid, *Boletín de la Real Sociedad Española de Historia Natural; sección Geología,* nº 103 (1-4), pp. 81-95.

Pliego de Andrés, V. (2012). *Cancionero popular de la Institución Libre de Enseñanza.* Madrid: Publicaciones de la Residencia de Estudiantes.

Porto Ucha, A. S. (1986), *La Institución Libre de Enseñanza en Galicia.* A Coruña: Ediciós do Castro.

Porto Ucha, A. S. (1998). Sobre krausismo e institucionismo. A Universidade de Santiago, Galicia e os comezos da Institución Libre de Enseñanza. *Sarmiento. Anuario Galego de Historia da Educación*, 2, pp. 7-38.

Porto Ucha, A. S. (2005). *La Institución Libre de Enseñanza y la renovación pedagógica en Galicia.* Sada – A Coruña: Ediciós do Castro.

Porto Ucha, A. S. (2011). La Institución Libre de Enseñanza. Un movimiento de renovación pedagógica. En Negrín Fajardo, O. (Coordinador). *Historia de la Educación Española.* Madrid: UNED, pp. 383-427.

Porto Ucha, A. S. (2017). Limiar. En Carracedo Crespo, R. *A requinta da Ulla. Obradoiro Riobó.*Ferrol: Embora.

Pozo Felguera, G. (2024). José España Lledó (Granada 1848-Madrid 1901). El alcalde iniciador de la Gran Vía al que Granada condenó al exilio y al olvido, *El Independiente de Granada,* 07/01/2024

Prellezo, J. M. (1994). La Institución Libre de Enseñanza en Madrid (1876-1936). En Delgado Criado, B. (Coordinador) (1994). *Historia de la Educación en España y América*. Madrid: Ediciones S.M./Morata, pp. 438-456.

Puelles Benítez, M. de (1979). Introducción. *Historia de la Educación en España. Textos y Documentos*. Madrid: MEC, t. II.

Puyol, M. (2016). Federico Howard Shaw Nation, el técnico ferrolano que nos acercó a la previsión social. *FerrolAnálisis: revista de pensamiento y cultura,* nº 30, pp. 81-92.

Quintana Fernández, J. (1997). Daniel Jorro, Editor. Una nueva dimensión de la *Ecclesia Dispersa* de la ILE, *Revista de Historia de la Psicología,* vol. 18, nº 1-2, pp. 301-312.

Rodríguez Coarasa, C. (1998). *La libertad de enseñanza en España*. Madrid: Tecnos.

Rodríguez de Lecea, T. (1980). La Escuela de la Institución. *Historia 16*, nº 49.

Rodríguez Méndez, F.J. (2007). La Institución Libre de Enseñanza y la arquitectura escolar. *Historia de la Educación,* nº25, pp. 467-491.

Rodríguez Méndez, F.J. (2024). Las escuelas de Navalcarnero: un prototipo innovador de la Institución Libre de Enseñanza. En: VV.AA. *Modos de entender, pensar y sentir el patrimonio histórico educativo.* Salamanca: Ediciones Universidad de Salamanca.

Rucio Zamorano, M.J. (s.a.) "Joan Lluís Estelrich i Perelló", en Real Academia de la Historia, *Diccionario Biográfico Electrónico* (en red: https://dbe.rah.es/biografias/60550/joan-lluis-estelrich-i-perello)

Salas Vives, P. (1999). *Guillem Cifre de Colonya (1852-1908). Un sant que no anava a missa*. Pollensa: El Gall

Tudela, J. y Aznar. J. (2013). ¿Publicar o morir? El fraude en la investigación y en las publicaciones científicas. *Persona y Bioética,* vol. 17, nº 1, 12-27.

Tuñón de Lara, M. (1977). *Medio siglo de cultura española*. Madrid: Tecnos.

Turin, Y. (1967). *La educación y la escuela en España de 1874 a 1902*. Madrid: Aguilar.

Ureña, E. M. (1991). *Krause, Educador de la Humanidad. Una biografía*. Madrid: Unión Editorial.

Urquijo Goitia, M. (s.a.), “Agustín Sardá Llavería”, en Real Academia de la Historia, *Diccionario Biográfico Electrónico* (en red: https://dbe.rah.es/biografias/85249/agustin-sarda-llaveria)

Varela Ortega, J. (2001). *Los amigos políticos. Partidos, elecciones y caciquismo en la Restauración (1875-1900).* Madrid: Marcial Pons.

Vázquez Ramil, R. y Porto Ucha, A.S. (2019). Influencia de Decroly en España: el cursillo de Julia Degand en la Residencia de Señoritas de Madrid (1932). En: Hernández Díaz, J.M. (Coord.), *Influencias belgas en la educación española e iberoamericana.* Salamanca: Ediciones Universidad de Salamanca, pp. 277-289.

Vázquez Ramil, R. y Porto Ucha, A. S. (2022). *Modelos de Formación del Profesorado de Primera y Segunda Enseñanza. Doscientos años de experimentación.* Soria: CEASGA-Publishing.

Vázquez Ramil, R. y Porto Ucha, A. S. (2021). La llama de la Institución Libre de Enseñanza en el exilio: “Boletín de la Corporación de Antiguos Alumnos”, grupo México (1958-1968). *History of Education & Children's Literature*, XVI, 2, pp. 381-404.

Villar Piñón, J.A. (2014). *La apropiación de la obra científica de John Tyndall en España (1868-1898).* Tesis doctoral dirigida por Agustí Nieto Galán y Jaime Peón Fernández. Centre d'Història de la Ciéncia, Universitat Autònoma de Barcelona.

ANEXOS

Anexo 1. Relación nominal alfabética de los alumnos que cursaron estudios en la ILE en el período 1876 a 1884

Apellidos y nombre	Cursos	Estudios	Hombr./ Muj.	Fuente
Abarzuza Isaris, F.	1876-77	Clases de Lenguas	Hombre	BILE, VII (1883)
Acevedo, José de	1880-81	Clases privadas, Principios de Derecho público	Hombre	BILE, VIII (1884)
Acedo Villalobos, F.	1880-81	Primera Enseñanza	Hombre	BILE, VIII (1884)
Adcock, Edmundo	1882-84	1ª y 2ª ens por secciones	Hombre	BILE, VIII (1884)
Agrasot Juan, Enrique	1876-77	Doctorado en Derecho, Est. Superiores y especiales	Hombre	BILE, VII (1883)
Aguado Ibarra, Cayetano	1880-82	Primera Enseñanza	Hombre	BILE, VIII (1884)
Águila Burgos, Francisco	1876-77	Doctorado Derecho	Hombre	BILE, VII (1883)
Águila Burgos, Francisco	1877-78	Clases de Lenguas (77-78), 2ª Enseñanza (78-79)	Hombre	BILE, VIII (1884)
Aguilar Cardenal, José	1877-78, 78-79	2ª Ens (77-79), Clases de Lenguas (77-78)	Hombre	BILE, VIII (1884)
Aguirre Díaz, Julián	1878-80	Segunda Enseñanza	Hombre	BILE, VIII (1884)
Aguirre Olózaga, F. de	1883-84	1ª y 2ª ens por secciones	Hombre	BILE, VIII (1884)
Aguirre Olózaga, J. de	1883-84	1ª y 2ª ens por secciones	Hombre	BILE, VIII (1884)
Aizpuru Mondéjar, José	1877-78	Segunda Enseñanza	Hombre	BILE, VIII (1884)

Apellidos y nombre	Cursos	Estudios	Hombr./ Muj.	Fuente
Alaria Serrano, Jesús	1880-82	Primera Enseñanza	Hombre	BILE, VIII (1884)
Alaria Serrano, Luis	1876-79	Repaso (76-77), Segunda Enseñanza, Clases privadas (77-78)	Hombre	BILE, VII (1883), VIII (1884)
Albazán Vinaja, Alberto	1881-82	Primera Enseñanza	Hombre	BILE, VIII (1884)
Albiol Teixidó, Felipe	1881-82, 82-83	1ª Ens (81-82), 1ª y 2ª por secciones (82-83)	Hombre	BILE, VIII (1884)
Albitos Chocano, L. de los	1880-81	Primera Enseñanza	Hombre	BILE, VIII (1884)
Alcalá Lozano, Enrique	1882-83	1ª y 2ª ens por secciones	Hombre	BILE, VIII (1884)
Alcázar González, M.	1876-77	Doctorado en Derecho	Hombre	BILE, VII (1883)
Alcázar, Carlos	1876-77	Clases de Lenguas	Hombre	BILE, VII (1883)
Alcón, Alfredo	1880-81	Primera Enseñanza	Hombre	BILE, VIII (1884)
Alderete de Ansótegui, S.	1876-77	Doctorado en Derecho	Hombre	BILE, VII (1883)
Alfonso y López, Carlos	1877-78	Clases de Lenguas	Hombre	BILE, VIII (1884)
Alonso Cañudo, Manuel	1877-78	Clases de Lenguas	Hombre	BILE, VIII (1884)
Alonso de la Iglesia, J.	1876-77	Clases de Lenguas	Hombre	BILE, VII (1883)
Alonso Magadán, Luis	1879-80	Segunda Enseñanza, clases privadas (78-79)	Hombre	BILE, VIII (1884)
Alonso, Enrique	1877-78	Clases de Lenguas	Hombre	BILE, VIII (1884)
Alós Rivero, Diego de	1882-83	1ª y 2ª ens por secciones	Hombre	BILE, VIII (1884)
Alós Rivero, N. M. de	1882-83	1ª y 2ª ens por secciones	Hombre	BILE, VIII (1884)
Álvarez Alonso, Gonzalo	1876-77	Est. Superiores y especiales, Teoría sobre las acciones	Hombre	BILE, VII (1883)
Álvarez Gil, Teodoro	1876-77	Clases de Lenguas	Hombre	BILE, VII (1883)

Apellidos y nombre	Cursos	Estudios	Hombr./ Muj.	Fuente
Álvarez Ortiz, Luis	1877-80	Segunda Enseñanza, Clases privadas (77-78)	Hombre	BILE, VII (1883), VIII (1884)
Álvarez Pelayo, Teodoro	1876-77	Repaso grado de Bach. Y prepar. Medic., Cienc., Farmacia	Hombre	BILE, VIII (1884)
Álvarez Poveda, Ángel	1881-82	Primera Enseñanza	Hombre	BILE, VIII (1884)
Álvarez Torrijos, Antonio	1881-82	Segunda Enseñanza	Hombre	BILE, VIII (1884)
Álvarez, Julio	1876-77	Repaso Grado Bach. Y Preparatorio	Hombre	BILE, VIII (1884)
Amat, José	1876-77	Clases de Lenguas	Hombre	BILE, VII (1883)
Amigó García de Labiano, Narciso	1880-82, 82-84	1ª Ens (80-82), 1ª y 2ª por secciones (82-84)	Hombre	BILE, VIII (1884)
Andrade Arellano, E.	1876-77	Clases de Lenguas	Hombre	BILE, VII (1883)
Andrés Méndez, José	1880-81	Primera Enseñanza	Hombre	BILE, VIII (1884)
Angulo, Gregorio	1876-77	Teoría sobre las acciones	Hombre	BILE, VII (1883)
Aragón Paulo, Vicente	1880-81	Primera Enseñanza	Hombre	BILE, VIII (1884)
Aramburo Sidón, M.	1877-78	Clases de Lenguas	Hombre	BILE, VIII (1884)
Arango Castrilló, A.	1876-77	Escuela de Derecho, Est. Super y especiales	Hombre	BILE, VII (1883)
Arango Castrilló, Jesús	1876-77	Esc. de Der, Est. Super y especiales, Teoría sobre las accion.	Hombre	BILE, VII (1883)
Araus Pérez, B.	1876-77	Clases de Lenguas	Hombre	BILE, VII (1883)
Arceo Solís, Carlos	1877-78	Clases de Lenguas	Hombre	BILE, VIII (1884)
Areal Rodríguez, F.	1876-77	Clases de Lenguas	Hombre	BILE, VII (1883)
Arellano Cruz, Jorge	1879-80, 80-81, 81-82, 82-84	2ª Enseñanza, 1ª y 2ª Ens. por secciones (82-84)	Hombre	BILE, VIII (1884)
Argüello, Ángel	1877-78	2ª Enseñanza, Clases de Lenguas	Hombre	BILE, VIII (1884)

Apellidos y nombre	Cursos	Estudios	Hombr./ Muj.	Fuente
Arias Bayón, Dionisio	1876-77	Teoría sobre las acciones	Hombre	BILE, VII (1883)
Arias Toribio, Florencio	1877-78, 78-79, 79-80	Clases de Lenguas, Lenguas vivas, privadas (79-80)	Hombre	BILE, VIII (1884)
Ariza Echarreta, R.	1881-82	Segunda Enseñanza	Hombre	BILE, VIII (1884)
Ariza Ediazarreta, Rafael	1882-83	1ª y 2ª ens por secciones	Hombre	BILE, VIII (1884)
Ariza Hidalgo, Joaquín	1876-77	Escuela de Derecho	Hombre	BILE, VII (1883)
Arizmendi, Ezequiel	1876-77	Prep. Derecho y Fía. y Letras, Esc. Derecho	Hombre	BILE, VII (1883)
Arjona Carrillo, Felipe	1876-77	Clases de Lenguas	Hombre	BILE, VII (1883)
Arjona Zuloaga, J.	1878-79	Lenguas vivas	Hombre	BILE, VIII (1884)
Arnaiz de Haro, Clemente	1877-78	Clases de Lenguas	Hombre	BILE, VIII (1884)
Arnaud Orge, L.	1876-77	Prep. Medicina y Farm. 2ª Enseñanza	Hombre	BILE, VII (1883)
Arnedo Muñoz, Luis	1877-78	Clases de Lenguas	Hombre	BILE, VIII (1884)
Aroserena, Alfredo	1877-78	Clases de Lenguas	Hombre	BILE, VIII (1884)
Arrobas Viseas, Agustín	1879-82, 82-84	2ª Ens (79-82), 1ª y 2ª por secciones (82-84)	Hombre	BILE, VIII (1884)
Arroyo Martín, José M.	1876-77	Clases de Lenguas	Hombre	BILE, VII (1883)
Arroyo, José	1880-81	Clases privadas, Principios de Derecho público	Hombre	BILE, VIII (1884)
Asensi Román, Rafael	1879-80	Clases privadas, lenguas	Hombre	BILE,VIII (1884)
Atienza Arboledas, A.	1882-84	1ª y 2ª ens por secciones	Hombre	BILE, VIII (1884)
Aura Boronat, Emilio	1876-78	Segunda Enseñanza	Hombre	BILE, VII (1883), VIII (1884)
Aura Boronat, Romualdo	1878-79	Segunda Enseñanza	Hombre	BILE, VIII (1884)

Apellidos y nombre	Cursos	Estudios	Hombr./ Muj.	Fuente
Avia Borreguero, Tomás	1881-82, 82-83	1ª Ens (81-82), 1ª y 2ª por secciones (82-83)	Hombre	BILE, VIII (1884)
Ávila Bernabeu, M.	1881-82, 82-83	1ª Ens (81-82), 1ª y 2ª por secciones (82-83)	Hombre	BILE, VIII (1884)
Ávila Bernabeu, Óscar	1881-82, 82-83	1ª Ens (81-82), 1ª y 2ª por secciones (82-83)	Hombre	BILE, VIII (1884)
Ávila Rodríguez, Rareisio	1877-78	Preparatorio de Medicina y Farmacia	Hombre	BILE, VIII (1884)
Balbás Otero, Juan	1882-84	1ª y 2ª ens por secciones	Hombre	BILE, VIII (1884)
Balbás, Manuel	1876-77	Teoría sobre las acciones	Hombre	BILE, VII (1883)
Ballesteros y Tejada, A.	1880-81, 81-82	Primera Enseñanza	Hombre	BILE, VIII (1884)
Barcáiztegui Orfila, Ventura	1876-77, 77-78	Cl Leng, Est Sup y espec (76-77), Es Derech (77-78)	Hombre	BILE, VII (1883), VIII (1884)
Barceló Rodríguez, F.	1881-82, 82-84	1ª Ens (81-82), 1ª y 2ª por secciones (82-84)	Hombre	BILE, VIII (1884)
Barinaga Loma, Juan	1881-82, 82-84	1ª Ens (81-82), 1ª y 2ª por secciones (82-84)	Hombre	BILE, VIII (1884)
Barrio Muñoz, Vicente	1877-78	Clases de Lenguas	Hombre	BILE, VIII (1884)
Barrio Palenciano, Enrique	1880-81, 81-82	Primera Enseñanza	Hombre	BILE, VIII (1884)
Barrón, Eduardo	1876-77	Clases de Lenguas	Hombre	BILE, VII (1883)
Barros Bascuñana, Rafael	1876-77	Doctorado en Derecho	Hombre	BILE, VII (1883)
Bartolomé Cossío, Manuel	1876-77	Clases de Lenguas, Esc. Derecho, Doct. Der., Est. Sup y espec.	Hombre	BILE, VII (1883)
Bartrina Medina, E.	1882-83	1ª y 2ª ens por secciones	Hombre	BILE, VIII (1884)
Bascán Sánchez, Juan	1882-84	1ª y 2ª ens por secciones	Hombre	BILE, VIII (1884)
Baus Capra, Adolfo	1880-81	Segunda Enseñanza	Hombre	BILE, VIII (1884)
Baus Capra, Manuel	1880-81	Segunda Enseñanza	Hombre	BILE, VIII (1884)

Apellidos y nombre	Cursos	Estudios	Hombr./ Muj.	Fuente
Bayo Timmerhans, E.	1882-83	1ª y 2ª ens por secciones	Hombre	BILE, VIII (1884)
Becerra Cervantes, J.	1876-77	Clases de Lenguas	Hombre	BILE, VII (1883)
Bedoya Zambrana, G.	1876-79	Repaso Bach. Y Prep. (76-77),2ª Enseñanza, clases privadas (78-79)	Hombre	BILE, VII (1883), VIII (1884)
Beltrán Escolar, Rufino	1877-78	Clases de Lenguas	Hombre	BILE, VIII (1884)
Beltrán Fabra, José	1877-78	Clases de Lenguas	Hombre	BILE, VIII (1884)
Beneito, José Juan	1879-80	Escuela de Ciencias Morales y Políticas	Hombre	BILE, VIII (1884)
Benítez Romero, Juan A.	1876-77	Est. Superiores y especiales	Hombre	BILE, VII (1883)
Benito Contreras, E.	1882-83	1ª y 2ª ens por secciones	Hombre	BILE, VIII (1884)
Benito Díaz, Alberto	1881-82, 82-83	1ª Ens (81-82), 1ª y 2ª por secciones (82-83)	Hombre	BILE, VIII (1884)
Benito, Lorenzo	1880-81	Clases privadas, Principios de Derecho público	Hombre	BILE, VIII (1884)
Benito Fernández, Manuel	1879-81	Segunda Enseñanza	Hombre	BILE, VIII (1884)
Berges Palacín, Antonio	1882-83	1ª y 2ª ens por secciones	Hombre	BILE, VIII (1884)
Bermejo Abeijón, Pedro	1879-80	Clases privadas, lenguas	Hombre	BILE,VIII (1884)
Bernaldo de Quirós, Elías	1880-82, 82-83	1ª ens (80-82), 1ª y 2ª por secciones (82-83)	Hombre	BILE, VIII (1884)
Bernardo Bonilla, Juan	1879-80	Segunda Enseñanza	Hombre	BILE, VIII (1884)
Berriatúa Sanahuja, M.	1882-84	1ª y 2ª ens por secciones	Hombre	BILE, VIII (1884)
Besteiro Fernández, J.	1879-81, 81-82, 82-84	2ª Ens (79-81) 1ª Ens. (81-82), 1ª y 2ª Ens por secc. (82-84)	Hombre	BILE, VIII (1884)
Betuich González, Juan	1882-84	1ª y 2ª ens por secciones	Hombre	BILE, VIII (1884)
Blanco Bachiller, Luis	1879-80	Segunda Enseñanza	Hombre	BILE, VIII (1884)

Apellidos y nombre	Cursos	Estudios	Hombr./ Muj.	Fuente
Blanco Santa Coloma, R.	1879-80	Segunda Enseñanza	Hombre	BILE, VIII (1884)
Blanco Suárez, Pedro	1879-82, 82-84	2ª ens (79-82), 1ª y 2ª ens por secciones (82-84)	Hombre	BILE, VIII (1884)
Blanco, Manuel	1881-82	Gramática castellana	Hombre	BILE, VIIII (1884)
Boadella Díaz, José	1880-81	Primera Enseñanza	Hombre	BILE, VIII (1884)
Bobea García, Antonio	1879-80	Segunda Enseñanza	Hombre	BILE, VIII (1884)
Boix de la Dueña, Gonzalo	1880-82, 82-83	1ª Ens (80-82), 1ª y 2ª por secciones (82-83)	Hombre	BILE, VIII (1884)
Bolois, Jaime	1876-77	Clases de Lenguas	Hombre	BILE, VII (1883)
Bona Cortezo, F. Javier	1878-81	Segunda Enseñanza, Clases privadas (78-79)	Hombre	BILE, VIII (1884)
Bona Cortezo, Francisco	1880-81	2ª Enseñanza	Hombre	BILE, VIII (1884)
Bona Cortezo, Juan	1877-78	Preparatorio de Medicina y Farmacia	Hombre	BILE, VIII (1884)
Bona Vecino, Enrique	1880-81, 81-82	1ª Ens. (80-82), 2ª Ens. (81-82)	Hombre	BILE, VIII (1884)
Borrajo Herrera, P.	1876-77	Escuela de Derecho	Hombre	BILE, VII (1883)
Borrell Vidal, José	1880-82	Segunda Enseñanza	Hombre	BILE, VIII (1884)
Bosch Romero, José	1881-82, 82-83	1ª Ens (81-82), 1ª y 2ª por secciones (82-83)	Hombre	BILE, VIII (1884)
Brantot Ferreira, Adolfo	1882-84	1ª y 2ª Ens. por secciones	Hombre	BILE, VIII (1884)
Brekke, Knud.	1878-79, 79-80, etc.	Lengua y literatura españolas	Hombre	BILE, VIII (1884)
Bueno García, León	1880-81, 82-83	2ª Ens (80-81), 1ª y 2ª ens por secciones (82-83)	Hombre	BILE, VIII (1884)
Buitrago, Joaquín	1876-77	Teoría sobre las acciones	Hombre	BILE, VII (1883)
Buroaga y Moya, F.	1880-81, 81-82	Primera Enseñanza	Hombre	BILE, VIII (1884)

Apellidos y nombre	Cursos	Estudios	Hombr./ Muj.	Fuente
Burrell, José	1876-77	2ª Enseñanza	Hombre	BILE VII (1883)
Busto López, Eusebio del	1877-78	Clases de Lenguas	Hombre	BILE, VIII (1884)
Caballero Sevilla, César	1880-82, 82-84	1ª Ens (80-82), 1ª y 2ª por secciones (82-84)	Hombre	BILE, VIII (1884)
Cabrera Rizo, Emilio	1880-82, 82-83	2ª Ens (80-82), 1ª y 2ª ens por secciones (82-83)	Hombre	BILE, VIII (1884)
Calderón de la Barca, R.	1882-83	1ª y 2ª ens por secciones	Hombre	BILE, VIII (1884)
Calero Urroz, Francisco	1880-81	Primera Enseñanza	Hombre	BILE, VIII (1884)
Calvo Aróstegui, Pedro	1882-84	1ª y 2ª ens por secciones	Hombre	BILE, VIII (1884)
Calvo Calahorra, A.	1880-81	Primera Enseñanza	Hombre	BILE, VIII (1884)
Calvo Tomelén, Mariano	1879-80	Clases privadas, lenguas	Hombre	BILE, VIII (1884)
Calzada Calvo, Antonio	1877-78	Segunda Enseñanza, Clases de Lenguas, Clases privadas	Hombre	BILE, VIII (1884)
Cámara Ortiz, Diego	1876-77	Doctorado en Derecho	Hombre	BILE, VII (1883)
Camps Valera, Juan	1881-82, 82-83	2ª Ens (81-82), 1ª y 2ª ens por secciones (82-83)	Hombre	BILE, VIII (1884)
Canelas Cruz, Luis	1880-81	Primera Enseñanza	Hombre	BILE, VIII (1884)
Cano Fernández, José	1880-81	Segunda Enseñanza	Hombre	BILE, VIII (1884)
Capblonch Botger, M.	1878-79	Segunda Enseñanza	Hombre	BILE, VIII (1884)
Carazo Ramos, Felipe	1876-77	Clases de Lenguas	Hombre	BILE, VII (1883)
Carnicer Illa, Enrique	1879-81	2ª Enseñanza	Hombre	BILE, VIII (1884)
Carnicer Illa, Fernando	1879-81	2ª Enseñanza	Hombre	BILE, VIII (1884)
Carnicer, César	1880-81	Primera Enseñanza	Hombre	BILE, VIII (1884)

Apellidos y nombre	Cursos	Estudios	Hombr./ Muj.	Fuente
Caro Lázaro, José	1876-77	Prep. Medicina y Farmacia	Hombre	BILE, VII (1883)
Carralero González, José	1877-78	Clases privadas. Repaso grado Bach., 2º ens., prep. Med. Y Farm.	Hombre	BILE, VIII (1884)
Carrillo Carmona, A.	1879-80	Clases privadas, lenguas	Hombre	BILE, VIII (1884)
Casado Artilleros, M.	1879-80	Clases privadas, lenguas	Hombre	BILE, VIII (1884)
Casado Ibarra, C.	1876-77	Prep. Medicina y Farmacia	Hombre	BILE, VII (1883)
Casado Ibarra, Felipe	1876-77	Clases de Lenguas	Hombre	BILE, VII (1883)
Casañez, Ramón	1876-77	Clases de Lenguas	Hombre	BILE, VII (1883)
Casas Flors, Eduardo M.	1878-79	2ª Enseñanza	Hombre	BILE, VIII (1884)
Casero Barranco, A.	1881-82, 82-83	1ª Ens (81-82), 1ª y 2ª por secciones (82-83)	Hombre	BILE, VIII (1884)
Casparssons, Ed.	1878-79, 79-80, etc.	Lengua y literatura españolas	Hombre	BILE, VIII (1884)
Casson Agustina, Carlos	1879-80	Segunda Enseñanza	Hombre	BILE, VIII (1884)
Castañeda Triana, E.	1876-77	Clases de Lenguas, Escuela de Derecho	Hombre	BILE, VII (1883)
Castañeira González, E.	1880-82	Segunda Enseñanza	Hombre	BILE, VIII (1884)
Catarineu, Emilio	1876-77	Repaso Grado Bach. Y Preparatorio	Hombre	BILE, VIII (1884)
Castelló Calvo, E.	1876-77	Escuela de Derecho, Est. Sup y esp, Teoría sobre las accion.	Hombre	BILE, VII (1883)
Castillo Arechaga, C. del	1882-83	1ª y 2ª ens por secciones	Hombre	BILE, VIII (1884)
Castillo Arechaga, E. del	1882-83	1ª y 2ª ens por secciones	Hombre	BILE, VIII (1884)
Castillo Hernández, M. del	1883-84	1ª y 2ª ens por secciones	Hombre	BILE, VIII (1884)
Castiñeira Bolois, C.	1876-77	Clases de Lenguas	Hombre	BILE, VII (1883)

Apellidos y nombre	Cursos	Estudios	Hombr./ Muj.	Fuente
Castiñeira Cantarero, C.	1876-77	Clases de Lenguas	Hombre	BILE, VII (1883)
Castro González, J.	1881-82, 82-83	2ª Ens (81-82), 1ª y 2ª ens por secciones (82-83)	Hombre	BILE, VIII (1884)
Castro Laregui, V. de	1882-83	1ª y 2ª ens por secciones	Hombre	BILE, VIII (1884)
Castro Pinedo, Mariano	1882-83	1ª y 2ª ens por secciones	Hombre	BILE, VIII (1884)
Cavero Sánchez, Rafael	1876-77	Est. Superiores y especiales	Hombre	BILE, VII (1883)
Cebada Ruiz, José	1879-81	2ª Enseñanza	Hombre	BILE, VIII (1884)
Cebrián Pló, Germán	1876-77	Clases de Lenguas	Hombre	BILE, VII (1883)
Cela Zarza, Ignacio A.	1877-78	Clases de Lenguas	Hombre	BILE, VIII (1884)
Celaya Rodríguez, Fermín	1879-82, 82-83	2ª Ens (79-82), 1ª y 2ª ens, por secciones (82-83)	Hombre	BILE, VIII (1884)
Celaya Rodríguez, F.	1879-80	2ª Ens	Hombre	BILE, VIII (1884)
Celsani Navasenes, M.	1877-78	Clases de Lenguas	Hombre	BILE, VIII (1884)
Cembrano Muñoz, A.	1880-82	Primera Enseñanza	Hombre	BILE, VIII (1884)
Cenegorta, Ángel	1880-81	Primera Enseñanza	Hombre	BILE, VIII (1884)
Ceresole, M.	1878-79, 79-80, etc.	Lengua y literatura españolas	Hombre	BILE, VIII (1884)
Cerrato Villegas, C.	1877-78	Preparatorio de Medicina y Farmacia	Hombre	BILE, VIII (1884)
Cerrolaza Dupuy, M.	1877-78	2ª Enseñanza	Hombre	BILE, VIII (1884)
Cervera Lahora, Rafael	1877-78	Clases de Lenguas	Hombre	BILE, VIII (1884)
Cervera, Augusto	1877-78	Clases de Lenguas	Hombre	BILE, VIII (1884)
César Fernández, Carlos	1880-81	Primera Enseñanza	Hombre	BILE, VIII (1884)

Apellidos y nombre	Cursos	Estudios	Hombr./ Muj.	Fuente
Céspedes, Benjamín	1880-81	Clases privadas, Principios de Derecho público	Hombre	BILE, VIII (1884)
Chamorro, Dionisio	1878-79	2ª Enseñanza	Hombre	BILE, VIII (1884)
Chamorro, Frutos	1878-79	2ª Enseñanza	Hombre	BILE, VIII (1884)
Chamorro, Pedro Joaquin	1878-79	2ª Ense	Hombre	BILE, VIII (1884)
Chamorro, Pedro José	1878-79	2ª Enseñanza	Hombre	BILE, VIII (1884)
Chao Sedano, Alejandro	1882-84	1ª y 2ª ens por secciones	Hombre	BILE, VIII (1884)
Chao Sedano, Eduardo	1882-84	1ª y 2ª ens por secciones	Hombre	BILE, VIII (1884)
Charrín Trigero, Acacio	1876-77	Doctorado en Derecho, Teoría sobre las acciones	Hombre	BILE, VII (1883)
Chaura Maré, Ricardo	1880-81	Segunda Enseñanza	Hombre	BILE, VIII (1884)
Checa, Francisco	1880-81	Clases privadas, Principios de Derecho público	Hombre	BILE, VIII (1884)
Chenel Ribeiro, Francisco	1876-79	2ª Enseñanza	Hombre	BILE, VII (1883), VIII (1884)
Cifré de Colonia, Guillermo	1876-77	Clases de Leng, Escuela de Der, Doct. en Der, Est. Sup y esp	Hombre	BILE, VII (1883)
Cirajas, Laureano	1877-78	2ª Enseñanza, Clases de Lenguas	Hombre	BILE, VIII (1884)
Coca Navarro, Luis	1880-81, 81-82	Primera Enseñanza	Hombre	BILE, VIII (1884)
Coca Navarro, Pedro	1880-81, 81-82	Primera Enseñanza	Hombre	BILE, VIII (1884)
Coello, Carlos	1876-77	Clases de Lenguas	Hombre	BILE, VII (1883)
Colorado Martínez, V.	1876-77	Clases de Lenguas	Hombre	BILE, VII (1883)
Colubi Fernández, F.	1880-81	Primera Enseñanza	Hombre	BILE, VIII (1884)

Apellidos y nombre	Cursos	Estudios	Hombr./ Muj.	Fuente
Compañí Vidal, Manuel	1880-81	Primera Enseñanza	Hombre	BILE, VIII (1884)
Conde Pelayo, Juan J.	1876-77	Clases de Lenguas	Hombre	BILE, VII (1883)
Copeiro del Villar, Jesús	1880-81	Primera Enseñanza	Hombre	BILE, VIII (1884)
Copeiro del Villar, Joaquín	1880-81	Segunda Enseñanza	Hombre	BILE, VIII (1884)
Copeiro del Villar, Juan	1880-81	Primera Enseñanza	Hombre	BILE, VIII (1884)
Cordero Bello, Darío	1881-82, 82-84	2ª Ens (81-82), 1ª y 2ª ens por secciones (82-84)	Hombre	BILE, VIII (1884)
Cordero Bello, Feliciano	1881-82, 82-84	1ª Ens (81-82), 1ª y 2ª por secciones (82-84)	Hombre	BILE, VIII (1884)
Cordero Vigil, Ramón	1880-82, 82-84	1ª Ens (80-82), 1ª y 2ª por secciones (82-84)	Hombre	BILE, VIII (1884)
Cordón, Pablo	1878-79	Lenguas vivas	Hombre	BILE, VIII (1884)
Córdova Bayona, Julio	1883-84	1ª y 2ª ens por secciones	Hombre	BILE, VIII (1884)
Corral Baranda, M.	1876-77	Clases de Lenguas	Hombre	BILE, VII (1883)
Corral Fernández, F.	1877-78	2ª Enseñanza, Clases de Lenguas	Hombre	BILE, VIII (1884)
Corrales Rodríguez, S.	1881-82	Primera Enseñanza	Hombre	BILE, VIII (1884)
Corrales Sánchez, E.	1876-77	Escuela de Derecho	Hombre	BILE, VII (1883)
Correa Pardinillas, J.	1880-81	Primera Enseñanza	Hombre	BILE, VIII (1884)
Correas Llopis, Vicente	1880-82, 82-84	1ª ens (80-82), 1ª y 2ª por secciones (82-84)	Hombre	BILE, VIII (1884)
Corredor Arana, E.	1880-82, 82-84	1ª Ens (80-82), 1ª y 2ª por secciones (82-84)	Hombre	BILE, VIII (1884)
Corredor Arana, G.	1882-83	1ª y 2ª ens por secciones	Hombre	BILE, VIII (1884)
Corredor Arana, Pedro	1880-82, 82-84	1ª Ens (80-82), 1ª y 2ª por secciones (82-84)	Hombre	BILE, VIII (1884)
Corredor Arana, Ricardo	1877-78	2ª Enseñanza	Hombre	BILE, VIII (1884)

Apellidos y nombre	Cursos	Estudios	Hombr./ Muj.	Fuente
Cortés Bayona, E.	1876-77	Clases de Lenguas	Hombre	BILE, VII (1883)
Cossío Gómez, R.	1876-77, 82-83	Prep. Medic. Y Farmacia (76-77), 1ª y 2ª ens por secciones	Hombre	BILE, VIII (1884)
Costa Llobera, Miguel	1876-77	Est. Superiores y especiales	Hombre	BILE, VII (1883)
Cotarelo Azcárate, E.	1876-77	Teoría sobre las acciones	Hombre	BILE, VII (1883)
Cotter Cortés, Balbino	1876-77	Clases de Lenguas	Hombre	BILE, VII (1883)
Crus Romero, Mateo	1876-78	2ª Enseñanza (77-78), Clases de Lenguas (77-78)	Hombre	BILE, VII (1883), VIII (1884)
Cruz González, Juan	1877-78	Clases de Lenguas	Hombre	BILE, VIII (1884)
Cruz Romero, Mateo	1876-78, 80-81, 81-82	Clases de Leng (76-78), 2ª ens (76-78; 80-82)	Hombre	BILE, VII (1883), VIII (1884)
Cuaranta, Luis	1876-78, 78-79, 79-80, 80-81, 81-82	Clases de Lenguas (77-78), 2ª Enseñ. (76-82)	Hombre	BILE, VII (1883), VIII (1884)
Cuenca Sabater, Rafael	1880-81, 81-82	Primera Enseñanza	Hombre	BILE, VIII (1884)
Cuervo Flórez, Martín	1876-77, 77-78, 78-81	Repaso grado bach. Y Prepar. (76-77), Clases de Lenguas (77-78), 2ª Ens (78-81)	Hombre	BILE, VIII (1884)
Cuervo Miguel, Isaac	1877-78	Clases de Lenguas	Hombre	BILE, VIII (1884)
Cueto Martínez, Joaquín	1878-79, 81-82	2ª Ens (78-79), 1ª Ens (81-82)	Hombre	BILE, VIII (1884)
Cuevas, F. de las	1879-80	Escuela de Ciencias Morales y Políticas	Hombre	BILE, VIII (1884)
Cutiller Valenzuela, E.	1877-78, 80-82, 82-83	Cl. Leng (77-78), 1ª Ens (80-82), 1ª y 2ª por secc (82-83)	Hombre	BILE, VIII (1884)
Dále Céliz, Carlos	1878-1882, 82-84	2ª Ens (78-82), 1ª Ens (80-81), 1ª y 2ª ens por secc. (82-84)	Hombre	BILE, VIII (1884)

Apellidos y nombre	Cursos	Estudios	Hombr./ Muj.	Fuente
Decrett Ruiz, Joaquín	1877-78	2ª Enseñanza	Hombre	BILE, VII (1883)
Deleito Butragueño, M.	1880-81	Segunda Enseñanza	Hombre	BILE, VIII (1884)
Deleito Míguez, Joaquín	1878-80, 80-81	2ª Ens (78-81) 1ª Ens (80-81)	Hombre	BILE, VIII (1884)
Dervit Tahengua, J.	1876-77	Clases de Lenguas	Hombre	BILE, VII (1883)
Díaz Blanco, Rafael	1880-82	Segunda Enseñanza	Hombre	BILE, VIII (1884)
Díaz Cañabate, Lucas	1876-77	Teoría sobre las acciones	Hombre	BILE, VII (1883)
Díaz de los Arcos, Eugenio	1878-79	Lenguas vivas	Hombre	BILE, VIII (1884)
Díaz Escuza, Antonio	1876-77	Clases de Lenguas	Hombre	BILE, VII (1883)
Díaz Otero, Emilio	1877-1881	2ª Enseñanza	Hombre	BILE, VIII (1884)
Díaz Sánchez, José	1878-79, 80-81, 82-83	Leng viv (78-79), 1ª enseñ. (80-81), 1ª y 2ª ens por secciones (82-83), clases priv.	Hombre	BILE, VIII (1884)
Díaz Seco, Manuel	1877-78, 78-81	Cl Leng (77-78), 2ª Ens (77-81)	Hombre	BILE, VIII (1884)
Díaz Valero, José	1876-77	Repaso grado de Bach. Y prepar. Medic., Cienc., Farmacia	Hombre	BILE, VIII (1884)
Díaz Zuazua, Ignacio	1880-81, 81-82, 82-83	1ª ens; 1ª y 2ª ens por secciones	Hombre	BILE, VIII (1884)
Dietrich, Eugenio	1878-79	2ª Enseñanza	Hombre	BILE, VIII (1884)
Díez Miguel, Vicente	1877-78, 81-82, 82-83	Cl. Leng (77-78), 1ª ens (81-82), 1ª y 2ª por secc (82-83)	Hombre	BILE, VIII (1884)
Díez Solorzano, Manuel	1876-77; 1882-84	Clases de lenguas (1876-77); 1ª y 2ª ens por secciones	Hombre	BILE, VIII (1884)
Domenech Ros, Napoleón	1877-78	Clases privadas. Repaso grado Bah., 2º ens., prep. Med. Y Farm.	Hombre	BILE, VIII (1884)

Apellidos y nombre	Cursos	Estudios	Hombr./ Muj.	Fuente
Domingo Bazán, C.	1876-77	Clases de Lenguas	Hombre	BILE, VII (1883)
Domingo Bazán, Julio	1876-77	Est. Superiores y especiales	Hombre	BILE, VII (1883)
Domínguez Garrido, E.	1878-79, 80-81	2ª Ens (78-79), 1ª Ens (80-81)	Hombre	BILE, VIII (1884)
Domínguez Meunier, M.	1879-80	Segunda Enseñanza	Hombre	BILE, VIII (1884)
Dorda Rodríguez, Enrique	1877-78	Clases de Lenguas	Hombre	BILE, VIII (1884)
Doze, Emilio	1878-79	Estudios superiores y especiales	Hombre	BILE, VIII (1884)
Dubois, Eduardo	1877-78, 79-80	Prepde Derecho y Filosofía y Letras (77-78), 2ª Ens (79-80)	Hombre	BILE, VIII (1884)
Ducazcal, José	1877-78, 80-82, 82-83	Cl. Leng (77-78), 1ª Ens (80-82), 1ª y 2ª por secc (82-83)	Hombre	BILE, VIII (1884)
Echaniz y Duñabeitia, M.	1878-79, 80-82, 82-83	Est sup y espec (78-79), 1ª Ens (80-82), 1ª y 2ª por secc (82-83)	Hombre	BILE, VIII (1884)
Écija, Avelino	1876-77	Teoría sobre las acciones	Hombre	BILE, VII (1883)
Eguivar, Faustino de	1877-78, 80-81	Prep Der y Fía y Letr (77-78), 1ª Ens (80-81)	Hombre	BILE, VIII (1884)
Elegido, Antonio	1879-80	Escuela de Ciencias Morales y Políticas	Hombre	BILE, VIII (1884)
Elizondo Odriosola, Ángel	1877-78	Clases de Lenguas	Hombre	BILE, VIII (1884)
Elorrio Fernández de Gamboa, R.	1882-84	1ª y 2ª ens por secciones	Hombre	BILE, VIII (1884)
Enríquez Borges, E.	1880-81	Primera Enseñanza	Hombre	BILE, VIII (1884)
Erro Zuasti, Francisco	1877-78, 81-82, 82-84	Cl. Leng (77-78), 1ª ens (81-82), 1ª y 2ª por secc (82-84)	Hombre	BILE, VIII (1884)
Escalera del Campo, A.	1881-82, 82-84	1ª ens (81-82), 1ª y 2ª por secciones (82-84)	Hombre	BILE, VIII (1884)
Escobar Morán, Adolfo	1881-82, 82-84	1ª ens (81-82), 1ª y 2ª por secciones (82-84)	Hombre	BILE, VIII (1884)
Escoriaza Fabro, Manuel	1880-81, 81-82	Segunda Enseñanza	Hombre	BILE, VIII (1884)

Apellidos y nombre	Cursos	Estudios	Hombr./ Muj.	Fuente
Escoriaza Fabro, Nicolás	1880-81	Primera Enseñanza	Hombre	BILE, VIII (1884)
Escoriaza Fabro, Virgilio	1880-81, 81-82	Primera Enseñanza	Hombre	BILE, VIII (1884)
Escosura Escosura, D.	1878-79, 80-81	2ª Enseñanza, Lenguas vivas	Hombre	BILE, VIII (1884)
Escosura Escosura, E.	1880-81	Primera Enseñanza	Hombre	BILE, VIII (1884)
Escosura Escosura, R.	1881-82, 82-84	1ª ens (81-82), 1ª y 2ª por secciones (82-84)	Hombre	BILE, VIII (1884)
Escosura, Luis	1880-81	Clases privadas, Principios de Derecho público	Hombre	BILE, VIII (1884)
España Gargollo, Carlos	1877-78, 78-79, 80-81	2ª Ens (77-79; 80-81), Clases de Lenguas (77-78), Leng viv (78-79), clases privadas	Hombre	BILE, VII (1883), VIII (1884)
España Lledó, José	1876-77	Doctorado en Derecho, Est. Superiores y especiales	Hombre	BILE, VII (1883)
España, C.	1876-77	Matemáticas elementales	Hombre	BILE, VIII (1884)
Esparza Shefr, Federico	1878-79	Lenguas vivas	Hombre	BILE, VIII (1884)
Esteban Bedoya, Gonzalo	1880-82, 82-84	1ª Ens (80-82), 1ª y 2ª por secciones (82-84)	Hombre	BILE, VIII (1884)
Esstebas Uría, Manuel	1878-79	Clases privadas repaso Bach y asig. sueltas 2ª enseñ.	Hombre	BILE, VIII (1884)
Estelrick Peselló, Juan	1877-78, 80-81	Cl. Leng (77-78), 1ª Ens (80-81)	Hombre	BILE, VIII (1884)
Exea Pozuelo, José de	1878-79, 80-81	Leng viv (78-79), 1ª Ens (80-81)	Hombre	BILE, VIII (1884)
F. Cadiñanos, Mariano	1876-77	Repaso grado de Bach. Y prepar. Medic., Cienc., Farmacia	Hombre	BILE, VIII (1884)
Fábregas Alcolea, R.	1876-77	Clases de Lenguas	Hombre	BILE, VII (1883)
Fajardo Guardiola, F.	1876-77	Prep. Derecho y Fía. y Letras; Medic. Y Farm; Esc. Derecho	Hombre	BILE, VII (1883)

Apellidos y nombre	Cursos	Estudios	Hombr./ Muj.	Fuente
Fajardo Guardiola, R.	1876-77	Preparatorio de Medicina y Farmacia	Hombre	BILE, VII (1883)
Faure García, Luis	1880-81	Segunda Enseñanza	Hombre	BILE, VIII (1884)
Febles Campos, Juan	1876-77	Repaso grado Bach. Y Prepar.	Hombre	BILE, VIII (1884)
Federico Reymundo, N.	1877-78	Clases privadas. Repaso grado Bach., 2° ens., prep. Med. Y Farm.	Hombre	BILE, VIII (1884)
Feijoo Rubio, Pedro	1881-82	Segunda Enseñanza	Hombre	BILE, VIII (1884)
Fernández Armendáriz, E.	1882-83	1ª y 2ª ens por secciones	Hombre	BILE, VIII (1884)
Feilitzen, H. von	1878-79, 79-80, etc.	Lengua y literatura españolas	Hombre	BILE,VIII (1884)
Fernández Arrea, Alfredo	1878-79, 80-81	Lenguas vivas (78-79), 2ª Ens (80-81)	Hombre	BILE, VIII (1884)
Fernández Barrios y R., G.	1881-82	Primera Enseñanza	Hombre	BILE, VIII (1884)
Fernández Boada, S.	1878-79, 81-82, 82-84	Leng viv (78-79), 1ª ens (81-82), 1ª y 2ª por secciones (82-84)	Hombre	BILE, VIII (1884)
Fernández de Castro, R.	1876-77	Escuela de Derecho, Teoría sobre las acciones	Hombre	BILE, VII (1883)
Fernández de Córdoba, B.	1878-79, 81-82	Leng viv (78-79), 1ª Ens (80-81)	Hombre	BILE, VIII (1884)
Fernández Fontecha, A.	1880-81	Clases privadas, Principios de Derecho público	Hombre	BILE, VIII (1884)
Fernández García, Antonio	1876-77	Teoría sobre las acciones	Hombre	BILE, VII (1883)
Fernández Hernández, A.	1880-81	Primera Enseñanza	Hombre	BILE, VIII (1884)
Fernández Leonard, Luis	1880-81	Primera Enseñanza	Hombre	BILE, VIII (1884)
Fernández López, M.	1880-81, 81-82	Primera Enseñanza	Hombre	BILE, VIII (1884)
Fernández López, M. S.	1882-83	1ª y 2ª ens por secciones	Hombre	BILE, VIII (1884)

Apellidos y nombre	Cursos	Estudios	Hombr./ Muj.	Fuente
Fernández Lozano, E.	1880-81	Primera Enseñanza	Hombre	BILE, VIII (1884)
Fernández Pacheco, Juan	1877-78	2ª Enseñanza	Hombre	BILE, VIII (1884)
Fernández Regidor, Juan	1876-77	Teoría sobre las acciones	Hombre	BILE, VII (1883)
Fernández Rodríguez, M.	1881-82, 82-83	1ª ens (81-82), 1ª y 2ª por secciones (82-83)	Hombre	BILE, VIII (1884)
Fernández Sánchez, Ángel	1877-78	Escuela de Derecho	Hombre	BILE, VIII (1884)
Fernández Shaw, Carlos	1877-78, 82-83	2ª Ens (77-78), 1ª y 2ª por secc (82-83), Clases privadas (83-84)	Hombre	BILE, VIII (1884)
Fernández Valdés, Julio	1880-82, 82-83	2ª Ens (80-82), 1ª y 2ª ens por secciones (82-83)	Hombre	BILE, VIII (1884)
Fernández Villaverde, P.	1877-78, 79-81	Es Derech (77-78), 2ª Ens (79-81)	Hombre	BILE, VIII (1884)
Fernández, José	1876-77	Teoría sobre las acciones	Hombre	BILE, VII (1883)
Fernández-Cuevas y R., P.	1878-79	2ª Enseñanza	Hombre	BILE, VIII (1884)
Ferrer Medrano, Carlos	1880-81	Primera y 2ª Enseñanza	Hombre	BILE, VIII (1884)
Flores Paz, Leopoldo	1876-77, 77-78	Clases de Lenguas (76-77), 2ª ens (77-78)	Hombre	BILE, VIII (1884)
Flórez Llamas, Germán	1876-77	Clases de Lenguas, Esc. Derecho, Doct. Der., Est. Sup y espe	Hombre	BILE, VII (1883)
Font del Corral, Juan	1879-81	2ª Enseñanza	Hombre	BILE, VIII (1884)
Font del Corral, Julio	1877-79, 80-81	Segunda Enseñanza	Hombre	BILE, VII (1883), VIII (1884)
Font del Corral, Santos	1879-80	2ª Enseñanza	Hombre	BILE, VIII (1884)
Fontaná, Juan	1876-77	Teoría sobre las acciones	Hombre	BILE, VII (1883)
Fontanay Esteve, Juan	1876-77	Clases de Lenguas	Hombre	BILE, VII (1883)
Fontela Carro, J.	1876-77	Clases de Lenguas	Hombre	BILE, VII (1883)

Apellidos y nombre	Cursos	Estudios	Hombr./ Muj.	Fuente
Fontela y Carro, J.	1876-77	Prep. Medicina y Farmacia	Hombre	BILE, VII (1883)
Foruny Vila, José	1877-78, 78-79	2ª Ens y Clas Leng (77-78), 2ª Ens(78-79), Leg. viv (78-79)	Hombre	BILE, VIII (1884)
Fos Rodima, Vicente	1879-80, 83-84	2ª Ens (79-80), 1ª y 2ª ens por secciones	Hombre	BILE, VIII (1884)
Fos, J	1876-77	Matemáticas elementales	Hombre	BILE, VIII (1884)
Fragoso y Molina, Ricardo	1876-77	Est. Superiores y especiales	Hombre	BILE, VII (1883)
Freire de Andrade, José	1880-81, 82-83	2ª Ens (80-81), 1ª y 2ª ens por sec (82-83)	Hombre	BILE, VIII (1884)
Fridrich Domec, C.	1876-77	Clases de Lenguas	Hombre	BILE, VII (1883)
Fuente Gómez, A. de la	1882-83	1ª y 2ª ens por secciones	Hombre	BILE, VIII (1884)
Fuente Mondéjar, M.	1877-78, 78-79, 79-80, 82-84	Cl. De Leng (77-78), Leng viv (78-79), 2ª Ens (79-80); 1ª y 2ª ens por secc (82-84)	Hombre	BILE, VIII (1884)
Fuente, Manuel de la	1879-80	Clases privadas, lenguas	Hombre	BILE,VIII (1884)
Fungairiño, Eduardo	1882-84	1ª y 2ª ens por secciones	Hombre	BILE, VIII (1884)
Furundarena López, J. M.	1881-82	Primera Enseñanza	Hombre	BILE, VIII (1884)
Furundarena López, M.	1877-78	Clases de Lenguas	Hombre	BILE, VIII (1884)
G. de Azcárate Arquisa, Enrique	1877-78	Clases de Lenguas, Preparatorio de Medicina y Farmacia	Hombre	BILE, VIII (1884)
G. de Azcárate Arquisa, Francisco	1877-78	Clases de Lenguas	Hombre	BILE, VIII (1884)
Gadea Ortiz, Federico	1880-81, 81-82	Primera Enseñanza	Hombre	BILE, VIII (1884)
Gaeta Cortés, José	1877-78, 83-84	Cl. Leng (77-78) 1ª y 2ª ens por secc (83-84)	Hombre	BILE, VIII (1884)
Galán Rivera, Antonio	1877-78, 81-82, 82-83	Cl Leng, Prep Med y Farm (77-78), 1ª ens (81-82), 1ª y 2ª por sec (82-83)	Hombre	BILE, VIII (1884)

Apellidos y nombre	Cursos	Estudios	Hombr./ Muj.	Fuente
Galicia Galicia, Cándido	1877-78, 81-82	Cl. Leng (77-78), 1ª Ens (81-82)	Hombre	BILE, VIII (1884)
Gallardo de las Heras, V.	1876-77	Prep. Medicina y Farmacia	Hombre	BILE, VII (1883)
Gallegos Mondéjar, E.	1880-82, 82-84	2ª Ens (80-82), 1ª y 2ª ens por secciones (82-84)	Hombre	BILE, VIII (1884)
Galván Octavio, L.	1877-78	Clases de Lenguas	Hombre	BILE, VIII (1884)
Gamazo, Trifino	1876-77	Teoría sobre las acciones	Hombre	BILE, VII (1883)
Gamonal Gutiérrez, R.	1882-84	1ª y 2ª ens por secciones	Hombre	BILE, VIII (1884)
Garagarza, José Miguel	1878-79	2ª Enseñanza	Hombre	BILE, VIII (1884)
Garay Lorenzo, Isidro	1877-78, 78-79	Cl Leng (77-78), Lenguas vivas (78-79)	Hombre	BILE, VIII (1884)
Garay Rouwart, José M.	1880-81, 81-82	2ª Ens (80-81), 1ª Ens (81-82)	Hombre	BILE, VIII (1884)
García Alonso, Enrique	1876-77	Est. Superiores y especiales	Hombre	BILE, VII (1883)
García Atienza, José	1880-82, 82-83	1ª Ens (80-82), 1ª y 2ª ens por secciones (82-83)	Hombre	BILE, VIII (1884)
García Béjar, Rafael	1878-79, 83-84	2ª Ens (78-79), 1ª y 2ª por secciones (83-84)	Hombre	BILE, VIII (1884)
García Boada, Félix	1878-79, 79-81	Leng viv (78-79), 2ª Ens (79-81)	Hombre	BILE, VIII (1884)
García Calleja, José M.	1880-81, 81-83, 83-84	1ª Ens. (80-82), 2ª Ens. (81-83), 1ª y 2ª por secc (83-84)	Hombre	BILE, VIII (1884)
García Ceñal, Enrique	1876-77	Clases de Leng, Doct. Der., Est. Super y esp, Teo. sob las acc.	Hombre	BILE, VII (1883)
García de Calle, José	1877-78	2ª Enseñanza	Hombre	BILE, VII (1883)
García de Guadiana, J.	1876-77	Prep. Derecho y Fía. y Letras; Clases de Lenguas; Esc.Derech.	Hombre	BILE, VII (1883)
García de Socasa, C.	1880-81, 81-83, 83-84	1ª Ens. (80-82), 2ª Ens. (81-83), 1ª y 2ª por secc (83-84)	Hombre	BILE, VIII (1884)

Apellidos y nombre	Cursos	Estudios	Hombr./ Muj.	Fuente
García del Busto, Federico	1878-79	Lenguas vivas	Hombre	BILE, VIII (1884)
García del Real, Antonio	1879-81, 82-83	2ª Ens (79-81), 1ª y 2ª por secc (82-83)	Hombre	BILE, VIII (1884)
García del Real, Eduardo	1881-82	Primera Enseñanza	Hombre	BILE, VIII (1884)
García del Real, Tomás	1881-82	Primera Enseñanza	Hombre	BILE, VIII (1884)
García Delgado, José	1876-77	Clases de Lenguas	Hombre	BILE, VII (1883)
García Díaz, Eduardo	1876-77	Escuela de Derecho, Teoría sobre las acciones	Hombre	BILE, VII (1883)
García Fernández, S.	1877-78, 78-79	2ª Ens., Clases de Leng. (77-78), Lenguas vivas (78-79)	Hombre	BILE, VIII (1884)
García García, Mariano	1880-82, 82-83	1ª Ens (80-82), 1ª y 2ª por secciones (82-83	Hombre	BILE, VIII (1884)
García Góngora, José	1876-77	Est. Super y especiales	Hombre	BILE, VII (1883)
García Gutiérrez, Lucas	1876-77	Teoría sobre las acciones	Hombre	BILE, VII (1883)
García Iñíguez Vélez, C.	1877-78	Clases de Leng., Prep. de Medic. y Farm., Esc. de Derech.	Hombre	BILE, VIII (1884)
García Iñíguez Vélez, J.	1880-81	Segunda Enseñanza	Hombre	BILE, VIII (1884)
García Labaggi, Luis T.	1877-78, 78-79, 81-82	Cl Leng (77-78), Leng viv (78-79), 2ª Ens (77-79), 1ª Ens (81-82)	Hombre	BILE, VIII (1884)
García Lomas, Valentín	1876-77	Clases de Lenguas, Doc. Derecho, Est. Super y espec.	Hombre	BILE, VII (1883)
García López, Anastasio	1876-77	Clases de Lenguas	Hombre	BILE, VII (1883)
García López, José	1876-77	Escuela de Derecho	Hombre	BILE, VII (1883)
García Mallavía, Arsenio	1881-82	Primera Enseñanza	Hombre	BILE, VIII (1884)
García Martínez, José	1877-78	Cl. Leng., Prep. Medicina y Farmacia, Es Derech	Hombre	BILE, VIII (1884)

Apellidos y nombre	Cursos	Estudios	Hombr./ Muj.	Fuente
García Martino Ruiz, P.	1880-81	Primera y Segunda Enseñanza	Hombre	BILE, VIII (1884)
García Martino, Francisco	1877-78, 78-79	Clases de Leng. (77-78), Leng. Vivas (78-79)	Hombre	BILE, VIII (1884)
García Odiando, Juan	1879-80, 80-81	2ª Enseñanza	Hombre	BILE, VIII (1884)
García Rendueles, Rufo	1876-77, 77-78	2ª Ens (76-77), Cl. Leng y Prep Medic y Farmacia (77-78)	Hombre	BILE VII (1883), VIII (1884)
García Rodríguez, M.	1877-78	Clases de Lenguas	Hombre	BILE, VIII (1884)
García Romero de Tejada, J.	1876-77	Est. Super y especiales	Hombre	BILE, VII (1883)
García Sierra, Nicolás	1876-78, 78-79, 79-80	Clases de Lenguas (76-78), Leng viv (78-79), privadas (79-80)	Hombre	BILE, VIII (1884)
García Socasa, Juan	1879-80, 80-81	2ª Ens (79-81), 1ª Ens (80-81)	Hombre	BILE, VIII (1884)
García Soto, Pedro	1876-77	Est. Superiores y especiales, Esc. Derecho, Doc. Dcho.	Hombre	BILE, VII (1883)
García Teresa, César	1877-78, 80-81	Cl. Leng (77-78), 1ª Ens (80-81)	Hombre	BILE, VIII (1884)
García Vao, Martín	1876-77	Clases de Lenguas	Hombre	BILE, VII (1883)
García Béjar, Rafael	1878-79	Clases privadas. Repaso grado Bach. Y asign.sueltas 2-° enseñ.	Hombre	BILE, VIII (1884)
García Vela, José	1877-78, 78-79	Cl. Leng (77-78), 2ª Ens (78-79)	Hombre	BILE, VIII (1884)
García-Martino, F.	1877-78	Clases de Lenguas	Hombre	BILE, VIII (1884)
García-Mendoza, Rafael	82-83	1ª y 2ª ens por secciones	Hombre	BILE, VIII (1884)
García-Pego, Fermín	1879-80, 80-81, 81-82	2ª Enseñanza	Hombre	BILE, VIII (1884)
Garcinuño González, Policarpo	1877-79, 82-83	2ª Ens (77-79), 1ª y 2ª por secc (82-83), cl. Privadas (78-79)	Hombre	BILE, VII (1883), VIII (1884)

Apellidos y nombre	Cursos	Estudios	Hombr./ Muj.	Fuente
Garnica, Ramón	1877-78	Cl. Leng, 2ª Enseñanza	Hombre	BILE, VIII (1884)
Garzón Cebrián, Julián	1878-79, 79-80	2ª Enseñanza	Hombre	BILE, VIII (1884)
Gayangos Bulnes, José de	1879- 82, 82-83	Segunda Enseñanza (79-82), Repaso grado Bach. (82-83)	Hombre	BILE, VIII (1884)
Germán Esteban, M.	1877-78	2ª Enseñanza	Hombre	BILE, VIII (1884)
Gil Gil, Gumersindo	1876-77	Prep. Derecho y Fía. y Letras, Esc. Derecho	Hombre	BILE, VII (1883)
Gil Santo Domingo, A.	1880-82, 82-83	1ª Ens (80-82), 1ª y 2ª por secciones (82-83)	Hombre	BILE, VIII (1884)
Giménez Bedoya, Alfredo	1877-78, 82-84	2ª Ens (77-78), 1ª y 2ª por secc (82-84)	Hombre	BILE, VIII (1884)
Giménez Catalán, Manuel	1877-81	Segunda Enseñanza	Hombre	BILE, VII (1883), VIII (1884)
Ginart, Manuel	1877-78, 81-82, 82-84	2ª Ens (77-78), 1ª Ens (81-82), 1ª y 2ª por secc (82-84)	Hombre	BILE, VIII (1884)
Giner Argüelles, Carlos	1880-81, 82-83	2ª Ens (80-81), 1ª y 2ª ens por secciones (82-83)	Hombre	BILE, VIII (1884)
Giner Fuentes, Carlos	1878-1882, 82-84	2ª Enseñanza (78-82), 1ª y 2ª Ens. por secciones (82-84)	Hombre	BILE, VIII (1884)
Giner Mascuñán, R	1881-82, 82-84	1ª ens (81-82), 1ª y 2ª por secciones (82-84)	Hombre	BILE, VIII (1884)
Girod Reinar, Eduardo	82-83	1ª y 2ª ens por secciones	Hombre	BILE, VIII (1884)
Girod Reinar, Jorge	1883-84	1ª y 2ª ens por secciones	Hombre	BILE, VIII (1884)
Gomá del Pino, Florencio	1878-79, 79-81	2ª Ens (78-81), Lenguas vivas (78-79)	Hombre	BILE, VIII (1884)
Gomar, Antonio	1876-77	Clases de Lenguas	Hombre	BILE, VII (1883)
Gómez Aragón, Alfonso	1880-82, 82-83	2ª Ens (80-82), 1ª y 2ª ens por secciones (82-83)	Hombre	BILE, VIII (1884)

Apellidos y nombre	Cursos	Estudios	Hombr./ Muj.	Fuente
Gómez de Blas, Ezequiel	1882-84	1ª y 2ª ens por secciones	Hombre	BILE, VIII (1884)
Gómez de la Granja, E.	1877-78	Clases de Lenguas	Hombre	BILE, VIII (1884)
Gómez de la Granja, R.	1878-79, 79-80	2ª Enseñanza	Hombre	BILE, VIII (1884)
Gómez Fernández, M.	1880-81	Segunda Enseñanza	Hombre	BILE, VIII (1884)
Gómez Llombar, Eduardo	1877-78, 78-79	Doctorado en Derecho (77-78), Leng viv (78-79)	Hombre	BILE, VIII (1884)
Gómez Mata, Manuel	1880-81, 82-84	2ª Ens (80-81), 1ª y 2ª ens por sec (82-84)	Hombre	BILE, VIII (1884)
Gómez Moral, Julio	1878-79	Lenguas vivas	Hombre	BILE, VIII (1884)
Gómez Ortiz, Enrique	1876-77	Clases de Lenguas	Hombre	BILE, VII (1883)
Gómez Robader, Serapio	1879-80	Clases privadas, lenguas	Hombre	BILE, VIII (1884)
Gómez Rodríguez, Carlos	1877-78	Clases de Lenguas	Hombre	BILE, VIII (1884)
Gómez Suárez, Emilio	1877-80, 82-83	2ª Ens (77-80), 1ª y 2ª ens por secc (82-83)	Hombre	BILE, VII (1883), VIII (1884)
Gómez Torresano, Rafael	1877-78	Clases privadas. Repaso grado Bach., 2º ens., prep. Med. Y Farm.	Hombre	BILE VIII (1884)
Góngora Romero, M.	1880-81	Primera y 2ª Enseñanza	Hombre	BILE, VIII (1884)
Gonzále Iribarren, A.	1876-77	Clases de Lenguas	Hombre	BILE, VII (1883)
González Barrera, F.	1876-77, 77-78, 80-81	Escuela de Derec., Teoría sobreacc. (76-77), Doc Derech (77-78), Princ.Derecho (80-81)	Hombre	BILE, VII (1883), VIII (1884)
González Barrera, F.	1880-81	Primera Enseñanza	Hombre	BILE, VIII (1884)
González de la Fuente, M.	1876-77	Doctorado en Derecho	Hombre	BILE, VII (1883)

Apellidos y nombre	Cursos	Estudios	Hombr./ Muj.	Fuente
González de la Oliva, F.	1876-77	Clases de Lenguas	Hombre	BILE, VII (1883)
González de Laborde, E.	1880-81, 81-82	Primera Enseñanza	Hombre	BILE, VIII (1884)
González Entrerios, C.	1878-79, 80-81	Len viv (78-79), Segunda Enseñanza (80-81)	Hombre	BILE, VIII (1884)
González Fuente, Santiago	1877-78, 80-81	Clas. de Leng (77-78), 1ª Ens (80-81)	Hombre	BILE, VIII (1884)
González Hidalgo,L. E.	1877-78	Clases de Lenguas	Hombre	BILE, VIII (1884)
González Marañón, A.	1877-78	Clases de Lenguas	Hombre	BILE, VIII (1884)
González Marañón, F.	1880-82, 82-83	1ª Ens. (80-82), 1º y 2ª Ens.por secciones (82-83)	Hombre	BILE, VIII (1884)
González Núñez, Eduardo	1879-80	Segunda Enseñanza	Hombre	BILE, VIII (1884)
Gordo Rivera, Antonio	1880-81	Primera y 2ª Enseñanza	Hombre	BILE, VIII (1884)
Gordo Rivera, Julio	1882-84	1ª y 2ª ens por secciones	Hombre	BILE, VIII (1884)
Gordon, Pablo	1877-78, 79-81	Cl Leng (77-78), 2ª Ens (79-81)	Hombre	BILE, VIII (1884)
Grenfell, Cecil.	1878-79, 79-80, etc.	Lengua y literatura españolas	Hombre	BILE, VIII (1884)
Guardia, Ernesto de la	1877-78	Cl. Leng., Preparatorio de Medicina y Farmacia	Hombre	BILE, VIII (1884)
Guerrero Torija, Ramón	1876-80, 80-82	2ª Ens (76-80), Lenguas vivas (78-79), 1ª Ens (80-82)	Hombre	BILE, VII (1883), VIII (1884)
Guillén Redondo, Celso	1880-81	Primera Enseñanza	Hombre	BILE, VIII (1884)
Guimerá Álvarez, I	1876-77	Prep. Medicina y Farmacia	Hombre	BILE, VII (1883)
Guimerá Álvarez, Ilirio	1876-77	Est. Super y especiales	Hombre	BILE, VII (1883)
Guinea Cibrián, E.	1880-81	Primera Enseñanza	Hombre	BILE, VIII (1884)
Guinea Valdivielso, Pablo	1879-82, 82-83	2ª Ens (79-82), 1ª y 2ª ens por secciones (82-83)	Hombre	BILE, VIII (1884)

Apellidos y nombre	Cursos	Estudios	Hombr./ Muj.	Fuente
Guirao, Luis Felipe	1876-77, 77-78	2ª Ens (76-77), Prep. Med y Farm (77-78)	Hombre	BILE VII (1883), VIII (1884)
Gutiérrez Acedo, Ricardo	1878-79	Lenguas vivas	Hombre	BILE, VIII (1884)
Gutiérrez Chaume, Alfredo	1877-78, 78-79, 79-80	Clases de Lenguas (77-79), 2ª Ens (77-78; 79-80), Leng viv (78-79)	Hombre	BILE, VII (1883), VIII (1884)
Gutiérrez Chaume, F.	1878-80, 80-81	2ª Ens (78-80), 1ª Ens (80-81)	Hombre	BILE, VIII (1884)
Gutiérrez Gamero, Emilio	1877-78	Clases de Lenguas	Hombre	BILE, VIII (1884)
Gutiérrez, Emilio	1879-80	2ª Enseñanza	Hombre	BILE, VIII (1884)
Guzmán González, Rafael	1878-79, 80-82	Leng viv (78-79), 1ª Ens (80-82)	Hombre	BILE, VIII (1884)
Guzmán, Rafael	1877-78, 79-80, 80-81	Clases de Lenguas (77-78), Privadas lenguas (79-80)2ª Ens (80-81)	Hombre	BILE, VIII (1884)
Helguera y Gil, Domingo	1876-77	Est. Superiores y especiales	Hombre	BILE, VII (1883)
Heras Juliá, Manuel de las	1878-80, 80-81	2ª Ens (78-80), 1ª Ens (80-81)	Hombre	BILE, VIII (1884)
Hermida Villelgas, L.	1879-80	Segunda Enseñanza	Hombre	BILE, VIII (1884)
Hermoso de Palacios, M.	1876-77, 77-78, 78-79, 80-81	Esc. Der. (76-77), C. Leng (77-78), 2ª Ens (78-79), 1ª Ens (80-81)	Hombre	BILE, VIII (1884)
Hernández Álvarez, M.	1878-80	2ª Enseñanza	Hombre	BILE, VIII (1884)
Hernández Antón, R.	1880-81	Segunda Enseñanza	Hombre	BILE, VIII (1884)
Hernández Cardona, C.	1880-81, 82-83	2ª Ens (80-81), 1ª y 2ª por sec (82-83)	Hombre	BILE, VIII (1884)
Hernández Cardona, E.	1879-82, 82-83	2ª ens (79-82), 1ª y 2ª ens por secciones (82-83)	Hombre	BILE, VIII (1884)
Hernández Fernández, A.	1877-78, 79-80	Clases de Lenguas (77-78), 2ª Ens (79-80)	Hombre	BILE, VIII (1884)
Hernández Lázaro, E.	1878-79, 80-81	Lenguas vivas, 2ª Ens (78-79), 1ª Ens (80-81)	Hombre	BILE, VIII (1884)

Apellidos y nombre	Cursos	Estudios	Hombr./ Muj.	Fuente
Hernández Naya, Manuel	1878-79, 81-82, 82-84	2º Ens (78-79), 1ª Ens (81-82), 1ª y 2ª por secciones (82-84), c. priv	Hombre	BILE, VIII (1884)
Hernández Reyero, M.	1880-81, 81-82, 82-84	2ª Ens (80-81), 1ª ens (81-82), 1ª y 2ª por secciones (82-84)	Hombre	BILE, VIII (1884)
Hernández Villalonga, E.	82 83	1ª y 2ª ens por secciones	Hombre	BILE, VIII (1884)
Hernández Villarejo, R.	1876-77	Clases de Lenguas	Hombre	BILE, VII (1883)
Herrando Álvarez, Félix	1879-80, 80-81, 81-82, 82-84	2ª Ens (79-81), 1ª ens (81-82), 1ª y 2ª por secciones (82-84)	Hombre	BILE, VIII (1884)
Herranz Apaolaza, Francisco	1877-78, 78-79, 80-82, 82-83	Cl Leng (77-78), Leng viv (78-79), 1ª Ens (80-82), 1ª y 2ª ens por secciones (82-83)	Hombre	BILE, VIII (1884)
Herrero Martucci, F. del	1877-78	Escuela de Derecho	Hombre	BILE, VIII (1884)
Hidalgo Alonso, S.	1877-78	2ª Enseñanza	Hombre	BILE, VIII (1884)
Hidalgo Domingo, J.	1881-82	Primera Enseñanza	Hombre	BILE, VIII (1884)
Hidalgo Domingo, José	1876-77	Doctorado en Derecho	Hombre	BILE, VII (1883)
Hidalgo, Modesto M.	1879-80, 80-81	Escuela de Ciencias Morales y Políticas (79-80), Princip. Derech. (80-81)	Hombre	BILE, VIII (1884)
Horta, Miguel Félix	1876-77	Clases de Lenguas	Hombre	BILE, VII (1883)
Huete Pinto, Santiago	1881 82	Primera Enseñanza	Hombre	BILE, VIII (1884)
Hurdisan Peralta, R.	82-83	1ª y 2ª ens por secciones	Hombre	BILE, VIII (1884)
Hurtado Urtasur, Alfonso	1880-81	Primera Enseñanza	Hombre	BILE, VIII (1884)
Ibach, Ernesto	1879-80	Segunda Enseñanza	Hombre	BILE, VIII (1884)

Apellidos y nombre	Cursos	Estudios	Hombr./ Muj.	Fuente
Ibáñez Díaz, Ciprián	1877-78, 79-80, 80-81	Esc Derech (77-78), Esc. Cien.Mor. y Polít. (79-80), 1ª Ens (80-81)	Hombre	BILE, VIII (1884)
Iborra Pérez, Manuel	1877-78, 81-82	Segunda Enseñanza	Hombre	BILE, VIII (1884)
Infante Sierra, Vicente	1881-82	Primera Enseñanza	Hombre	BILE, VIII (1884)
Innerárity Bausá, Vicente	1876-77	Prep. Medicina y Farmacia, Est. Super y especiales	Hombre	BILE, VII (1883)
Innerárity Cifuentes, S.	1880-81, 82-83	1ª ens (81-82), 1ª y 2ª por secciones (82-83)	Hombre	BILE, VIII (1884)
Irigoyen Urtiaga, Enrique	1877-78	2ª Enseñanza	Hombre	BILE, VII (1883)
Irigoyen Urtiaga, Leopoldo	1880-81	Primera Enseñanza	Hombre	BILE, VIII (1884)
Irisarri Arregui, Félix	1876-77	Prep. Medicina y Farmacia	Hombre	BILE, VII (1883)
Isla Catina, Antonio	1879-80, 80-81	2ª Ens (79-80), 1ª Ens (80-81)	Hombre	BILE, VIII (1884)
Iturriaga, Eduardo	1879-80, 80-81	2ª Ens (79-80), 1ª Ens (80-81)	Hombre	BILE, VIII (1884)
Iturriaga, Enrique	1879-80, 80-82	2ª Ens (79-80), 1ª Ens (80-82)	Hombre	BILE, VIII (1884)
Iturriaga, Rafael	1880-81	1ª Enseñanza	Hombre	BILE, VIII (1884)
Izquierdo Martínez, Pedro	1880-81, 82-83	1ª Ens (80-81), 1ª y 2ª por sec (82-83)	Hombre	BILE, VIII (1884)
Jareño Sanz, A.	1876-77	Clases de Lenguas	Hombre	BILE, VII (1883)
Jaspe Moscoso, Juan	1882-83	1ª y 2ª ens por secciones	Hombre	BILE, VIII (1884)
Jiménez Aragón, Enrique	1882-83	1ª y 2ª ens por secciones	Hombre	BILE, VIII (1884)
Jiménez Aragón, Juan	1882-83	1ª y 2ª ens por secciones	Hombre	BILE, VIII (1884)
Jiménez Catalán, Manuel	1878-79	Clases privadas repaso Bach y asig. sueltas 2ª enseñ.	Hombre	BILE, VIII (1884)
Jiménez Landi, Pedro	1880-81, 82-83	1ª Ens (80-81), 1ª y 2ª ens por secciones	Hombre	BILE, VIII (1884)

Apellidos y nombre	Cursos	Estudios	Hombr./ Muj.	Fuente
Jiménez, Agustín	1876-77	Doctorado en Derecho	Hombre	BILE, VII (1883)
Jorro Rodríguez, D.	1877-78, 80-81	Clases de Len (77-78), 1ª Ens (80-81)	Hombre	BILE, VIII (1884)
Jorro Rodríguez, José	1877-78, 79-80	Clases de Lenguas (77-78), 2ª Ens (79-80)	Hombre	BILE, VIII (1884)
Justiz Portuando, S.	1882-83	1ª y 2ª ens por secciones	Hombre	BILE, VIII (1884)
Kimball, J.	1878-79, 79-80, etc.	Lengua y literatura españolas	Hombre	BILE, VIII (1884)
Köhler Schon, F.	1876-77	Prep.Derecho y Fía. y Letras	Hombre	BILE, VII (1883)
Köhler, Christian	1880-81	Primera Enseñanza	Hombre	BILE, VIII (1884)
Köhler, Guillermo	1878-79	2ª Enseñanza	Hombre	BILE, VIII (1884)
Kuadras Kuadras, A.	1881-82, 82-84	2ª Ens (81-82), 1ª y 2ª ens por secciones (82-84)	Hombre	BILE, VIII (1884)
Kuadras Kuadras, F.	1877-78, 79-80	2ª Enseñanza	Hombre	BILE, VIII (1884)
Kuadras Kuadras, José	1883-84	1ª y 2ª ens por secciones	Hombre	BILE, VIII (1884)
La Corte, Pedro	1876-77	Clases de Lenguas	Hombre	BILE, VII (1883)
Labra, Alfredo	1877-78, 82-83	Cl Leng (77-78), 1ª y 2ª ens por sec (82-83)	Hombre	BILE, VIII (1884)
Lacorte Vitales, Pedro	1877-78, 78-82, 82-84	Cl Leng (77-78), 2ª Ens (78-82), 1ª y 2ª ens por secc. (82-84)	Hombre	BILE, VIII (1884)
Ladrón de G. y Beok, J.	1878-79, 79-80, 80-81, 81-82	2ª Enseñanza	Hombre	BILE, VIII (1884)
Lallave Lallave, Jesús	82-83	1ª y 2ª ens por secciones	Hombre	BILE, VIII (1884)
Lamas, Enrique	1876-77	Repaso grado de Bach. Y prepar. Medic., Cienc., Farmacia	Hombre	BILE, VIII (1884)
Lamas Palot, Enrique	1878-79, 81-82, 82-83	2ª Ens (78-79), 1ª ens (81-82), 1ª y 2ª por secciones (82-83)	Hombre	BILE, VIII (1884)

Apellidos y nombre	Cursos	Estudios	Hombr./ Muj.	Fuente
Lamo Giménez, Carlos	1882-84	1ª y 2ª ens por secciones	Hombre	BILE, VIII (1884)
Lancha García, Julio	1877-78, 79-80, 80-82	2ª Ens (77-78; 79-80), 1ª Ens (80-82), Clases privadas (78-79)	Hombre	BILE, VIII (1884)
Langaard, L.	1878-79, 79-80, etc.	Lengua y literatura españolas	Hombre	BILE, VIII (1884)
Lanzarot Navarro, Eugenio	1876-77, 77-78	Est. Sup. y espec. (76-77), 2ª Ens. (77-78)	Hombre	BILE, VII (1883)
Lara Casas, Leopoldo	1880-81	Primera Enseñanza	Hombre	BILE, VIII (1884)
Larondo Prieto, G.	1878-79	2ª Enseñanza, Lenguas vivas	Hombre	BILE, VIII (1884)
Lasarte Orejón, Carlos	1877-78, 78-81	2ª Enseñanza (77-81), Clases de Lenguas (77-78), clases priv.	Hombre	BILE, VIII (1884)
Lasarte Orejón, Manuel	1878-81	2ª Enseñanza	Hombre	BILE, VIII (1884)
Laviada Aldabalde, Isaac	1876-77	Prep. Medicina y Farmacia, Esc. de Derecho, Est. Sup y espe	Hombre	BILE, VII (1883)
Laviña Borderas, Santos	1876-77	Doctorado en Derecho	Hombre	BILE, VII (1883)
Lázaro Echevarría, A.	1882-84	1ª y 2ª ens por secciones	Hombre	BILE, VIII (1884)
Lázaro Madrazo, César	1880-81, 81-82	Primera Enseñanza	Hombre	BILE, VIII (1884)
Leblanc Delage, Tomás	1880-81	Primera Enseñanza	Hombre	BILE, VIII (1884)
Lengo Gargollo, Horacio	1881-82	Primera Enseñanza	Hombre	BILE, VIII (1884)
Liern Albert, Francisco	1877-78, 80-81	Escuela de Derecho, Doct Derecho (77-78), 1ª Ens (80-81)	Hombre	BILE, VIII (1884)
Ligero de la Mata, R.	1877-79	Cl Leng, Esc Der, Doct Derech (77-78), 2ª Ens, Leng viv (78-79)	Hombre	BILE, VIII (1884)
Ligero, Felipe	1877-84	Cl. Leng (77-78), 2ª Ens(77-82) , 1ª y 2ª Ens por secc (82-84)	Hombre	BILE, VIII (1884)

Apellidos y nombre	Cursos	Estudios	Hombr./ Muj.	Fuente
Llabería, José	1879-80	Clases privadas, lenguas	Hombre	BILE, VIII (1884)
Llamazares, Alejandro R.	1878-79, 81-82, 82-84	2ª Ens (78-79), 1ª Ens (81-82) 1ª y 2ª ens por secciones (82-84)	Hombre	BILE, VIII (1884)
Llano, Rafael de	1881-82	Primera Enseñanza	Hombre	BILE, VIII (1884)
Llanos González, Rafael	1878-79	2ª Enseñanza	Hombre	BILE, VIII (1884)
Llanos Margolles, Ángel de	1879-80, 80-82, 82-83	2ª Ens (79-80), 1ª Ens (80-82), 1ª y 2ª por sec (82-83)	Hombre	BILE, VIII (1884)
Llausás, Carlos	1877-78, 80-82, 82-83	Esc Derech, Doc Derech (77-78), 1ª Ens (80-82), 1ª y 2ª por sec (82-83	Hombre	BILE, VIII (1884)
Llavería, José	1876-77	Clases de Lenguas	Hombre	BILE, VII (1883)
Llopis Candela, Agustín	1876-77, 77-78, 81-82, 82-83	Doc. Der (76-77), Cl Leng, Pr Med y Far (77-78),1ª ens (81-82), 1ª y 2ª sec (82-83)	Hombre	BILE, VIII (1884)
Lobatón, Cayetano	1876-77	Teoría sobre las acciones	Hombre	BILE, VII (1883)
Lobo Sánchez, Gregorio	1877-78, 79-81	Clases de Lenguas (77-78), 2ª Ens (79-81)	Hombre	BILE, VIII (1884)
Loma Cediel, E. de la	1878-79	Lenguas vivas	Hombre	BILE, VIII (1884)
Loma Cediel, Julio de la	1881-82, 82-84	1ª ens (81-82), 1ª y 2ª por secciones (82-84)	Hombre	BILE, VIII (1884)
López Alonso, Rafael	1878-79, 80-82	2ª Ens (78-79), 1ª Ens (80-82)	Hombre	BILE, VIII (1884)
López Álvarez, I.	1880-81, 81-82	Primera Enseñanza	Hombre	BILE, VIII (1884)
López Bercial, Eduardo	1876-77	Clases de Lenguas	Hombre	BILE, VII (1883)
López Blanco, Mario	1878-79, 79-80	Estudios superiores y especiales (78-79), 2ª Ens (79-80)	Hombre	BILE, VIII (1884)
López Costa, Ricardo	1877-78	Clases de Lenguas	Hombre	BILE, VIII (1884)

Apellidos y nombre	Cursos	Estudios	Hombr./ Muj.	Fuente
López Coterilla, Ángel	1877-78, 78-79	Clases de Leng. (77-78), Leng. vivas (78-79)	Hombre	BILE, VIII (1884)
López Coterilla, Ventura	1879-82, 82-84	2ª Ens (79-82), 1ª y 2ª en por secciones (82-84)	Hombre	BILE, VIII (1884)
López Coterilla, Vicente	1878-79, 79-80, 80-81, 81-82	2ª Enseñanza	Hombre	BILE, VIII (1884)
López Díez, Juan María	1876-77	Clases de Lenguas	Hombre	BILE, VII (1883)
López Figueredo, Rodolfo	1877-78, 78-82	Cl. Leng (77-78), 2ª Ens (78-82)	Hombre	BILE, VIII (1884)
López García, F. J.	1876-77	Repaso Grado Bach. Y Prepar.	Hombre	BILE, VIII (1884)
López Manguán, Rogelio	1878-79, 79-80, 80-82, 82-83	Leng viv (78-79), Privd. (79-80), 1ª ens (80-82), 1ª y 2ª por secciones (82-83)	Hombre	BILE, VIII (1884)
López Rodríguez, Senén	1876-77	Prep. Medicina y Farmacia	Hombre	BILE, VII (1883)
López Saavedra, Martín	1881-82, 82-83	1ª ens (81-82), 1ª y 2ª por secciones (82-83)	Hombre	BILE, VIII (1884)
López Santiso, Antonio	1880-81, 82-83	1ª Ens (80-81), 1ª y 2ª ens por secciones (82-83)	Hombre	BILE, VIII (1884)
López Santiso, Diego	1877-78	Clases de Lenguas	Hombre	BILE, VIII (1884)
López, José	1878-79, 80-81	Est sup y espe (78-79),1ª Ens (80-81)	Hombre	BILE, VIII (1884)
López, José Maria	1877-78, 83-84	Cl. Leng (77-78), 1ª y 2ª ens por secciones (83-84)	Hombre	BILE, VIII (1884)
López, Melitino	1876-78, 78-79, 83-84	Clases de Lenguas (76-78,), Leng viv (78-79), 1ª y 2ª ens por secc (83-84)	Hombre	BILE, VII (1883), VIII (1884)
Loredo Prados, Román	1879-81, 83-84	2ª Ens (79-81), 1ª y 2ª por sec (83-84)	Hombre	BILE, VIII (1884)
Lorenzo Arias, Andrés	1876-79, 80-81	2ª Ens	Hombre	BILE, VII (1883), VIII (1884)

Apellidos y nombre	Cursos	Estudios	Hombr./ Muj.	Fuente
Lorenzo Arias, Pedro	1877-79, 80-81	2ª Ens (77-79; 80-81)), 1ª Ens (80-81)	Hombre	BILE, VII (1883), VIII (1884)
Lorenzo Díez, César	1877-78	Escuela de Derech (77-78)	Hombre	BILE, VIII (1884)
Lorite Kramer, José M.	1878-79	Estudios superiores y especiales	Hombre	BILE, VIII (1884)
Lozano y G.Barreda, P.	1876-77	Repaso grado de Bach. Y prepar. Medic., Cienc., Farmacia	Hombre	BILE, VIII (1884)
Lozano Gómez, Pablo	82-83	1ª y 2ª ens por secciones	Hombre	BILE, VIII (1884)
Lozano, Fernando	1880-82, 82-84	1ª ens (80-82), Cl. Priv. Princ. <880-81)1ª y 2ª por secciones (82-84)	Hombre	BILE, VIII (1884)
Luis Casaseca, Juan de	1876-77	Doctorado en Derecho, Est. Superiores y especiales	Hombre	BILE, VII (1883)
Luque Barbudo, R. de	1877-78, 78-79	Clas. de Leng. (77-78), Leng. vivas (78-79)	Hombre	BILE, VIII (1884)
Luque Coca, Agustín	1876-77	Clases de Lenguas	Hombre	BILE, VII (1883)
Lustonó Rey, Carlos	1877-78	Escuela de Derecho	Hombre	BILE, VIII (1884)
Machado Ruiz, Antonio	1883-84	1ª y 2ª ens por secciones	Hombre	BILE, VIII (1884)
Machado Ruiz, José	1883-84	1ª y 2ª ens por secciones	Hombre	BILE, VIII (1884)
Machado Ruiz, Manuel	1883-84	1ª y 2ª ens por secciones	Hombre	BILE, VIII (1884)
Mac-Veigh, Alfredo	1876-77	Repaso Grado Bach. y Preparatorio	Hombre	BILE, VIII (1884)
Madrid Moreno, José	1876-77, 77-80, 83-84	Repaso grado bah. Y preparator. (76-77)2ª Enseñanza (77-78), clasesprivadas (83-84)	Hombre	BILE, VII (1883), VIII (1884)
Magallón, Ricardo	1876-77	2ª Enseñanza	Hombre	BILE VII (1883)
Magán y Castro, Manuel	1876-77	Repaso Grado Bach. y Preparatorio	Hombre	BILE, VIII (1884)

Apellidos y nombre	Cursos	Estudios	Hombr./ Muj.	Fuente
Maher Meca, Manuel	1876-77, 77-78, 78-79	Es Der (76-77), Prep Med y Farm (77-78), 2ª Ens (78-79), cl. priv.	Hombre	BILE, VIII (1884)
Malagarriga, Carlos	1878-79, 79-80, 82-84	Est sup y espe (78-79), Esc. Cienc. Moral. Y Polític. (79-80), 1ª y 2ª ens por secc (82-84)	Hombre	BILE, VIII (1884)
Malagrava Dotti, Víctor	1882-84	1ª y 2ª ens por secciones	Hombre	BILE, VIII (1884)
Manera Sorá, Miguel	1879-80	2ª Enseñanza	Hombre	BILE, VIII (1884)
Mantoses García, M.	1876-77	Clases de Lenguas	Hombre	BILE, VII (1883)
Manzano Vila, Augusto	1876-77, 77-78, 78-79	Clases de Leng (76-78), 2ª Ens (77-78), Leng viv (78-79)	Hombre	BILE, VII (1883) VIII (1884)
March, D.	1878-79, 79-80, etc.	Lengua y literatura españolas	Hombre	BILE, VIII (1884)
Marconel Guivelalde, V.	1876-77	Est. Superiores y especiales, Teoría sobre las acciones	Hombre	BILE, VII (1883)
Marconel, Venancio	1876-77, 82-83	Escuela de Derecho (76-77), 1ª y 2ª ens por sec (82-83)	Hombre	BILE, VIII (1884)
Marese Guardiola, Enrique	1877-78, 80-82	Cl Leng (77-78), 1ª Ens (80-82)	Hombre	BILE, VIII (1884)
Margarit, Adrián	1876-77	Teoría sobre las acciones	Hombre	BILE, VII (1883)
Mariátegui Garay, J. M.	1879-80	2ª Ens	Hombre	BILE, VIII (1884)
Mariátegui Garay, José	1877-79, 80-81	2ª Ens (77-79), 1ª y 2ª Ens (80-81)	Hombre	BILE, VIII (1884)
Mariátegui Garay, M.	1878-81, 80-82	2ª Ens (78-81), 1ª Ens (80-82)	Hombre	BILE, VIII (1884)
Marín Almécija, José	1876-77, 77-78, 81-82	Esc.Derecho (76-77), 2ª Ens (77-78), 1ª Ens (81-82)	Hombre	BILE, VII (1883), VIII (1884)
Marín Almécija, Ramón	1876-77, 77-78, 78-79	Pr. Der, Fía y Let (76-77), 2ª Ens (77-79), Leng. viv (78-79)	Hombre	BILE, VII (1883), VIII (1884)
Marín Juan, Gustavo	1882-83	1ª y 2ª ens por secciones	Hombre	BILE, VIII (1884)

Apellidos y nombre	Cursos	Estudios	Hombr./ Muj.	Fuente
Marín Juan, Manuel	1882-83	1ª y 2ª ens por secciones	Hombre	BILE, VIII (1884)
Marina Díaz, Bruno	1879-80	Segunda Enseñanza	Hombre	BILE, VIII (1884)
Marina Ibáñez, Manuel	1876-77	Doctorado en Derecho	Hombre	BILE, VII (1883)
Mármol, Fabián del	1877-78	2ª Ens, Clases de Lenguas, Clases privadas	Hombre	BILE, VIII (1884)
Marthet Coloma, Miguel	1876-77	Teoría sobre las acciones	Hombre	BILE, VII (1883)
Marti Jackuart, Emilio	1877-78, 80-81, 81-82	Escuela y Doctorado en Derecho, 1ª Ens. (80-81), 2ª Ens. (81-82)	Hombre	BILE, VIII (1884)
Martí Vilar, Salvador	1881-82	Segunda Enseñanza	Hombre	BILE, VIII (1884)
Martienza y Reynaldo, J.	1882-84	1ª y 2ª ens por secciones	Hombre	BILE, VIII (1884)
Martín Campos, Luis	1879-80	2ª Enseñanza	Hombre	BILE, VIII (1884)
Martín Campos, Manuel	1879-80	2ª Enseñanza	Hombre	BILE, VIII (1884)
Martín Maestro, M.	1876-77	Clases de Lenguas	Hombre	BILE, VII (1883)
Martín Maestro, Manuel	1876-77	Est. Superiores y especiales	Hombre	BILE, VII (1883)
Martín Oliva, Manuel	1878-80	2ª Enseñanza	Hombre	BILE, VIII (1884)
Martín Pereira, Domingo	1878-79, 80-81, 81-82, 82-83	2ª Ens, Leng viv (78-79), 1ª Ens. (80-81), 2ª Ens. (80-82), 1ª y 2ª por secc (82-83)	Hombre	BILE, VIII (1884)
Martín Salazar, G.	1877-78	Clases de Lenguas	Hombre	BILE, VIII (1884)
Martín Salazar, Vicente	1880-82, 82-84	1ª Ens (80-82), 1ª y 2ª por secciones (82-84)	Hombre	BILE, VIII (1884)
Martínez Cadrana, J.	1877-78, 80-82, 82-84	Cl Leng (77-78), 1ª ens (80-82), 1ª y 2ª por secciones (82-84)	Hombre	BILE, VIII (1884)

Apellidos y nombre	Cursos	Estudios	Hombr./ Muj.	Fuente
Martínez Cepeda, A.	1876-77, 77-78, 79-82, 82-84	Pr. Der, Fía y Let, Esc Der (76-77); Esc Der (77-78), 2ª En(79-82), 1ª y 2ª sec(82-84)	Hombre	BILE, VII (1883), VIII (1884)
Martínez Chacón, E.	1880-82, 82-84	1ª Ens (80-82), 1ª y 2ª por secciones (82-84)	Hombre	BILE, VIII (1884)
Martínez Díaz, Domingo	1879-80	2ª Enseñanza	Hombre	BILE, VIII (1884)
Martínez Diego, Manuel	1881-82	Primera Enseñanza	Hombre	BILE, VIII (1884)
Martínez Fernández, J.	1877-78	Clases de Lenguas	Hombre	BILE, VIII (1884)
Martínez Fernández, J. E.	1882-84	1ª y 2ª ens por secciones	Hombre	BILE, VIII (1884)
Martínez Fornos, Carlos	1878-80	2ª Enseñanza	Hombre	BILE, VIII (1884)
Martínez Fornos, José	1878-80	Lenguas vivas	Hombre	BILE, VIII (1884)
Martínez Garay, Enrique	1878-79	2ª Enseñanza	Hombre	BILE, VIII (1884)
Martínez Labernia, V.	1880-81, 81-82, 82-83	1ª Ens. (80-82), 2ª Ens. (80-82), 1ª y 2ª Ens por secc (82-83)	Hombre	BILE, VIII (1884)
Martínez López, José	1876-77	Doctorado en Derecho	Hombre	BILE, VII (1883)
Martínez López, Tomás	1877-78, 78-79	Cl. Leng (77-78), 2ª Ens (78-79)	Hombre	BILE, VIII (1884)
Martínez Martínez, M.	1876-77	Doctorado en Derecho	Hombre	BILE, VII (1883)
Martínez Palacios, P.	1876-77	Clases de Lenguas	Hombre	BILE, VII (1883)
Martínez Sevilla, Eugenio	1882-83	1ª y 2ª ens por secciones	Hombre	BILE, VIII (1884)
Martínez Sevilla, José L.	1878-79	Estudios superiores y especiales	Hombre	BILE, VIII (1884)
Martínez Sevilla, Ramón	1882-83	1ª y 2ª ens por secciones	Hombre	BILE, VIII (1884)
Martínez Vaca, Raimundo	1877-78, 79-81	Clases de Lenguas (77-78), 2ª Ens (79-81)	Hombre	BILE, VIII (1884)
Martínez, Alfredo	1876-77	Clases de Lenguas	Hombre	BILE, VII (1883)

Apellidos y nombre	Cursos	Estudios	Hombr./ Muj.	Fuente
Martínez, Tomás	1877-78, 78-79	Clas. Lenguas (77-78), 2ª Ens (78-79)	Hombre	BILE, VIII (1884)
Martorell Tejada, F.	1882-83	1ª y 2ª ens por secciones	Hombre	BILE, VIII (1884)
Marzán Gutiérrez, José	1877-78, 78-79	Clases de Lenguas (77-78), 2ª Ens (78-79)	Hombre	BILE, VIII (1884)
Marzán y G. de Caviedes, José	1878-79	Clases privadas grado Bachiller y asig. sueltas 2ª enseñanza	Hombre	BILE, VIII (1884)
Mas López, José	1877-78	Clases de Lenguas	Hombre	BILE, VIII (1884)
Mas López, Rafael	1878-80, 78-79	2ª Ens (78-80), Leng viv (78-79)	Hombre	BILE, VIII (1884)
Mas Serrano, Zacarías	1878-79	Clases privadas repaso Bach y asig. sueltas 2ª enseñ.	Hombre	BILE, VIII (1884)
Masa Serrano, Pascual	1880-81	Primera Enseñanza	Hombre	BILE, VIII (1884)
Masferrer Grove, Luis	1878-79, 80-81	2ª Ens (78-79), 1ª Ens (80-81)	Hombre	BILE, VIII (1884)
Mateos Montalvo, J.	82-83	1ª y 2ª ens por secciones	Hombre	BILE, VIII (1884)
Mathet Coloma	1878-79, 82-83	Est super y espec (78-79), 1ª y 2ª ens por sec (82-83)	Hombre	BILE, VIII (1884)
Maudes Rodríguez, B.	1876-77	Prep. Medicina y Farmacia	Hombre	BILE, VII (1883)
Maura, Antonio	1876-77	Teoría sobre las acciones	Hombre	BILE, VII (1883)
Mayo García-Conde, A.	1877-78	Clases de Lenguas	Hombre	BILE, VIII (1884)
Mayorga García, A.	1877-78, 78-79	Cl. Leng (77-78), 2ª Ens (78-79)	Hombre	BILE, VIII (1884)
Mazas, Alejandro de	1879-80	Clases privadas, lenguas	Hombre	BILE, VIII (1884)
Medina Acedo, Rafael	1878-80	2ª Enseñanza, clases privadas (78-79)	Hombre	BILE, VIII (1884)
Medrano, Benito	1876-77	Teoría sobre las acciones	Hombre	BILE, VII (1883)
Mena Sobrino, Juan	1880-81	Primera Enseñanza	Hombre	BILE, VIII (1884)

Apellidos y nombre	Cursos	Estudios	Hombr./ Muj.	Fuente
Méndez Jaén, Pedro	1877-78	Clases de Lenguas, Preparatorio de Medicina y Farmacia	Hombre	BILE, VIII (1884)
Mendizábal, Eusebio	1877-78	Clases de Lenguas	Hombre	BILE, VIII (1884)
Mendoza, Juan José	1878-79, 79-80	2ª Enseñanza	Hombre	BILE, VIII (1884)
Mendoza, Juan	1879-80	Escuela de Ciencias Morales y Políticas	Hombre	BILE, VIII (1884)
Menéndez García, B.	1877-78	Clases de Lenguas	Hombre	BILE, VIII (1884)
Menéndez García, F.	1876-79	2ª Enseñanza	Hombre	BILE, VII (1883), VIII (1884)
Merino Fuster, F.	1877-78	Clases de Lenguas	Hombre	BILE, VIII (1884)
Merino Fuster, Francisco	1876-79	2ª Enseñanza	Hombre	BILE, VI (1883), VIII (1884)
Mesía Álvarez, Alfonso	1876-77	Prep. Derecho y Fía. y Letras, Escuela de Derecho, Cult. Juríd.	Hombre	BILE, VII (1883)
Mesía Álvarez, Santiago	1876-77, 77-78	2ª Enseñanza, Escuela de Derecho (76-77), C. leng (77-78)	Hombre	BILE VII (1883), VIII (1884)
Miariátegui Garay, M.	1880-81, 81-82	Primera Enseñanza	Hombre	BILE, VIII (1884)
Mihura Noriega, Carlos	1879-80, 80-82	2ª Ens (79-80), 1ª Ens (80-82)	Hombre	BILE, VIII (1884)
Mingo Corral, Julián	1880-81	Primera Enseñanza	Hombre	BILE, VIII (1884)
Mínguez Cubero, Federico	1877-78, 80-82	Cl. Leng (77-78), 1ª Ens (80-82)	Hombre	BILE, VIII (1884)
Miquelerena, Pelayo	1876-77	Clases de Lenguas	Hombre	BILE, VII (1883)
Mir Palmer, Francisco	1877-78, 80-82	Cl. Leng (77-78), 2ª Ens (80-82)	Hombre	BILE, VIII (1884)
Miramón Cisneros, V.	1878-80, 81-82	2ª Ens (78-80), 1ª Ens (81-82)	Hombre	BILE, VIII (1884)
Molina Ferrer, Francisco	1876-77	Clases de Lenguas	Hombre	BILE, VII (1883)

Apellidos y nombre	Cursos	Estudios	Hombr./ Muj.	Fuente
Molinelli Vidal, Ricardo	1876-77	Repaso Grado Bach. Y Preparatorio	Hombre	BILE, VIII (1884)
Monmenen, José	1877-78, 81-82, 82-83	Cl. Leng (77-78), 1ª Ens (81-82), 1ª y 2ª por secc (82-83)	Hombre	BILE, VIII (1884)
Montalvo Maeso, Manuel	1877-79, 80-81	2ª Ens (77-79), 1ª Ens (80-81)	Hombre	BILE, VII (1883), VIII (1884)
Montejo Rico, Tomás	1877-78	Cl. De Lengua, 2ª Enseñanza	Hombre	BILE, VIII (1884)
Montenegro Antón, José	1876-77	Est. Superiores y especiales	Hombre	BILE, VII (1883)
Montero Esteban, Félix	1877-79, 83-84	2ª Ens. (77-79), 1ª y 2ª por secc. (83-84)	Hombre	BILE, VII (1883), VIII (1884)
Montero Esteban, Juan	1883-84	1ª y 2ª ens por secciones	Hombre	BILE, VIII (1884)
Montero Villegas, Ángel	1883-84	1ª y 2ª ens por secciones	Hombre	BILE, VIII (1884)
Montero Villegas, Avelino	1879-80	Segunda Enseñanza	Hombre	BILE, VIII (1884)
Montero Villegas, Eugenio	1878-79, 80-81	Lenguas vivas (78-79), 1ª Ens (80-81)	Hombre	BILE, VIII (1884)
Montesino Espartero, L.	1877-78, 80-81	2ª Enseñanza	Hombre	BILE, VIII (1884)
Montojo Martínez, E.	82-83	1ª y 2ª ens por secciones	Hombre	BILE, VIII (1884)
Mora Azcón, Eugenio	1876-77	Clases de Lenguas	Hombre	BILE; VII (1883)
Mora Azcón, José	1876-77	Clases de Lenguas	Hombre	BILE, VII (1883)
Moragas Tijera, F.	1876-77	Teoría sobre las acciones	Hombre	BILE, VII (1883)
Morales del Valle, F.	1877-78	Clases de Lenguas	Hombre	BILE, VIII (1884)
Morales Durán, Ramón	1877-78, 80-81	Clases de Leng (77-78), 1ª Ens (80-81)	Hombre	BILE, VIII (1884)
Morales Duro, Enrique	1877-78, 79-80	2ª Enseñanza	Hombre	BILE, VIII (1884)
Morales Fernández, C.	1877-78, 78-79	Clases de Leng. (77-78), Leng. vivas (78-79)	Hombre	BILE, VIII (1884)

Apellidos y nombre	Cursos	Estudios	Hombr./ Muj.	Fuente
Morales Fernández, M.	1880-82, 82-83	1ª Ens (80-82), 1ª y 2ª por secciones (82-83)	Hombre	BILE, VIII (1884)
Morales Pozas, Ángel	1881-82, 82-83	1ª Ens (81-82), 1ª y 2ª por secciones (82-83)	Hombre	BILE, VIII (1884)
Morcillo Barcia, F.	1876-77	Escuela de Derecho	Hombre	BILE, VII (1883)
Morcillo, Luis	1876-77	Teoría sobre las acciones	Hombre	BILE, VII (1883)
Moreno Jerez, Luis	1879-80, 81-82, 82-83	2ª Ens (79-80), 1ª Ens (81-82), 1ª y 2ª por secciones (82-83)	Hombre	BILE, VIII (1884)
Moreno Juánez, Pablo	82-83	1ª y 2ª ens por secciones	Hombre	BILE, VIII (1884)
Moreno Pineda, Francisco	1877-78	2ª Enseñanza	Hombre	BILE, VII (1883)
Moreno Pineda, José	1877-78, 78-79, 80-82, 82-83	2ª Ens (77-78), Leng viv (78-79), 1ª Ens (80-82), 1ª y 2ª por secc (82-83), cl. Privadas	Hombre	BILE, VII (1883), VIII (1884)
Moreno Ramírez, A.	1878-79, 82-83	Leng viv (78-79), 1ª y 2ª ens por secciones	Hombre	BILE, VIII (1884)
Moreno Rodríguez, F.	1877-78, 81-82, 82-83	Cl. Leng (77-78), 2ª Ens (77-78, 81-82), 1ª y 2ª ens por secc (82-83)	Hombre	BILE, VIII (1884)
Moreno Zanendo, Eduardo	1877-78, 81-82	Cl. Leng (77-78), 1ª Ens (81-82)	Hombre	BILE, VIII (1884)
Moreno, Eduardo	1876-77	Clases de Lenguas	Hombre	BILE, VII (1883)
Moreno, Manuel	1876-77	Prep. Medicina y Farmacia	Hombre	BILE, VII (1883)
Morquecho Ontañón, S.	1879-80, 81-82, 82-83	2ª Ens (79-80), 1ª Ens (81-82), 1ª y 2ª por secciones (82-83)	Hombre	BILE, VIII (1884)
Muntañola, Pedro	1877-78, 78-79, 82-83	Cl Leng (77-78), Leng viv (78-79), 1ª y 2ª ens por sec (82-83)	Hombre	BILE, VIII (1884)
Muñoz Baena, Joaquín	1876-77	Clases de Lenguas	Hombre	BILE, VII (1883)
Navarrete García, R.	1880-81, 82-83	1ª Ens (80-81), 1ª y 2ª ens por secciones	Hombre	BILE, VIII (1884)
Navarrete, Fernando	82-83	1ª y 2ª ens por secciones	Hombre	BILE, VIII (1884)

Apellidos y nombre	Cursos	Estudios	Hombr./ Muj.	Fuente
Navarrete, Francisco	82-83	1ª y 2ª ens por secciones	Hombre	BILE, VIII (1884)
Naveda Campo, S.	1876-77	Clases de Lenguas	Hombre	BILE, VII (1883)
Nestas Conejo, José	1879-80	Clases privadas, lenguas	Hombre	BILE, VIII (1884)
Nieto Arévalo, Antonio	1880-82	Segunda Enseñanza	Hombre	BILE, VIII (1884)
Nora Albistami, Manuel	1880-81	Primera Enseñanza	Hombre	BILE, VIII (1884)
Nueda Mora, Alfredo	1877-78	Clases de Lenguas	Hombre	BILE, VIII (1884)
Nuevo Mestre, José	1877-78	Clases de Lenguas	Hombre	BILE, VIII (1884)
Nuevo Mestre, L.	1877-78	Clases de Lenguas	Hombre	BILE, VIII (1884)
Nuevo Mestre, Luis	1881-82	Segunda Enseñanza	Hombre	BILE, VIII (1884)
Núñez Martínez, M.	1877-78	Clases de Lenguas	Hombre	BILE, VIII (1884)
Núñez Martínez, M.	1880-82, 82-83	1ª Ens (80-82), 1ª y 2ª por secciones (82-83)	Hombre	BILE, VIII (1884)
Núñez Muñoz de Prado, R.	1882-83	1ª y 2ª ens por secciones	Hombre	BILE, VIII (1884)
Olaiz Gutiérrez, José	1876-77	Clases de Lenguas	Hombre	BILE, VII (1883)
Olaso Subizar, Santiago	1880-81	Segunda Enseñanza	Hombre	BILE, VIII (1884)
Olazagoitia, Vicente	1877-78	2ª Enseñanza	Hombre	BILE, VIII (1884)
Olive Lafuente, Luis de	1878-79	Lenguas vivas	Hombre	BILE, VIII (1884)
Oliver de las Heras, F.	1876-77	Clases de Lenguas	Hombre	BILE, VII (1883)
Oltra Torrente, F.	1877-78, 80-82	Cl Leng (77-78), 2ª Ens (80-81), 1ª Ens (80-82)	Hombre	BILE, VIII (1884)
Ondovilla Durán, A.	1880-81	Clases privadas, Principios de Derecho público	Hombre	BILE, VIII (1884)
Ondovilla, Agustín	1876-77	Teoría sobre las acciones	Hombre	BILE, VII (1883)

Apellidos y nombre	Cursos	Estudios	Hombr./ Muj.	Fuente
Orea, Sebastián	1879-80	Escuela de Ciencias Morales y Políticas	Hombre	BILE, VIII (1884)
Ormaechea y Llorente, M.	1877-78, 78-79, 79-80	Cl. Leng (77-78), 2ª Ens (78-79), Lenguas vivas (78-79)	Hombre	BILE, VIII (1884)
Orodea Basea, Miguel	1877-78, 80-82	Cl. Leng (77-78), 1ª Ens (80-82)	Hombre	BILE, VIII (1884)
Ortega Mayer, Cayo	1877-78, 80-81, 81-82	Cl. Len (77-78), 1ª Ens. (80-82), 2ª Ens.(81-82)	Hombre	BILE, VIII (1884)
Ortega y Góngora, A.	1883-84	1ª y 2ª ens por secciones	Hombre	BILE, VIII (1884)
Ortiz Antón, Luciano	1880-82, 82-83	1ª Ens (80-82), 2ª Ens (80-81), 1ª y 2ª por secciones (82-83)	Hombre	BILE, VIII (1884)
Ortiz de Pinedo, Adelardo	1877-78	2ª Enseñanza, Clases de Lenguas	Hombre	BILE, VIII (1884)
Ortiz Ramírez, Isidro A.	1877-78, 81-82	2ª Ens (77-78), 1ª Ens (81-82)	Hombre	BILE, VIII (1884)
Ortiz Rodas, Enrique	1877-78, 80-81	Clases de Lenguas (77-78), Primera Enseñanza (80-81)	Hombre	BILE, VIII (1884)
Ortiz Tiemblo, Manuel	1877-78, 78-79	Clases de Lenguas (77-78), Leng viv (78-79)	Hombre	BILE, VIII (1884)
Ortiz, José	1876-77	Est. Superiores y especiales	Hombre	BILE, (1883)
Osío Espar, Francisco	1882-83	1ª y 2ª ens por secciones	Hombre	BILE, VIII (1884)
Osuna, Manuel	1877-78	Clases de Lenguas	Hombre	BILE, VIII (1884)
O'Termin, Emilio	1877-78, 78-80	Clases de Lenguas (77-78), 2ª Ens (78-80), Leng viv (78-79), Priv. (79-80)	Hombre	BILE, VIII (1884)
Oviedo Daupes, José	1881-82, 82-84	1ª Ens (81-82), 1ª y 2ª por secciones (82-84)	Hombre	BILE, VIII (1884)
Oviedo Daupes, Juan	1877-78	Doctorado en Derecho	Hombre	BILE, VIII (1884)
Oyuelos González, E.	1880-81, 81-82, 82-83	1ª Ens. (80-81), 2ª Ens. (81-82), 1ª y 2ª por secc. (82-83)	Hombre	BILE, VIII (1884)

Apellidos y nombre	Cursos	Estudios	Hombr./ Muj.	Fuente
Ozores, R.	1876-77	Escuela de Derecho	Hombre	BILE, VII (1883)
Padial Rodríguez, Juan	1877-78	Clases de Lenguas	Hombre	BILE, VIII (1884)
Padro, Antonio	1876-77	Teoría sobre las acciones	Hombre	BILE, VII (1883)
Pallares Colmenar, F.	1877-78, 80-81	Cl. Leng y 2ª Ens (77-78), 1ª Ens (80-81)	Hombre	BILE, VIII (1884)
Palomar Jiménez, J.	1876-77	Clases de Lenguas	Hombre	BILE, VII (1883)
Páramo Barranco, Ángel	1877-78, 78-82, 82-84	Cl. Leng (77-78), 2ª Ens (78-82), 1ª y 2ª por secc (82-84)	Hombre	BILE, VIII (1884)
Paredes Rodríguez, José	1877-78, 80-81	Cl. Leng (77-78), 1ª Ens (80-81)	Hombre	BILE, VIII (1884)
Parra Gómez, Antonio	1878-79	Lenguas vivas	Hombre	BILE, VIII (1884)
Parra Tejada, Antonio	1877-78, 78-79	2ª Ens. yClases de Leng. (77-78), Leng. vivas (78-79)	Hombre	BILE, VIII (1884)
Parra Tejada, Enrique	1877-78	Cl. Lenguas, 2ª Enseñanza	Hombre	BILE, VIII (1884)
Pasarón San Martín, L.	1879-80	2ª Enseñanza	Hombre	BILE, VIII (1884)
Paseti Rodríguez, Juan	1877-78, 79-80	Doc Derech (77-78), 2ª Ens (79-80)	Hombre	BILE, VIII (1884)
Pedregal Sánchez, José M.	1880-82, 82-84	1ª Ens (80-82), 1ª y 2ª por secciones (82-84)	Hombre	BILE, VIII (1884)
Pedroso Martín, T.	1877-78, 80-81	Cl. Lenguas (77-78), 2ª Ens (80-81)	Hombre	BILE, VIII (1884)
Pellegero, Vicente	1876-77	Clases de Lenguas	Hombre	BILE, VII (1883)
Pellico Larraz, Carlos	1880-82	Primera Enseñanza	Hombre	BILE, VIII (1884)
Pellico, Ramón	1880-81	Segunda Enseñanza	Hombre	BILE, VIII (1884)
Peña Braña, Luis	1878-79, 79-81	Lenguas vivas (78-79), 2ª Ens (79-81)	Hombre	BILE, VIII (1884)
Peña Valls, Manuel	1881-82, 81-82, 82-83	1ª y 2ª Enseñanza, 1ª y 2ª ens por secc. (82-83)	Hombre	BILE, VIII (1884)

Apellidos y nombre	Cursos	Estudios	Hombr./ Muj.	Fuente
Peñalba, Matías	1876-77	Repaso Grado Bach. Y Preparatorio	Hombre	BILE, VIII (1884)
Peón González, Primitivo	1877-78, 78-79	Prep de Medicina y Farmacia (77-78), Leng viv (78-79)	Hombre	BILE, VIII (1884)
Perales Ramos, Vicente	1876-77, 77-78, 78-79, 82-83	Rep.(76-77), Clas. Leng (77-78), 2ª Ens (77-79), Leng viv (78-79), 1ª y 2ª por sec (82-83)	Hombre	BILE, VIII (1884)
Pérez Álvarez, Ángel	1876-77	Clases de Lenguas	Hombre	BILE, VII (1883)
Pérez Arellano, Lucas	1877-78, 80-82, 82-83	2ª Ens (77-78), 1ª Ens (80-82), 1ª y 2ª por secc (82-83)	Hombre	BILE, VIII (1884)
Pérez Brunete, Balbino	1877-78, 79-80	Clases de Lenguas (77-78), 2ª Ens (79-80)	Hombre	BILE, VIII (1884)
Pérez Brunete, Luis	1878-79, 79-80	Lenguas vivas (78-79), 2ª Ens (79-80)	Hombre	BILE, VIII (1884)
Pérez Carmena, Isidoro	1876-77	Clases de Lenguas	Hombre	BILE, VII (1883)
Pérez Carmena, V.	1880-82, 82-83	1ª Ens (80-82), 1ª y 2ª por secciones (82-83)	Hombre	BILE, VIII (1884)
Pérez Caruana, Ildefonso	1877-78	2ª Enseñanza, Clases privadas	Hombre	BILE, VII (1883), VIII (1884)
Pérez Cohen, Carlos	1881-82, 82-83	2ª Ens (80-81), 1ª Ens (80-82), 1ª y 2ª por secciones (82-83)	Hombre	BILE, VIII (1884)
Pérez de la Sala, Alejandro	1877-78	Clases de Lenguas	Hombre	BILE, VIII (1884)
Pérez de la Sala, Gabriel	1879-81	2ª Enseñanza	Hombre	BILE, VIII (1884)
Pérez de Rozas, Joaquín	1878-79, 80-81	Leng viv (78-79), 1ª Ens (80-81)	Hombre	BILE, VIII (1884)
Pérez Fariña, Fancisco	1876-77	Clases de Lenguas	Hombre	BILE, VII (1883)
Pérez García, José	1877-78	Clases de Lenguas	Hombre	BILE, VIII (1884)
Pérez García, Juan	1877-78, 78-79	Prep Med y Farm (77-78), Lenguas vivas (78-79)	Hombre	BILE, VIII (1884)

Apellidos y nombre	Cursos	Estudios	Hombr./ Muj.	Fuente
Pérez Goffour, Carlos	1877-78	Clases de Lenguas	Hombre	BILE, VIII (1884)
Pérez López, Federico	1876-78	2ª Ens (76-77), Prep.de Derecho y Fia. y Letras (77-78)	Hombre	BILE, VIII (1884)
Pérez Maeso, José	1876-77, 77-78, 79-80	2ª Ens (76-77), Cl. Leng (77-78), Privadas, lenguas (79-80)	Hombre	BILE VII (1883), VIII (1884)
Pérez Nisarre, Andrés	1876-77	Clases de Lenguas	Hombre	BILE, VII (1883)
Pérez Picaza, Juan	1878-79	Lenguas vivas	Hombre	BILE, VIII (1884)
Pérez Valluerca, Julio	1878-79	Lenguas vivas	Hombre	BILE, VIII (1884)
Pérez Valluerca, M.	1878-79	Lenguas vivas	Hombre	BILE, VIII (1884)
Pérez Viseas, José	1880-82, 82-84	1ª Ens. (80-82), 1ª y 2ª Ens. por secciones (82-84)	Hombre	BILE, VIII (1884)
Pérez, Ángel	1877-78, 81-82, 82-83	Cl. Leng (77-78), 1ª Ens (81-82), 1ª y 2ª por secc (82-83)	Hombre	BILE, VIII (1884)
Pérez, Carlos	1879-80, 80-82, 82-83	2ª Ens (79-80), Repaso (80-81), 1ª Ens (80-82), 1ª y 2ª por secciones (82-83)	Hombre	BILE, VIII (1884)
Pérez, Nicolás	1876-77	Repaso Grado Bach. Y Preparatorio	Hombre	BILE, VIII (1884)
Pérez-Seoane, José	1880-82, 82-83	1ª Ens (80-82), 1ª y 2ª por secciones (82-83)	Hombre	BILE, VIII (1884)
Perier Megía, Valeriano	1877-78, 78-79	Clas. Leng (77-78), Lenguas vivas (78-79)	Hombre	BILE, VIII (1884)
Peris Fuentes, Ernesto	1878-79, 80-82, 82-83	Leng viv (78-79), 2ª Ens (80-82), 1ª y 2ª ens por secciones (82-83)	Hombre	BILE, VIII (1884)
Peypoch Casajuana, Luis	1876-77, 77-78, 80-81	Est. Sup y esp, Teor. Sobr. accion (76-77), Doc Der (76-78), 2ª Ens (80-81)	Hombre	BILE, VII (1883), VIII (1884)
Phelipps, T.	1878-79, 79-80, etc.	Lengua y literatura españolas	Hombre	BILE, VIII (1884)

Apellidos y nombre	Cursos	Estudios	Hombr./ Muj.	Fuente
Picazo, Leopoldo	1877-78, 81-82, 82-83	Cl Leng (77-78), 2ª Ens (81-82), 1ª y 2ª ens por sec (82-83)	Hombre	BILE, VIII (1884)
Pieltain Bartolí, José María	1877-78, 80-82	Prep Der y Fía y Let (77-78), 1ª Ens (80-82)	Hombre	BILE, VIII (1884)
Pieltain Bartolí, Luis	1882-83	1ª y 2ª ens por secciones	Hombre	BILE, VIII (1884)
Piera Ballester, Antonio	1878-79, 79-80, 82-83	Leng viv (78-79), privadas lenguas (79-80),1ª y 2ª ens por sec (82-83)	Hombre	BILE, VIII (1884)
Pino, Luis del	1880-81	Clases privadas, Principios de Derecho público	Hombre	BILE, VIII (1884)
Pinto Aguado, M. de	1876-77	Prep. Medicina y Farmacia	Hombre	BILE, VII (1883)
Plana Dorca, José	1878-79, 82-84	Leng vivas (78-79), 1ª y 2ª ens por sec (82-84)	Hombre	BILE, VIII (1884)
Platero Bover, Vicente	1877-78, 78-79	Clases de Lenguas (77-78), leng viv (78-79)	Hombre	BILE, VIII (1884)
Poley Poley, Eugenio	1876-77	Prep. Medicina y Farmacia	Hombre	BILE, VII (1883)
Ponsol Zavala, V.	1876-77	Clases de Lenguas	Hombre	BILE, VII (1883)
Portillo, Ángel del	1876-77	Clases de Lenguas	Hombre	BILE, VII (1883)
Portuondo Eizaguirre, A.	1881-82, 82-83	1ª Ens (81-82), 1ª y 2ª por secciones (82-83)	Hombre	BILE, VIII (1884)
Portuondo Mola, B.	1880-81	Enseñanzas	Hombre	BILE, VIII (1884)
Portuondo Mola, E.	1877-78	Escuela de Derecho	Hombre	BILE, VIII (1884)
Portuondo Mola, Luis	1878-80, 80-81	2ª Ens (78-80), 1ª Ens (80-81)	Hombre	BILE, VIII (1884)
Posada Biesca, Adolfo	1878-79, 79-80, 80-81	Estud. sup. y espec., Leng viv, Esc. Cienc. Moral y Polít.(79-80), Princ. Derec (80-81)	Hombre	BILE, VIII (1884)
Posadillo, Isidro	1879-80	Escuela de Ciencias Morales y Políticas	Hombre	BILE, VIII (1884)

Apellidos y nombre	Cursos	Estudios	Hombr./ Muj.	Fuente
Poveda Gómez, Diego	1876-79, 80-81	2ª Enseñ. (76-77), Lenguas vivas (78-79), 2ª Ens (80-81)	Hombre	BILE, VII (1883), VIII (1884)
Poveda Gómez, Luis	1880-81, 81-82	Primera Enseñanza	Hombre	BILE, VIII (1884)
Pozuelo Rivero, Felipe	1882-84	1ª y 2ª ens por secciones	Hombre	BILE, VIII (1884)
Presilla López, J. de la	1876-77	Escuela de Derecho	Hombre	BILE, VII (1883)
Prieto Carreño, José	1877-78	Clases de Lenguas	Hombre	BILE, VIII (1884)
Prieto Carreño, José	1880-81, 81-82, 82-84	1ª Ens. (80-82), 2ª Ens. (81-82), 1ª Y 2ª ens por secc. (82-84)	Hombre	BILE, VIII (1884)
Prieto Carreño, Luis	1880-81	Primera Enseñanza	Hombre	BILE, VIII (1884)
Prieto Fernández, Vicente	1877-78, 80-81	Clases de Lenguas (77-78),1ª Ens (80-81)	Hombre	BILE, VIII (1884)
Puch González, Manuel	1880-81	Primera Enseñanza	Hombre	BILE, VIII (1884)
Puig Boronat, José	1877-78, 80-81	Esc Derech (77-78), 1ª Ens (80-81)	Hombre	BILE, VIII (1884)
Pull Villar, Francisco	1878-79	Clases privadas repaso Bach y asig. sueltas 2ª enseñ.	Hombre	BILE, VIII (1884)
Quesada Pérez, Tomás	1877-80	2ª Enseñanza	Hombre	BILE, VIII (1884)
Quijano, Gilberto	1876-77	Teoría sobre las acciones	Hombre	BILE, VII (1883)
Quirós y Martín, José M.	1880-81	Primera y 2ª Enseñanza	Hombre	BILE, VIII (1884)
Rahola, Federico	1877-78, 78-79	Doctorado en Der (77-78), Est sup y espec (78-79)	Hombre	BILE, VIII (1884)
Raimundo Gutiérrez, F.	1877-78	2ª Enseñanza	Hombre	BILE, VII (1883)
Ramón Llamazares, A.	1878-79, 81-82	Leng viv (78-79), 1ª Ens (81-82)	Hombre	BILE, VIII (1884)
Ramos Alix, Francisco	1876-77	Escuela de Derecho, Est. Sup y espec, Teoría sobre las acc.	Hombre	BILE, VII (1883)

Apellidos y nombre	Cursos	Estudios	Hombr./ Muj.	Fuente
Ramos Bacuñana, Rafael	1876-77	Est. Superiores y especiales	Hombre	BILE, VII (1883)
Ramos de los Ríos, J.	1881-82	Primera Enseñanza	Hombre	BILE, VIII (1884)
Ramos Peñasco, Julián	1877-78	Escuela de Derecho	Hombre	BILE, VIII (1884)
Regidor Jurado, Manuel	1877-78, 82-83	Cl Leng (77-78), 1ª y 2ª ens por sec (82-83)	Hombre	BILE, VIII (1884)
Rego Rodríguez, Ángel	1879-80, 80-81	2ª Ens (79-80), 1ª Ens (80-81)	Hombre	BILE, VIII (1884)
Rego Rodríguez, M.	1881-82, 82-84	1ª Ens (81-82), 1ª y 2ª por secciones (82-84)	Hombre	BILE, VIII (1884)
Regulez González, F.	1879-80	Segunda Enseñanza	Hombre	BILE, VIII (1884)
Regulez González, F.	1877-78	Escuela de Derecho	Hombre	BILE, VIII (1884)
Regulez, Hernan	1876-77	Clases de Lenguas	Hombre	BILE, VII (1883)
Reñina Romero, Luis	1878-79	2ª Enseñanza	Hombre	BILE, VIII (1884)
Requena Abad, Pedro	1877-78, 82-83	2ª Ens (77-78) 1ª y 2ª por secc (82-83)	Hombre	BILE, VIII (1884)
Retes Muirani, Pedro	1882-83	1ª y 2ª ens por secciones	Hombre	BILE, VIII (1884)
Reus Bahamonde, E.	1877-78	Clases de Lenguas, Doc Derecho	Hombre	BILE, VIII (1884)
Rey Abalo, Abelardo	1877-78	Clases de Lenguas	Hombre	BILE, VIII (1884)
Rey Abalo, José María	1877-78, 78-79	2ª Enseñanza	Hombre	BILE, VIII (1884)
Rey Collaço, Alejandro	1876-77	Clases de Lenguas	Hombre	BILE, VII (1883)
Rey Pontes, José María	1879-80	Clases privadas, lenguas	Hombre	BILE, VIII (1884)
Rey Vellido, Manuel	1877-78, 81-82, 82-84	Esc Derech (77-78), 1ª Ens (80-82), 1ª y 2ª por sec (82-84)	Hombre	BILE, VIII (1884)
Rico Megina, Ramón	1880-81	Primera Enseñanza	Hombre	BILE, VIII (1884)
Riaño y Gayangos, Juan	1880-81	Repaso 2º enseñanza	Hombre	BILE, VIII (1884)

Apellidos y nombre	Cursos	Estudios	Hombr./ Muj.	Fuente
Riego Álvarez, J.	1876-77	Clases de Lenguas	Hombre	BILE, VII (1883)
Río Bulnes, Antonio del	1879-80, 82-84	2ª Ens (79-80), 1ª y 2ª Ens. por sec (82-84)	Hombre	BILE, VIII (1884)
Río Bulnes, F. del	1879-80, 81-82	2ª Ens (79-80), 1ª Ens (81-82)	Hombre	BILE, VIII (1884)
Río Carmena, Juan	1883-84	1ª y 2ª ens por secciones	Hombre	BILE, VIII (1884)
Ríos Reguera, Francisco	1877-78, 80-81	Esc Derech (77-78), 1ª Ens (80-81)	Hombre	BILE, VIII (1884)
Riva Callol, Alfredo	1878-79, 82-84	2ª Ens (78-79; 1ª y 2ª ens por secciones (82-84)	Hombre	BILE, VIII (1884)
Rivas Fernández, F. de	1880-81	Segunda Enseñanza	Hombre	BILE, VIII (1884)
Rivas Fernández, G. de	1877-78	Clases de Lenguas	Hombre	BILE, VIII (1884)
Rivas, José Manuel de	1877-78, 78-81	Cl. Leng (77-78), 2ª Ens (78-81)	Hombre	BILE, VIII (1884)
Rivas, Magín Joaquín	1877-78, 80-82, 82-83	Cl Leng (77-78), 2ª Ens (80-82), 1ª y 2ª ens por sec (82-83)	Hombre	BILE, VIII (1884)
Rivera, José	1880-81	Clases privadas, Principios de Derecho público	Hombre	BILE, VIII (1884)
Rivero Bellver, Rodolfo	1880-81	Clases privadas, Principios de Derecho público	Hombre	BILE, VIII (1884)
Roa Erostalbe, Joaquín	1877-79, 82-84	2ª Ens (77-79), 1ª y 2ª por secc (82-84), clases privadas (77-78)	Hombre	BILE, VIII (1884)
Roa Erostalbe, C.	1877-78	Clases privadas	Hombre	BILE, VIII (1884)
Robles Guirol, José	1879-80	Clases privadas, lenguas	Hombre	BILE, VIII (1884)
Roch Martínez, Luis	1882-84	1ª y 2ª ens por secciones	Hombre	BILE, VIII (1884)
Roche Martínez, Samuel	1881-82	Primera Enseñanza	Hombre	BILE, VIII (1884)
Rodero Aguado, F.	1882-83	1ª y 2ª ens por secciones	Hombre	BILE, VIII (1884)

Apellidos y nombre	Cursos	Estudios	Hombr./ Muj.	Fuente
Rodero Moreno, Gustavo	1877-78	Clases de Lenguas	Hombre	BILE, VIII (1884)
Rodríguez Abaitúa, E.	1876-77	Clases de Lenguas	Hombre	BILE, VII (1883)
Rodríguez Boró, Luis	1881-82, 82-83	1ª Ens (80-81), 1ª y 2ª ens por secciones (82-83)	Hombre	BILE, VIII (1884)
Rodríguez Carracciolo, E.	1877-78	Clases de Lenguas	Hombre	BILE, VIII (1884)
Rodríguez Carracido, José	1876-77	Prep. Medicina y Farmacia, Est. Super y especiales	Hombre	BILE, VII (1883)
Rodríguez Cortés, R.	1880-82	Primera Enseñanza	Hombre	BILE, VIII (1884)
Rodríguez de Aldao, A.	1880-81, 81-82	2ª Ens (80-81), 1ª Ens (81-82)	Hombre	BILE, VIII (1884)
Rodríguez del Valle, S.	1876-77	Clases de Lenguas	Hombre	BILE, VII (1883)
Rodríguez del Valle, S.	1876-77	Doctorado en Derecho	Hombre	BILE, VII (1883)
Rodríguez Ferrer, Miguel	1877-78, 80-81, 81-82	Cl. Leng (77-78), 1ª Ens. (80-82), 2ª Ens. (81-82)	Hombre	BILE, VIII (1884)
Rodríguez Herranz, José	78-81	2ª Ens (78-81), 1ª Ens (80-81)	Hombre	BILE, VIII (1884)
Rodríguez Hornero, Carlos	1879-81	Segunda Enseñanza	Hombre	BILE, VIII (1884)
Rodríguez Leoz, Francisco	1880-81	Primera Enseñanza	Hombre	BILE, VIII (1884)
Rodríguez Leoz, Lorenzo	1881-82	Segunda Enseñanza	Hombre	BILE, VIII (1884)
Rodríguez Naharro, V.	1881-82	Segunda Enseñanza	Hombre	BILE, VIII (1884)
Rodríguez Navarro, Juan	1877-78	2ª Enseñanza	Hombre	BILE, VII (1883)
Rodríguez Navas, Virgilio	1880-81	Primera Enseñanza	Hombre	BILE, VIII (1884)
Rodríguez Pinilla, H.	1876-78, 80-81	Clas. Leng (76-78), 1ª ens (80-81)	Hombre	BILE, VIII (1884)
Rodríguez Rodríguez, C.	1876-77	Est. Superiores y especiales	Hombre	BILE, VII (1883)

Apellidos y nombre	Cursos	Estudios	Hombr./ Muj.	Fuente
Rodríguez Villalonga, J.	1880-81	Primera Enseñanza	Hombre	BILE, VIII (1884)
Romero Herraiz, Ginés	1877-78, 80-81	Cl. Leng (77-78), 1ª Ens (80-81)	Hombre	BILE, VIII (1884)
Romero López, Amadeo	1880-81	Primera Enseñanza	Hombre	BILE, VIII (1884)
Romero López, M.	1879-80	2ª Enseñanza	Hombre	BILE, VIII (1884)
Romero López-P, Vicente	1880-82, 82-84	1ª Ens (80-82), 1ª y 2ª por secciones (82-84)	Hombre	BILE, VIII (1884)
Romero López-P., M.	1880-81, 83-84	1ª Ens (80-81), 1ª y 2ª ens por secciones	Hombre	BILE, VIII (1884)
Romillo Merlo, Emilio	1877-78, 79-80	Clases de Lenguas (77-78), 2ª Ens (79-80)	Hombre	BILE, VIII (1884)
Rosa Angelina, P.	1880-81, 81-82	Primera Enseñanza	Hombre	BILE, VIII (1884)
Rouveau, Alejo	1878-79, 79-80	2ª Enseñanza, Leng. vivas (78-79)	Hombre	BILE, VIII (1884)
Rouveau, Emilio	1878-79, 79-80	2ª Enseñanza	Hombre	BILE, VIII (1884)
Royán Celda, Alfredo	1876-77	2ª Enseñanza	Hombre	BILE VII (1883)
Royán Celda, Fernando	1880-81	Primera Enseñanza	Hombre	BILE, VIII (1884)
Royán Celda, Juan de D.	1880-81, 81-82	Primera Enseñanza	Hombre	BILE, VIII (1884)
Royán Celda, Sixto	1877-78	Clases de Lenguas	Hombre	BILE, VIII (1884)
Rózpide Beriz, Pablo	1876-77	Escuela de Derecho	Hombre	BILE, VII (1883)
Rubau Donadeu, Dantón	1879-83	1ª Ens (80-81), 2ª ens (79-82), 1ª y 2ª ens por secciones (82-83)	Hombre	BILE, VIII (1884)
Rubio Álvarez, Juan M.	1876-77	Clases de Lenguas (76-77)	Hombre	BILE, VII (1883)
Rubio Álvarez, Ricardo	1876-77	Escuela de Derecho	Hombre	BILE, VII (1883)
Rubio Muñoz, Gonzalo	1877-78, 78-80	2ª Enseñanza (77-80), Clases de Lenguas (77-78)	Hombre	BILE, VIII (1884)

Apellidos y nombre	Cursos	Estudios	Hombr./ Muj.	Fuente
Rubio Muñoz, Manuel	1880-83	1ª Ens (80-82), 1ª y 2ª ens por secciones (82-83)	Hombre	BILE, VIII (1884)
Rubio, J. María	1879-80	Escuela de Ciencias Morales y Políticas	Hombre	BILE, VIII (1884)
Rueda Mora, Alfredo	1876-77	2ª Enseñanza	Hombre	BILE VII (1883)
Rueda Rodríguez, M.	1876-77	Clases de Lenguas, Escuela de Derecho	Hombre	BILE, VII (1883)
Ruiz Crespo, Ramón	1876-77	Clases de Lenguas	Hombre	BILE, VII (1883)
Ruiz de Algar, José	1876-77	Clases de Lenguas	Hombre	BILE, VII (1883)
Ruiz de Galarreta, Pablo	1876-78	2ª Ens (76-78), Clases de Lenguas (77-78)	Hombre	BILE VII (1883), VIII (1884)
Ruiz de Quevedo, Ángel	1876-77	Clases de Lenguas	Hombre	BILE, VII (1883)
Ruiz de Quevedo, Julián	1876-77	Clases de Lenguas	Hombre	BILE, VII (1883)
Ruiz Giménez, Francisco	1879-82, 82-84	2ª ens (79-82), 1ª y 2ª ens por secciones (82-84)	Hombre	BILE, VIII (1884)
Ruiz Pérez, Gustavo	1878-80, 81-82, 82-83	2ª Ens (78-80), Len viv (78-79), Priv. (79-80) 1ª Ens (81-82), 1ª y 2ª por secciones (82-84)	Hombre	BILE, VIII (1884)
Ruiz Pérez, Ramón	1878-80, 80-82, 82-84	2ª Ens (78-80), Priv, leng (79-80),1ª Ens (80-82), 1ª y 2ª por secciones (82-83)	Hombre	BILE, VIII (1884)
Ruiz Pons, Ernesto F.	1876-77, 80-81, 81-82	P.Med. Far.Doc. Der, ESE (76-77), 1ª Ens(80-82), 2ª Ens(81-82)	Hombre	BILE, VII (1883), VIII (1884)
Sacristán y Zavala, Javier	1880-81	Segunda Enseñanza	Hombre	BILE, VIII (1884)
Sagañoles, Francisco	1877-78, 81-82	Cl. Leng (77-78), 2ª Ens (81-82)	Hombre	BILE, VIII (1884)
Sainz de la Calleja, José	1876-77	Teoría sobre las acciones	Hombre	BILE, VII (1883)

Apellidos y nombre	Cursos	Estudios	Hombr./ Muj.	Fuente
Sainz Romillo, Eugenio	1877-78, 79-80, 81-82	Segunda Enseñanza	Hombre	BILE, VIII (1884)
Sainz Romillo, Santiago	1877-78, 78-80, 82-83	2ª Ens (78-80), y Clas. Leng. (77-78), 1ª y 2ª por secc (82-83)	Hombre	BILE, VIII (1884)
Sainz Romillo, Teodoro	1878-79, 80-81	2ª Ens (78-79), 1ª Ens (80-81)	Hombre	BILE, VIII (1884)
Salafranca, Juan	1879-80	Clases privadas, lenguas	Hombre	BILE, VIII (1884)
Salcedo, Francisco de P.	1880-81	Clases privad. Principios de Derecho público	Hombre	BILE, VIII (1884)
Sales, Luis	1876-77	Clases de Lenguas, Est. Super y especiales	Hombre	BILE, VII (1883)
Salinero, Mateo	1876-77	Doctorado en Derecho	Hombre	BILE, VII (1883)
Salmerón García, F.	1876-77, 79-82, 82-83	Pr.D. y Fía.y L. Ec. D.(76-77), 2ª en(79-82), 1ª y 2ª sec. (82-83)	Hombre	BILE, VII (1883), VIII (1884)
Salmerón García, N.	1880-81	Primera Enseñanza	Hombre	BILE, VIII (1884)
Salom Puig, Salvador	1876-77	Doctorado en Derecho	Hombre	BILE, VII (1883)
Salto Prieto, Leopoldo	1879-80, 80-81	2ª Ens (79-81), 1ª Ens (80-81)	Hombre	BILE, VIII (1884)
Salvador Pulgar, Manuel	1880-81, 81-82	Primera Enseñanza	Hombre	BILE, VIII (1884)
Sama Arrobas, Mamerto	1878-79	Lenguas vivas	Hombre	BILE, VIII (1884)
Sama y Pérez, Valentín	1877-78	Clases de Lenguas	Hombre	BILE, VIII (1884)
Sama, Juan Demetrio	1877-78, 79-80	Clases de Lenguas (77-78), 2ª Ens (79-80)	Hombre	BILE, VIII (1884)
San Miguel Diube, M.	1876-77	Prep. Medicina y Farmacia, Est. Sup y especiales	Hombre	BILE, VII (1883)
San Miguel Gándara, J.	1880-81, 82-83	2ª Ens (80-81), 1ª y 2ª ens por secciones	Hombre	BILE, VIII (1884)
San Miguel, José	1881-82	1ª y 2ª Enseñanza	Hombre	BILE, VIII (1884)

Apellidos y nombre	Cursos	Estudios	Hombr./ Muj.	Fuente
San Miguel, Justo	1879-80, 80-81	1ª Ens. (79-80), 2ª Ens. (80-81)	Hombre	BILE, VIII (1884)
Sanabria, Antonio	1880-81	Primera Enseñanza	Hombre	BILE, VIII (1884)
Sancha García, Julio	1878-79, 80-82, 82-83	2ª Ens (78-79), 1ª Ens (80-82), 1ª y 2ª por secciones (82-83)	Hombre	BILE, VIII (1884)
Sánchez de Alba, Federico	1879-80, 80-81	2ª Ens (79-81), 1ª Ens (80-81)	Hombre	BILE, VIII (1884)
Sánchez de Sebastián, M.	1879-80	Segunda Enseñanza	Hombre	BILE, VIII (1884)
Sánchez de Sebastián, S.	1877-78	Doctorado en Derecho	Hombre	BILE, VIII (1884)
Sánchez Fernández, T.	1880-82, 82-84	!ª ens (80-82), 1ª y 2ª ens por secciones (82-84)	Hombre	BILE, VIII (1884)
Sánchez Garrido, G.	1876-77	Clases de Lenguas	Hombre	BILE, VII (1883)
Sánchez González, B.	1878-79, 79-80	Leng viv (78-79), 2ª Ens (79-80)	Hombre	BILE, VIII (1884)
Sánchez González, José	1877-78, 83-84	Cl Leng (77-78), 1ª y 2ª ens por sec (83-84)	Hombre	BILE, VIII (1884)
Sánchez Gutiérrez, A.	1877-78	Clases de Lenguas	Hombre	BILE, VIII (1884)
Sánchez Ocaña, Roberto	1879-80	Clases privadas, lenguas	Hombre	BILE, VIII (1884)
Sánchez Ortiz, Gerardo	1877-78	Clases de Lenguas	Hombre	BILE, VIII (1884)
Sánchez Pescador, Carlos	1878-82, 82-84	1ªEns (80-81), 2ª Ens (78-82), 1ª y 2ª ens por secciones (82-84)	Hombre	BILE, VIII (1884)
Sánchez Ramos, Augusto	1879-80, 80-81, 82-83	2ª Ens (79-80), 1ª Ens (80-81), 1ª y 2ª ens por secciones (82-83)	Hombre	BILE, VIII (1884)
Sánchez Rejano, F.	1876-77, 83-84	Clases de Lenguas (76-77), 1ª y 2ª ens por secc. (83-84)	Hombre	BILE, VIII (1884)
Sánchez Rodríguez, José	1877-78	2ª Enseñanza	Hombre	BILE, VII (1883)
Sánchez, J.	1876-77	Gramática castellana	Hombre	BILE, VIII (1884)

Apellidos y nombre	Cursos	Estudios	Hombr./ Muj.	Fuente
Santa Cruz, Agustín	1876-77	Clases de Lenguas	Hombre	BILE, VII (1883)
Santiago Raygón, Manuel	1880-82, 82-83	1ª Ens (80-82), 1ª y 2ª por secciones (82-83)	Hombre	BILE, VIII (1884)
Sanz Caro, Enrique	1882-83	1ª y 2ª ens por secciones	Hombre	BILE, VIII (1884)
Sanz Prats, Tomás	1879-80, 81-82	2ª Ens (79-80), 1ª Ens (81-82)	Hombre	BILE, VIII (1884)
Sañudo Fernández, Miguel	1876-78, 79-81	Doct. Derecho (76-78), 2ª Enseñanza (79-81)	Hombre	BILE, VII (1883), VIII (1884)
Sardá Llavería, Agustín	1876-77	Est. Superiores y especiales, Teoría sobre las acciones	Hombre	BILE, VII (1883)
Sardá Uribarri, Agustín	1878-79, 79-80	2ª Enseñanza	Hombre	BILE, VIII (1884)
Sauco Menchero, E.	1879-80, 80-81, 81-82, 82-83	1ª Ens. (80-82), 2ª Ens. (79-80; 81-82), 1ª y 2ª Ens por secc (82-83)	Hombre	BILE, VIII (1884)
Seguí Marty, Juan	1880-82, 82-83	1ª Ens (80-82), 1ª y 2ª por secciones (82-83)	Hombre	BILE, VIII (1884)
Selser Casanova, H.	1877-78, 80-81	Cl Leng (77-78),1ª Ens (80-81)	Hombre	BILE, VIII (1884)
Sendín García Hidalgo, J.	1877-78, 78-80	Cl. Leng (77-78), 2ª Ens (78-80)	Hombre	BILE, VIII (1884)
Sendras Burín, Eduardo	1877-78	2ª Enseñanza, Clases de Lenguas	Hombre	BILE, VIII (1884)
Serra Font, Francisco	1876-77	Clases de Lenguas	Hombre	BILE, VII (1883)
Serra Núñez de Prado, R.	1882-83	1ª y 2ª ens por secciones	Hombre	BILE, VIII (1884)
Serra Robredo, F. A.	1878-79	2ª Enseñanza	Hombre	BILE, VIII (1884)
Serrano Oteiza, Juan	1876-77	Est. Superiores y especiales	Hombre	BILE, VII (1883)
Serrano Rivero, Arturo	1878-80	2ª Enseñanza	Hombre	BILE, VIII (1884)
Serrano Rivero, Enrique	1877-78	Escuela de Derecho	Hombre	BILE, VIII (1884)
Serrano Rodríguez, Luis	1879-82, 82-83	2ª Ens (79-82), 1ª y 2ª por secciones (82-83)	Hombre	BILE, VIII (1884)

Apellidos y nombre	Cursos	Estudios	Hombr./ Muj.	Fuente
Sevilla Capellaza, Ángel	1880-81	Primera Enseñanza	Hombre	BILE, VIII (1884)
Shaw Nation, Ernesto	1877-78, 78-81	Clases de Lenguas (77-78), 2ª Ens (78-81)	Hombre	BILE, VIII (1884)
Shaw Nation, Federico	1877-80	2ª Enseñanza	Hombre	BILE, VIII (1884)
Sierra Suárez, José	1881-82, 81-82	1ª y 2ª Enseñanza	Hombre	BILE, VIII (1884)
Sierra, Fernando de la	1876-77	Clases de Lenguas	Hombre	BILE, VII (1883)
Simancas Roco, Enrique	1881-82	Primera Enseñanza	Hombre	BILE, VIII (1884)
Simón Martín, Miguel	1878-79, 80-81	Estudios superiores y espec (78-79), 1ª Ens (80-81)	Hombre	BILE, VIII (1884)
Simón Martín, Rogelio	1877-80, 80-81, 81-82, 82-84	2ª Ens. (77-80)1ª Ens. (80-81), 2ª Ens. (81-82), 1ª y 2ª por secc (82-84), clases privad.	Hombre	BILE, VII (1883), VIII (1884)
Simón Pérez, Valeriano	1877-78	2ª Ens, Clases de Lenguas	Hombre	BILE, VIII (1884)
Smith, C.	1878-79, 79-80, etc.	Lengua y literatura españolas	Hombre	BILE, VIII (1884)
Solares Ruiz, Manuel	1876-77	Clases de Lenguas	Hombre	BILE, VII (1883)
Soldevilla Amirola, César	1877-79, 80-82, 82-84	2ª Ens (77-79), 1ª Ens (80-82), 1ª y 2ª por secc (82-84), clases priv.	Hombre	BILE, VII (1883), VIII (1884)
Soler Álvarez, Alfredo	1883-84	1ª y 2ª ens por secciones	Hombre	BILE, VIII (1884)
Soler Pérez, Leopoldo	1876-77	Escuela de Derecho, Doct. Derecho, Est. Sup. y especiales	Hombre	BILE, VII (1883)
Soler Soto, José	1878-80, 80-82, 82-84	2ª Ens (78-80), 1ª Ens (80-82), 1ª y 2ª por secciones (82-84), clases priv. (78-79)	Hombre	BILE, VIII (1884)
Soler Valor, Leopoldo	1877-78	Doctorado en Derecho, Esc Derecho	Hombre	BILE, VIII (1884)
Solís Peyronet, Ezequiel	1876-7, 77-78, 79-81	2ª Enseñanza (76-77; 79-81), Clases de Lengua (77-78)	Hombre	BILE, VII (1883), VIII (1884)

Apellidos y nombre	Cursos	Estudios	Hombr./ Muj.	Fuente
Somalo Trúpica, M.	1878-79	Lenguas vivas	Hombre	BILE, VIII (1884)
Sonier Puerta, Antonio	1877-78, 79-81	Cl. Leng (77-78), 2ª Ens (79-81)	Hombre	BILE, VIII (1884)
Soria Santa Cruz, F.	1876-77	Escuela de Derecho	Hombre	BILE, VII (1883)
Soulier Sanabria, F	1876-77, 77-78	Clases de Lenguas (76-77), Escuela de Derecho (77-78)	Hombre	BILE, VII (1883), VIII (1884)
Suárez Giménez, Luis	1877-79	2ª Enseñanza	Hombre	BILE, VIII (1884)
Suárez Sánchez, Julián	1877-78	Clases de Lenguas	Hombre	BILE, VIII (1884)
Tacero y Ríos, Enrique	1882-83	1ª y 2ª ens por secciones	Hombre	BILE, VIII (1884)
Talero, Juan	1877-78, 78-79, 80-81	Clases de Leng. (77-78), Leng vivas, Est sup y espec (78-79), Princ. de Derec. (80-81)	Hombre	BILE, VIII (1884)
Tamariz Castilla, M.	1877-78, 80-81	Clases de Leng (77-78), 1ª Ens (80-81)	Hombre	BILE, VIII (1884)
Taracena, Luis	1877-78, 79-80	Cl Leng (77-78), 2ª Ens (70-80)	Hombre	BILE, VIII (1884)
Tausent Spicharz, Luis	1879-82	2ª Enseñanza	Hombre	BILE, VIII (1884)
Tejero Espina, Luis	1880-81, 81-82	Primera Enseñanza	Hombre	BILE, VIII (1884)
Tejero Mon, Ricardo	1881-82	Primera Enseñanza	Hombre	BILE, VIII (1884)
Teni, José Emilio	1877-78, 80-81	Doc Derech (77-78), 1ª Ens (80-81)	Hombre	BILE, VIII (1884)
Thomas, r.	1878-79,79-80, etc.	Lengua y literatura españolas	Hombre	BILE, VIII (1884)
Toledano González, R.	1877-78, 80-81	2ª Ens, Clases de Lenguas (77-78), 1ª Ens (80-81)	Hombre	BILE, VII (1883), VIII (1884)
Tolosa Latour, Manuel	1977-78, 78-79	Clases de Lenguas (77-78), Leng viv (78-79)	Hombre	BILE, VIII (1884)
Torija, Miguel	1879-80	Escuela de Ciencias Morales y Políticas	Hombre	BILE, VIII (1884)

Apellidos y nombre	Cursos	Estudios	Hombr./ Muj.	Fuente
Torre Bartolomé, A.	1876-77	Clases de Lenguas	Hombre	BILE, VII (1883)
Torre Pecul, José de	1879-81	2ª Ens (79-81), 1ª Ens (80-81)	Hombre	BILE, VIII (1884)
Torre, Francisco de la	1880-81	Clases privadas, Principios de Derecho público	Hombre	BILE, VIII (1884)
Torres Acevedo, Luis	1877-78, 79-80	Es Derecho (77-78), 2ª Ens (79-80)	Hombre	BILE, VIII (1884)
Torres Bermejo, F.	1878-79, 80-82	2ª Ens (78-79), 1ª Ens (80-82)	Hombre	BILE, VIII (1884)
Torres Campos, Rafael	1876-77, 81-82	Est. Sup e esp, Prep. Med y Far, Doc. Der. (76-77), Cl. Leng (77-78), 1ª en (81-82)	Hombre	BILE, VII (1883), VIII (1884)
Torres Donallo, A.	1880-81, 81-8, 82-83	1ª Ens. (80-81), 2ª Ens. (80-82), 1ª y 2ª Ens por secc (82-83)	Hombre	BILE, VIII (1884)
Torres Munilla, Alfredo	1876-77	Repaso grado de Bach. Y prepar. Medic., Cienc., Farmacia	Hombre	BILE, VIII (1884)
Torres Uriarte, José	1878-79	2ª Enseñanza	Hombre	BILE, VIII (1884)
Torres, Fernando de	1876-77	Clases de Lenguas	Hombre	BILE, VII (1883)
Torres, Juan	1876-77	Clases de Lenguas	Hombre	BILE, VII (1883)
Torroba Hortal, S.	1876-77	Clases de Lenguas	Hombre	BILE, VII (1883)
Torroba, Silvestre	1877-78, 78-79, 80-82	Cl. Leng (78-79), Leng viv (78-79), 1ª Ens (80-82)	Hombre	BILE, VIII (1884)
Torromé, Francisco	1876-77	Prep. Derecho y Fía. y Letras	Hombre	BILE, VII (1883)
Tovar Mascoleta, Antonio	1877-78	Clases de Lenguas	Hombre	BILE, VIII (1884)
Trillo López, Luis	1879-80, 80-81	2ª Ens (79-80), 1ª Ens (80-81)	Hombre	BILE, VIII (1884)
Trillo, José	1876-77	Teoría sobre las acciones	Hombre	BILE, VII (1883)
Triviño Fernández, C.	1879-80, 80-81	2ª Ens (79-81), 1ª Ens (80-81)	Hombre	BILE, VIII (1884)

Apellidos y nombre	Cursos	Estudios	Hombr./ Muj.	Fuente
Triviño Fernández, Juan	1880-81	Primera Enseñanza	Hombre	BILE, VIII (1884)
Triviño Fernández, T.	1880-81	Primera Enseñanza	Hombre	BILE, VIII (1884)
Triviño, Cayetano	1879-82, 82-84	2ª Enseñanza (79-82), 1ª y 2ª Ens por secc. (82-84)	Hombre	BILE, VIII (1884)
Trúpita Mateos, Liborio	1882-83	1ª y 2ª ens por secciones	Hombre	BILE, VIII (1884)
Trúpita Mateos, Tomás	1877-78	2ª Enseñanza	Hombre	BILE, VII (1883)
Ugarte González, A.	1877-78, 80-81	Cl. Leng (77-78), 2ª Ens (80-81)	Hombre	BILE, VIII (1884)
Uguina Sagrario, Luis	1880-81	Segunda Enseñanza	Hombre	BILE, VIII (1884)
Umérez Zulaica, M.	1879-80, 81-82, 82-83	2ª Ens (79-80), 1ª Ens (81-82), 1ª y 2ª por secciones (82-83)	Hombre	BILE, VIII (1884)
Unanua Pardo, Manuel	1879-80	2ª Enseñanza	Hombre	BILE, VIII (1884)
Uña Puerta, Francisco	1877-78	Preparatorio de Medicina y Farmacia	Hombre	BILE, VIII (1884)
Uña Sarthou, Juan Antonio	1880-81	Primera Enseñanza	Hombre	BILE, VIII (1884)
Ureña Olivares, José	1877-78, 78-79, 81-82	2ª Ens (77-79), 1ª Ens (81-82)	Hombre	BILE, VII (1883), VIII (1884)
Ureña Pastor, Medardo	1877-78	Clases de Lenguas	Hombre	BILE, VIII (1884)
Ureña, Justo	1877-78, 81-82, 82-84	Cl Leng (77-78), 1ª Ens (81-82), 1ª y 2ª por sec (82-84)	Hombre	BILE, VIII (1884)
Urzaiz Cuesta, Ángel	1876-77	Clases de Lenguas	Hombre	BILE, VII (1883)
Uturriaga, Eduardo	1878-79	2ª Enseñanza	Hombre	BILE, VIII (1884)
Uturriaga, Enrique	1878-79, 79-80	2ª Enseñanza	Hombre	BILE, VIII (1884)
Uturriaga, Rafael	1880-82, 82-83	1ª Ens (80-82), 1ª y 2ª por secciones (82-83)	Hombre	BILE, VIII (1884)
Uvillos y Gámez, F.	1880-82, 82-84	1ª Ens (80-82), 1ª y 2ª por secciones (82-84)	Hombre	BILE, VIII (1884)

Apellidos y nombre	Cursos	Estudios	Hombr./ Muj.	Fuente
Vaca Javier, Domingo	1879-82	Segunda Enseñanza	Hombre	BILE, VIII (1884)
Vaca Javier, Manuel	1879-80	Clases privadas, lenguas	Hombre	BILE, VIII (1884)
Valdés Campoamor, V.	1876-77	Est. Superiores y especiales	Hombre	BILE, VII (1883)
Valdés, Eduardo	1879-80	Segunda Enseñanza	Hombre	BILE, VIII (1884)
Valdivielso Giraldo, J.	1880-82, 82-84	1ª Ens (80-82), 2ª Ens (80-81), 1ª y 2ª por secciones (82-84)	Hombre	BILE, VIII (1884)
Valera Delabat, Luis	1880-81, 81-82	2ª Ens (80-81), 1ª Ens (81-82)	Hombre	BILE, VIII (1884)
Vallejo Navarro, M.	1878-79	Estudios superiores y especiales	Hombre	BILE, VIII (1884)
Vallejo y Navarro, A.	1879-80, 80-81	2ª Ens (79-80), 1ª Ens (80-81)	Hombre	BILE, VIII (1884)
Vallejo, Juan	1877-78	Clases de Lenguas, Preparatorio de Medicina y Farmacia	Hombre	BILE, VIII (1884)
Vázquez Elegido, Manuel	1877-78	Escuela de Derecho	Hombre	BILE, VIII (1884)
Vázquez Figueroa, Aurelio	1880-82, 83-84	1ª Ens (80-82), 1ª y 2ª ens por secciones (82-84)	Hombre	BILE, VIII (1884)
Vega Huecas, León	1876-78, 82-83	Clases de Lenguas (76-78), 1ª y 2ª Ens. por secc. (82-83	Hombre	BILE, VII (1883), VIII (1884)
Vela Lustó, Joaquín	1877-78	2ª Enseñanza, Clases de Lenguas	Hombre	BILE, VIII (1884)
Vela Murillo, José	1877-80, 80-81	2ª Ens. (77-80), 1ª Ens (80-81)	Hombre	BILE, VII (1883), VIII (1884)
Vela Murillo, Mariano	1877-79, 79-80	2ª Enseñanza (77-79), clases privadas, lenguas (79-80)	Hombre	BILE, VII (1883), VIII (1884)
Velao Oñate, Ángel	1880-82, 82-84	2ª Ens (80-82), 1ª y 2ª ens por secciones (82-84)	Hombre	BILE, VIII (1884)
Velarde Martínez, Julián	1881-82, 82-83	2ª Ens (81-82), 1ª y 2ª ens por secciones (82-83)	Hombre	BILE, VIII (1884)

Apellidos y nombre	Cursos	Estudios	Hombr./ Muj.	Fuente
Vergnes Palacín, Antonio	1879-82	2ª Enseñanza	Hombre	BILE, VIII (1884)
Vicens Rosalem, F.	1879-80, 80-82, 82-83	2ª Ens (79-80), 1ª ens (80-82), 1ª y 2ª por secciones 82-83)	Hombre	BILE, VIII (1884)
Vicente Omaña, Rafael	1877-78	Clases de Lenguas	Hombre	BILE, VIII (1884)
Vicente Serrano, Nicolás	1876-77	Repaso grado de Bach. Y prepar. Medic., Cienc., Farmacia	Hombre	BILE, VIII (1884)
Victoria de Lecea, F.	1878-79	Estudios superiores y especiales	Hombre	BILE, VIII (1884)
Vida, Jerónimo de	1877-78, 78-79, 79-80, 80-81	Clas. de Len.77-78), Est sup y espe (78-79), Esc. Cienc. Mor. Y Pol.. (79-80), Prin.(80-81)	Hombre	BILE, VIII (1884)
Viedma Navarro, Miguel	1880-81, 81-82	Primera Enseñanza	Hombre	BILE, VIII (1884)
Viéitez Penedo, Ignacio	1877-78, 80-81	Cl. Leng (77-78), 1ª Ens (80-81)	Hombre	BILE, VIII (1884)
Vilar del Souto, Juan	1877-78, 82-84	Esc Derech (77-78), 1ª y 2ª ens por sec (82-84)	Hombre	BILE, VIII (1884)
Villalba Muñoz, G.	1880-82, 82-83	1ª Ens (80-82), 1ª y 2ª por secciones (82-83)	Hombre	BILE, VIII (1884)
Villalba Muñoz, J.	1880-82, 82-83	1ª Ens (80-82), 1ª y 2ª por secciones (82-83)	Hombre	BILE, VIII (1884)
Villana Martínez, José	1877-78, 82-83	Cl Leng, 2ª Ens (77-78), 1ª y 2ª por secc (82-83)	Hombre	BILE, VIII (1884)
Villar Arce, Ricardo	1876-77	Clases de Lenguas	Hombre	BILE, VII (1883)
Villar Sepulcre, Pedro	1876-77	Clases de Lenguas	Hombre	BILE, VII (1883)
Villegas Arango, Luis	1878-79, 80-81	Estudios superiores y especiales (78-79), 2ª Ens (80-81)	Hombre	BILE, VIII (1884)
Villegas Chacón, Antonio	1876-79	2ª Enseñanza, Clases privadas	Hombre	BILE, VII (1883), VIII (1884)
Villegas Ortega, Manuel	1876-77, 80-81	2ª Enseñanza	Hombre	BILE, VII (1883)

Apellidos y nombre	Cursos	Estudios	Hombr./ Muj.	Fuente
Villegas R. Araújo, L.	1876-77	2ª Enseñanza	Hombre	BILE, VII (1883)
Villegas Rodríguez, E.	1876-77, 79-81	2ª Enseñanza	Hombre	BILE, VII (1883)
Vincent, Pascual	1876-77	Clases de Lenguas	Hombre	BILE, VII (1883)
Vinent Portuando, A.	1876-77	2ª Enseñanza	Hombre	BILE, VII (1883)
Viqueira Flores C., N.	1876-77, 77-78	2ª Ens (76-77), Cl Leng (77-78)	Hombre	BILE, VII (1883), VIII (1884)
Virella, Francisco	1876-77, 78-79	2ª Ens (76-77), Est sup y espec (78-79)	Hombre	BILE, VII (1883), VIII (1884)
Vivar Trigueros, M.	1876-77, 77-78	2ª Ens (76-77), Clases de Leng (77-78)	Hombre	BILE, VII (1883)
Vizcarrondo y Villalón, Felipe	1876-77	2ª Enseñanza	Hombre	BILE, VII (1883)
Ximénez Laynes, Eloy	1876-77	2ª Enseñanza	Hombre	BILE, VII (1883)
Yarto Padrillo, Arturo de	1876-77	2ª enseñanza	Hombre	BILE, VII (1883)
Zapatero Elorrio, F	1876-77	2ª Enseñanza	Hombre	BILE, VII (1883)
Zapatero Elorrio, José	1876-77	2ª Enseñanza	Hombre	BILE, VII (1883)
Zaragarza, José Miguel de	1876-77, 78-79	Clases de Lenguas (78-77), Est sup y espec (78-79	Hombre	BILE, VII (1883), VIII (1884)
Zeroto Herrera, Tomás	1877-78	Clases privadas	Hombre	BILE, VIII (1884)
Zulueta, José	1876-77	Clases de Lenguas	Hombre	BILE, VII (1883)
Zumelzu de Aja, José	1876-77	Clases de Lenguas	Hombre	BILE, VII (1883)